ΧΡΗΣΤΟΣ ΚΩΤΟΡΕΝΗΣ

ΟΙ
ΠΕΡΙΠΕΤΕΙΕΣ
ΤΟΥ
ΜΑΥΡΟΥ ΛΥΚΟΥ

Η Χρυσή Νίκη

Θεσσαλονίκη 2012

Δημιουργία Εξωφύλλου/Σχέδια: Βασίλης Παπαλεξόπουλος
Επιμ. Έκδοσης: Εκδόσεις Μέθεξις
Κεραμοπούλου 5, Θεσσαλονίκη ΤΚ:54622
Τηλ.-Φαξ: 2310-278301
e-mail: info@metheksis.gr
www.metheksis.gr
© Copyright Εκδόσεις Μέθεξις 2012

ISBN:978-960-6796-34-0

Απαγορεύεται η ολική, μερική ή περιληπτική αναδημοσίευση, αναπαραγωγή ή διασκευή του περιεχομένου του παρόντος βιβλίου με οποιονδήποτε τρόπο χωρίς γραπτή άδεια του εκδότη.

ΠΕΡΙΕΧΟΜΕΝΑ

Ένα Χαμένο Γράμμα	5
Η «Συμμορία των Φαντασμάτων»	15
Μια σημαντική απόφαση	25
Το φάντασμα της Έπαυλης	35
Το πρώτο κλειδί	55
Ο ληστής χτυπάει ξανά	71
Τι κρύβει το παλιό Λούνα Παρκ;	93
Συνάντηση με μια παλιά φίλη	107
Οι «Τρεις Άγγελοι»	123
Ροδούλα	145
Το δώρο	155
Ο θησαυρός είναι δικός μου!	175
Λύκε, λύκε είσαι εδώ;	199
Ο «Πέτρινος Γίγαντας»	217
Η «Χρυσή Νίκη»	229

ΚΕΦΑΛΑΙΟ ΠΡΩΤΟ

ΕΝΑ ΧΑΜΕΝΟ ΓΡΑΜΜΑ

Η πόλη Νίκη, που βρίσκεται στην δυτική πλευρά της Πελοποννήσου είναι μια πανέμορφη παραθαλάσσια πόλη. Χτισμένη γύρω από έναν ολοστρόγγυλο κόλπο και περιτριγυρισμένη από πανύψηλα βουνά, μοιάζει λες και κρύβεται από τον υπόλοιπο κόσμο. Τα σπίτια της, μεγάλα και όμορφα, ξεκινούν από το λιμάνι και ανεβαίνουν μέχρι ψηλά, στις πλαγιές των βουνών, για να μπορούν όλοι οι κάτοικοί της να έχουν κάποια θέα στην θάλασσα.

Μπροστά από τον κόλπο της Νίκης, υπάρχει ένας μεγάλος βράχος, σαν νησί, και πάνω του είναι χτισμένος ένας ψηλός Φάρος, που μοιάζει με πύργο. Για τους κατοίκους της Νίκης αυτός ο Φάρος είναι το καμάρι τους, μιας και στέκεται εκεί περισσότερο από εκατό χρόνια και αποτελεί το σύμβολο της πόλης. Χειμώνα-καλοκαίρι δουλειά του είναι να βγάζει ένα εκτυφλωτικό φως, προειδοποιώντας τα πλοία που περνούν από κοντά, ώστε να μην πέσουν πάνω του και βυθιστούν. Είναι μάλιστα τόσο γνωστός, που κάθε χρόνο η πόλη γεμίζει από δεκάδες τουρίστες που φτάνουν από μακριά για να τον θαυμάσουν, αλλά και να περάσουν τις διακοπές τους.

Βέβαια, η πόλη της Νίκης είναι γνωστή σε όλη την χώρα, όχι μόνο για τον Φάρο της, αλλά και για τους κατοίκους της, οι οποίοι είναι τρομερά κουτσομπόληδες. Οι ίδιοι βέβαια το αρνούνται, λέγοντας πως «*καμία ενημέρωση δεν είναι κακή ενημέρωση*», όμως σχεδόν όλοι τους όχι απλώς κουτσομπολεύουν, αλλά συναγωνίζονται και μεταξύ τους για το ποιος θα έχει την καλύτερη είδηση.

Όπως για παράδειγμα, η κα Αλίκη Σαζή, που δουλεύει στην ψαραγορά του λιμανιού και μαζί με τα φρέσκα ψάρια, έχει πάντοτε και φρέσκα νέα να μας πει. Βλέπετε, ο δικαστής της πόλης είναι αδερφός της και έτσι μαθαίνει από πρώτο χέρι ποιος χώρισε χθες ή ποιος πήγε στην φυλακή και γιατί, κάνοντας κάθε φορά τις φίλες της να πρασινίζουν από την ζήλια τους. Ή η κα Ανθή Λαγοπάτη, η οποία κάθε βράδυ κλειδώνεται στην κρεβατοκάμαρά της με ένα μεγάλο τηλεσκόπιο, και παρατηρεί για ώρες, όχι τα μακρινά αστέρια και τους πλανήτες, αλλά τα σπίτια των γειτόνων της.

Ευτυχώς όμως δεν είναι όλοι τους έτσι και ιδίως τα παιδιά, που προτιμούν να περνούν τον καιρό τους αλλιώς. Τώρα το καλοκαίρι που δεν έχουν σχολείο, πηγαίνουν για μπάνιο στη θάλασσα, τρώνε δροσερά παγωτά, και δεν μπορούν να καταλάβουν γιατί οι γονείς τους ενδιαφέρονται τόσο πολύ για τόσα άχρηστα πράγματα.

Ένα τέτοιο παιδί είναι και ο Γιώργος Κρατερός. Ο Γιώργος είναι δώδεκα χρονών, αρκετά ψηλός για την ηλικία του, αδύνατος, με γαλάζια μάτια και καστανά μαλλιά. Μετακόμισε στην Νίκη, στις αρχές του καλοκαιριού, μαζί με την μητέρα του, κα Μαρία Κρατερού, την μεγαλύτερή του αδερφή Ελεονόρα, αλλά και το χρυσόψαρό του, την Αλίκη, από την Αθήνα.

Η μητέρα του Γιώργου είναι ζαχαροπλάστης και όταν επιτέλους βρήκε δουλειά στο μεγαλύτερο ζαχαροπλαστείο της πόλης, τον «Σοκολατένιο Κύκνο», σήμανε για τον Γιώργο μια νέα αρχή, μιας και από τότε που τους παράτησε ο πατέρας του, πήγαιναν από πόλη σε πόλη, ελπίζοντας σε κάτι καλό. Αυτή τη φορά τα πράγματα φαινόταν να πηγαίνουν πολύ καλά, για αυτό και ο Γιώργος, για να βοηθήσει την μητέρα του, βρήκε δουλειά σε ένα μικρό βιβλιοπωλείο της πόλης, δουλεύοντας μόνο τα πρωινά. Είχε αγαπήσει την Νίκη από την πρώτη στιγμή, αν και τον τελευταίο καιρό τού φαινόταν κάπως βαρετή. Φυσικά, δεν ήθελε να φανεί αχάριστος, όμως κάθε μέρα παρακαλούσε μέσα του κάτι να συμβεί...κάτι, που θα έκανε την ζωή του λιγάκι πιο συναρπαστική...

Ο Αύγουστος είχε πλέον μπει για τα καλά και το καλοκαίρι πλησίαζε στο τέλος του. Η μέρα που ξημέρωσε, έδειχνε πως και αυτή θα ήταν άλλη μια ζεστή, βαρετή καλοκαιριάτικη μέρα, όπως οι προηγούμενες.

Ο ήλιος έλαμπε, ο ουρανός ήταν πεντακάθαρος και κάτω στο λιμάνι της πόλης ένα κοπάδι γλάροι προσπαθούσαν να κλέψουν κανένα ψάρι από τους ψαράδες, που μόλις είχαν γυρίσει από τα ανοιχτά.

Ο Γιώργος σηκώθηκε βαριεστημένα από το κρεβάτι του και κοίταξε το ρολόι. Η ώρα ήταν εννέα παρά δέκα και έπρεπε εννέα η ώρα να είναι στην δουλειά. Φόρεσε γρήγορα ότι βρήκε μπροστά του, άρπαξε ένα από τα σοκολατένια κουλουράκια που έφτιαξε χθες η μητέρα του και έφυγε τρέχοντας.

Το βιβλιοπωλείο που δούλευε λεγόταν «*Η Κουκουβάγια της Γνώσης*» και ανήκε στον κο Πέτρο Βάρδα, έναν χοντρούλη γέροντα με μια μακριά άσπρη γενειάδα, που θύμιζε τον Άγιο Βασίλη. Ο κος Πέτρος αγαπούσε πολύ τα βιβλία και στο βιβλιοπωλείο του έβρισκες ότι καινούργιο και παλιό βιβλίο ήθελες. Ακόμα μπορούσες να του πουλήσεις και δικά σου βιβλία, αρκεί να ήταν σε καλή κατάσταση. Κάθε μέρα έλεγχε, μετρούσε, αρχειοθετούσε και φυσικά διάβαζε με πάθος μερικά από τα δεκάδες βιβλία του, όμως είχε πια γεράσει και χρειαζόταν ένα βοηθό.

Έτσι, όταν ο Γιώργος έφθασε στο βιβλιοπωλείο, ως συνήθως τον βρήκε να μετράει και να βάζει στην θέση τους τρεις σειρές από βιβλία ταυτόχρονα.

«Καλημέρα κε Πέτρο», είπε ευγενικά. «Υπάρχει σήμερα τίποτα για μένα;».

Ο κος Πέτρος, χωρίς να του απαντήσει, του έδειξε οκτώ χοντρά βιβλία στην άκρη ενός πάγκου. Ύστερα από λίγο, τον άκουσε να λέει:

«...45...46...Καλημέρα Γιώργο μου. Αυτά είναι τα βιβλία. Μόλις μας τα έφερε ένας κύριος. Μπορείς να αρχίσεις όποτε θέλεις» και συνέχισε το μέτρημα όπως πριν.

Ο Γιώργος τον ευχαρίστησε, πήρε τα-αρκετά βαριάβιβλία και πήγε σε ένα μικρό τραπεζάκι στην άκρη του βιβλιοπωλείου. Δουλειά του ήταν να ελέγχει ότι βιβλίο αγόραζε ο κος Πέτρος από τον κόσμο, αν δηλαδή είχε ξεχάσει κανείς μέσα κάτι και στην συνέχεια να τα τοποθετεί στα ράφια, στην κατηγορία: «Βιβλία που αγοράστηκαν πρόσφατα».

Έτσι λοιπόν, αφού έλεγξε τα τρία από τα οκτώ βιβλία, τα οποία μάλιστα βρήκε απίστευτα βαρετά, πήρε στα χέρια του το τέταρτο βιβλίο. Αυτό ήταν ένα χοντρό, πράσινο, δερμάτινο βιβλίο και πάνω του ήταν γραμμένος με χρυσά γράμματα ο τίτλος: *«ΜΥΘΙΚΑ ΠΟΥΛΙΑ»*.

«Αυτό μάλιστα!» είπε ενθουσιασμένος, μιας και του άρεσε οτιδήποτε είχε να κάνει με μυθολογία. Το άνοιξε γρήγορα και άρχισε να γυρνάει μια-μια με προσοχή τις σελίδες.

Το βιβλίο έγραφε για τα μυθικά πουλιά που πίστευαν οι άνθρωποι ανά αιώνες πως υπήρξαν. Όπως το μυθικό πουλί Φοίνικας, που ξαναγεννιόταν μέσα από τις στάχτες του ή τις Στυμφαλίδες Όρνιθες, τα τρομερά πουλιά με τα χάλκινα φτερά που εξόντωσε ο Ηρακλής. Οι ιστορίες εντυπωσίασαν το αγόρι και πέρασε αρκετή ώρα διαβάζοντάς τες με προσοχή.

Μετά από λίγο, μόλις έφτασε στο τέλος του βιβλίου και ετοιμάζονταν να το κλείσει, παρατήρησε κάτι περίεργο: το οπισθόφυλλο του, αυτό δηλαδή που είναι μετά την τελευταία του σελίδα, έμοιαζε φουσκωμένο, σαν να υπήρχε κάτι κάτω από το διακοσμητικό χαρτί. Βέβαια, με την πρώτη ματιά δεν το καταλάβαινε κανείς, όμως ο Γιώργος είχε περάσει όλο το καλοκαίρι ελέγχοντας βιβλία, οπότε μπορούσε εύκολα να το αντιληφθεί. Αμέσως έβαλε το χέρι του πάνω στο χαρτί και άρχισε να το εξετάζει. Πράγματι φαινόταν πως υπήρχε κάτι εκεί. Κάποιος είχε ξεκολλήσει προσεκτικά το χαρτί και είχε κρύψει κάτι, αλλά μπορεί να έκανε και λάθος...

Όπως και να είχε το πράγμα, έπρεπε να κάνει την δουλειά του σωστά. Έτσι, έβγαλε από την τσέπη του έναν μικρό κόκκινο σουγιά και έκανε προσεκτικά μια τρύπα στο πλάι του χαρτιού. Στην συνέχεια, έβαλε μέσα το χέρι του και τράβηξε ένα παράξενο κίτρινο χαρτί. Το ξεδίπλωσε αμέσως και άρχισε να το διαβάζει:

> *Χαιρετώ εσένα που το γράμμα μου κρατάς*
> *Έξυπνος είσαι σίγουρα, αφού όλα τα κοιτάς*
> *Τι είναι αυτό το γράμμα; Σταμάτα να ρωτάς!*
> *Μα σπίτι μου βράδυ πάρε, άραγε τολμάς;*
> *Παλιό μυστικό χαμένο, σε κανέναν μην το πεις*
> *Μεγάλος θησαυρός σε περιμένει να τον βρεις*
> *Στο δωμάτιό μου κρυμμένος εκεί είναι καλά*
> *Δεύτερος όροφος, Τρίτη πόρτα, προχώρα δεξιά*
> *Ένα μονάχα εσύ πρέπει τώρα να σκεφτείς*
> *Το άγριο Λιοντάρι κοίτα, ποτέ μην φοβηθείς!*
> *Και τότε τα δικά μου, χαμένα από καιρό*
> *Δικά σου πια θα γίνουν αμέσως στο λεπτό!*
>   ΓΙΩΡΓΟΣ ΗΛΙΑΝΟΣ

Ο Γιώργος διάβαζε και ξαναδιάβαζε το γράμμα με το στόμα ανοιχτό και δεν μπορούσε να το πιστέψει! Σπίτι; Λιοντάρι; Θησαυρός; Οι ερωτήσεις άρχισαν να σκάνε στο μυαλό του σαν πυροτεχνήματα και για να τις σταματήσει, έβαλε γρήγορα το γράμμα στη τσέπη του και άνοιξε το επόμενο βιβλίο. Τώρα δεν ήταν η κατάλληλη στιγμή να σκεφτεί. Θα το μελετούσε καλύτερα το απόγευμα στο σπίτι με την ησυχία του.

Παρόλη όμως την προσπάθειά του να δουλέψει, μια ερώτηση, ενοχλητική σαν μύγα, δεν έλεγε να τον αφήσει ήσυχο:

Ποιος ήταν αυτός ο..Γιώργος Ηλιανός;

Σίγουρα κάποιος εδώ στην πόλη θα ήξερε να του πει, αλλά ήταν όλοι τους τόσο κουτσομπόληδες, που θα τον ρωτούσαν και εκατό πράγματα μετά. Έπρεπε λοιπόν να βρει κάποιον που να μην ήταν καθόλου κουτσομπόλης. Αλλά ποιον;

Το βλέμμα του έπεσε πάνω στον κο Πέτρο, που είχε σχεδόν κρυφτεί πίσω από τα βιβλία του και διάβαζε κάτι με προσοχή. Μα βέβαια! Ο κος Πέτρος θα ήξερε ποιος είναι ο Ηλιανός. Είχε το βιβλιοπωλείο εδώ και τριάντα πέντε χρόνια ανοιχτό και ήξερε όλους τους κατοίκους της Νίκης, τι είδους άνθρωποι είναι και που μένουν- άσε που δεν θα τον ρωτούσε και εκατό πράγματα μετά.

Έτσι, ακούμπησε προσεκτικά στο τραπεζάκι του το βιβλίο που κρατούσε, και πλησιάζοντας αθόρυβα τον κο Πέτρο, του είπε:

«Κε Πέτρο συγνώμη, να σας ρωτήσω κάτι;»

Δεν έλαβε καμία απάντηση. Πίσω από ένα τοίχο με βιβλία, ο κος Πέτρος διάβαζε κάτι γρήγορα με μια φωνή που ακουγόταν σαν βουητό από μέλισσες.

«Εμ, κύριε Πέτρο;» ξανάπε πιο δυνατά αυτή την φορά.

«...και έτσι κάποιος βρίσκει...Ναι, Γιώργο παιδί μου. Θέλεις να με ρωτήσεις κάτι;...αυτό που ο ίδιος είναι...»

«Ναι», απάντησε αυτός, καθαρίζοντας την φωνή του. «Ποιος είναι ο Γιώργος Ηλιανός;»

Στο άκουσμα αυτού του ονόματος, ο κος Πέτρος σταμάτησε να διαβάζει και ένα άσπρο κεφαλάκι με δύο ολοστρόγγυλα γυαλάκια πετάχτηκε μέσα από τα βιβλία.

«ΠΟΙΟΣ!;» φώναξε ο γέροντας γουρλώνοντας τα μάτια του. «Πως... εσύ... πού το... ΠΟΥ ΤΟ ΑΚΟΥΣΕΣ ΑΥΤΟ ΤΟ ΟΝΟΜΑ;» τον ξαναρώτησε έκπληκτος.

Ο Γιώργος σίγουρα δεν περίμενε μια τέτοια αντίδραση, για αυτό σκέφτηκε γρήγορα μια δικαιολογία.

«Ε...να.. καθώς ερχόμουν σήμερα το πρωί, άκουσα δύο γυναίκες να μιλάνε για αυτόν στο δρόμο. Λέγανε για ένα σπίτι και πως ήταν πολύ πλούσιος».

«Πολύ περίεργο», είπε ο κος Πέτρος ξύνοντας το κεφάλι του. «Αλλά και πάλι θα μου πεις... μετά από τόσο καιρό... ποιος θυμάται πια... Πολύ καλά, λοιπόν! Θα σου πω, αλλά θέλω να μου υποσχεθείς πως δεν θα το πεις σε κανέναν-ούτε καν στην μητέρα σου-αυτό που θα μάθεις. Ξέρεις, Γιώργο, εδώ στην Νίκη ο κόσμος μιλάει λίγο παραπάνω και... καταλαβαίνεις...»

Ο Γιώργος κούνησε το κεφάλι του, δείχνοντας του ότι συμφωνούσε. Μετά ο κος Πέτρος του ζήτησε να βγούνε από το βιβλιοπωλείο και του έδειξε έναν παράξενο λόφο που ξεχώριζε ανάμεσα από τα μεγάλα βουνά της πόλης. Ο λόφος, σε αντίθεση με τα βουνά που είχαν μερικά μόνο δέντρα, ήταν γεμάτος με έλατα και κυπαρίσσια και στην κορυφή του φαινόταν πως υπήρχε κάτι που έμοιαζε με σπίτι. Μόλις επέστρεψαν στο βιβλιοπωλείο, ο κος Πέτρος έκλεισε την πόρτα, τράβηξε τις κουρτίνες και του είπε:

«Αυτός ο λόφος που σου έδειξα πριν Γιώργο, ονομάζεται «Λόφος των Αετών» και βρίσκεται λίγο πιο έξω από την πόλη. Πριν από πολλά χρόνια όμως λεγόταν λόφος της οικογένειας των Ηλιανών, γιατί ανήκε-και πρέπει ακόμα να ανήκει-σε αυτούς. Το σπίτι που είδες στην κορυφή του ήταν η Έπαυλή τους και ανήκε στον Αριστείδη Ηλιανό, τον πατέρα του Γιώργου Ηλιανού. Ήταν η πιο πλούσια οικογένεια της πόλης, μια από τις πλουσιότερες μάλιστα της χώρας και ο Αριστείδης Ηλιανός έκανε πολλά καλά πράγματα σε αυτήν την πόλη, πριν...»

«Πριν τι; τον διέκοψε ο Γιώργος που είχε κρεμαστεί από τα χείλη του κου Πέτρου και τον άκουγε με προσοχή».

«Πριν...πριν σκοτωθεί αυτός και η γυναίκα του σε ένα αυτοκινητιστικό δυστύχημα πριν από εξήντα και κάτι χρόνια, αν θυμάμαι καλά, αφήνοντας στον Γιώργο Ηλιανό, τον γιό τους, όλη τους την περιουσία. Καημένο παιδί! Και ήταν μόνο δεκαεννέα χρονών!», απάντησε ο γέροντας και άφησε έναν αναστεναγμό.

«Και..και τι απέγινε ο Γιώργος κε Πέτρο;» ρώτησε ξανά το αγόρι, ενώ η καρδιά του τώρα χτύπαγε σαν ταμπούρλο.

«Κανένας δεν έμαθε. Εγώ τότε ήμουν μικρός, θυμάμαι όμως πως κάποιοι λέγανε ότι κλείστηκε σπίτι του, άλλοι ότι έφυγε στην Πάτρα και άλλοι ότι από την στεναχώρια του ξόδεψε όλα του τα χρήματα τρώγοντας γλυκά μέχρι που έγινε τόσο χοντρός που έσκασε. Ο πατέρας μου ήταν σίγουρος ότι έφυγε στο εξωτερικό, εγώ όμως πιστεύω αυτό που λένε οι περισσότεροι εδώ...»

«Ποιό είναι αυτό;»

«Λένε ότι ο Γιώργος, την βραδιά πριν εξαφανιστεί, τρελάθηκε τελείως, έκρυψε κάπου την περιουσία του, έγραψε σε ένα γράμμα το μέρος που την έχωσε και πως μετά πήδηξε στη θάλασσα και πνίγηκε. Ακόμη λέγεται πως η έπαυλή του είναι στοιχειωμένη και πως το φάντασμα είναι ο ίδιος ο Ηλιανός, που φυλάγει τον θησαυρό του!».

Στο άκουσμα της λέξης «φάντασμα» ο Γιώργος ανατρίχιασε ολόκληρος, σαν να περπάταγαν πάνω του χιλιάδες μυρμήγκια.

«Για αυτό και δεν πάει κανείς στην έπαυλή του. Όλοι φοβούνται το φάντασμα και κανείς δεν μιλάει πια για αυτό, αν και κάποτε ήταν το κουτσομπολιό του αιώνα. Αλλά και πάλι...μετά από τόσα χρόνια...ποιος νοιάζεται πια;» είπε και σκουπίζοντας τα γυαλιά του με ένα πανί, ξανακρύφτηκε πίσω από τα βιβλία του.

Και όμως κύριε Πέτρο υπήρχε κάποιος που νοιάζονταν. Και αυτός ήταν ο Γιώργος, που δεν πίστευε στα αυτιά του. Αυτός, που είχε μόνο τρεις μήνες στην Νίκη, βρήκε το χαμένο γράμμα του Ηλιανού! Φαίνεται πως, αφού τρελάθηκε, έκρυψε το γράμμα στο βιβλίο, μετά το έδωσε σε κάποιον άνθρωπο που το έδωσε σε κάποιο άλλο άνθρωπο, μέχρι που έφτασε στα χέρια του! Και πού να ήξεραν όλοι αυτοί που είχαν το βιβλίο, ότι κρατούσαν ένα τέτοιο μυστικό στα χέρια τους! Και τι τον ένοιαζε αυτόν; Τώρα ήταν δικό του. Θα πήγαινε στην Έπαυλη, θα έβρισκε τον θησαυρό, θα γινόταν πλούσιος και δεν θα χρειαζόταν να ξαναφύγουν ποτέ από καμία πόλη! Ναι, αυτό θα ήταν υπέροχο!

Μόνο μια σκέψη, σαν μαύρο σύννεφο, τον εμπόδιζε να χαρεί: Το φάντασμα του Ηλιανού. Το φαντάζόταν μεγάλο, άσπρο και ψηλό να σέρνει πίσω του αλυσίδες, ανοιγοκλείνοντας τις πόρτες της Έπαυλης και ουρλιάζοντας στα σκοτάδια...

Αν βέβαια κάτι τέτοιο υπήρχε στ' αλήθεια.

Έτσι, με αυτές τις σκέψεις πέρασε όλο του το πρωινό στο βιβλιοπωλείο, τακτοποιώντας βιβλία και κάνοντας όνειρα για το μέλλον. Όταν πήγε δυόμιση η ώρα, ώρα που ο κος Πέτρος έφευγε για το μεσημεριανό του φαγητό, ήρθε και η στιγμή που ο Γιώργος τέλειωσε την δουλειά του. Χαιρέτισε τον κο Πέτρο και ετοιμάζονταν να κλείσει πίσω του την πόρτα, όταν ξαφνικά κάποιος τον φώναξε: «Ε! Γιώργο! Περίμενε!». Ήταν ο φίλος του, ο Ζινζάνγκ Λι.

ΚΕΦΑΛΑΙΟ ΔΕΥΤΕΡΟ

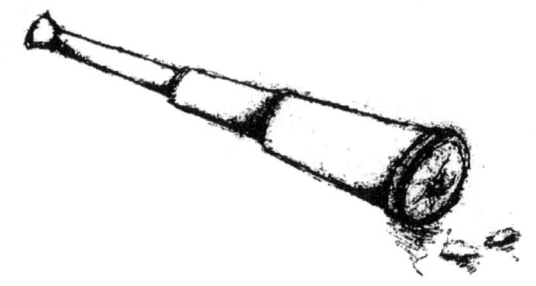

Η «ΣΥΜΜΟΡΙΑ ΤΩΝ ΦΑΝΤΑΣΜΑΤΩΝ»

Ο Ζινζάνγκ Λι ήταν κινέζος και είχε έρθει από την μακρινή Κίνα στην Ελλάδα με τον πατέρα του πριν από τέσσερα χρόνια. Έγινε γρήγορα καλός φίλος με τον Γιώργο, που για συντομία τον φώναζε Ζιν, καθώς είχαν ένα κοινό σημείο: και οι δύο τους ένιωθαν ξένοι στην Νίκη, λες και σε ένα ολόκληρο λιβάδι με μπλε λουλούδια ήταν τα μόνα κίτρινα.

Ο Ζιν έμενε ακριβώς απέναντί του και σε σχέση με τον Γιώργο, που ήταν ψηλός και καστανός, αυτός ήταν κάπως πιο κοντός και μελαχρινός. Φορούσε πάντα ένα μεγάλο ζευγάρι στρόγγυλα γυαλιά και στο σχολείο θεωρούνταν παιδί-θαύμα, γιατί έπαιρνε άριστα σχεδόν σε όλα τα μαθήματα, εκτός από την γυμναστική, αλλά ήταν και ο μόνος της ηλικίας του, που άντεχε να δει τις ειδήσεις μέχρι το τέλος.

Τώρα το καλοκαίρι που δεν είχε σχολείο, πέρναγε τα πρωινά του στην βιβλιοθήκη, λέγοντας πως «πάντα υπάρχει κάτι περισσότερο να μάθει κανείς». Τα μεσημέρια και τα απογεύματα πάλι πηγαίνανε με τον Γιώργο για μπάνιο στην θάλασσα ή στο εργαστήριο του πατέρα του. Έτσι, ως συνήθως και αυτό το αυγουστιάτικο μεσημέρι, ο Ζιν πέρασε να πάρει τον φίλο του, που όμως έμοιαζε σαν χαμένος.

«Εεεε!» ξανάπε. «Δεν με βλέπεις;»

Ο Γιώργος, που το μυαλό του ταξίδευε ακόμη στο γράμμα και τον θησαυρό, δεν τον πρόσεξε καν. Όταν ο Ζιν τον ξαναφώναξε, πετάχτηκε απότομα λες και κάποιος τον έβρεξε με παγωμένο νερό.

«Ε, Ζιν, δεν σε κατάλαβα», είπε χαμογελώντας του και έβαλε το χέρι του στην τσέπη με το γράμμα. «Πώς από δω;»

«Μα...ξέχασες; Σήμερα είναι η μεγάλη μέρα. Ο πατέρας μου το τελείωσε επιτέλους!»

«Το τελείωσε;», έκανε το αγόρι με ενθουσιασμό. «Και; Πώς είναι; Το είδες;»

«Όχι, για αυτό ήρθα να σε πάρω να πάμε στο εργαστήριό του τώρα, μιας και πριν από λίγο τον κάλεσαν στο δημαρχείο επειγόντως. Φαίνεται πως μια γάτα, που κυνηγούσε κάτι ποντίκια στο υπόγειο, έβγαλε τις ασφάλειες του ρεύματος και θα του πάρει ώρα μέχρι να διορθώσει την βλάβη».

«Τέλεια!» απάντησε ο Γιώργος. «Πάμε γρήγορα προτού επιστρέψει» και τα δύο αγόρια έφυγαν τρέχοντας για εκεί.

Ο κος Φάμινγκ Λι ήταν ο πατέρας του Ζιν και ήταν ηλεκτρολόγος, ένας από τους καλύτερους μάλιστα της πόλης. Στο εργαστήριό του, που βρισκόταν περίπου στο κέντρο της, σού επιδιόρθωνε το κάθε τι. Όμως ο κος Λι είχε ένα μυστικό και ήταν πολύ περήφανος για αυτό: Λάτρευε τις εφευρέσεις. Πίσω από τον πάγκο με την ταμειακή του μηχανή, είχε ένα μυστικό δωμάτιο, όπου στον ελεύθερο του χρόνο έφτιαχνε πράγματα που άλλοι τα είχαν δει μόνο σε ταινίες στην τηλεόραση.

Όπως τα *«μάτια της κουκουβάγιας»*, κάτι παράξενα μαύρα γυαλιά που έβλεπες στο σκοτάδι πεντακάθαρα, λες και ήταν μέρα ή τον *«φακό-λέιζερ»*, έναν κίτρινο, λεπτό φακό σαν μεγάλο μολύβι, που έβγαζε ένα πολύ δυνατό φως που σε τύφλωνε. Αν όμως πατούσες με δύναμη το κόκκινο κουμπάκι που υπήρχε στην κορυφή του, το φως γινόταν αμέσως μια πανίσχυρη ακτίνα λέιζερ που έκοβε τα πάντα κ.ά.

Επειδή λοιπόν ο κος Λι φοβόταν ότι πολλοί θα ήθελαν να του τα κλέψουν, είχε απαγορεύσει για ασφάλεια την είσοδο σε όλους, ακόμα και στον Ζιν. Αυτός όμως είχε βρει μια μυστική είσοδο για το δωμάτιο και έτσι μπορούσε άφοβα να θαυμάζει τις εφευρέσεις του πατέρα του, όταν εκείνος έλειπε.

Έτσι, όταν τα δύο παιδιά έφτασαν στο εργαστήριο, πήδηξαν ένα ψηλό φράκτη που βρισκόταν δίπλα του, περπάτησαν πάνω σε τέσσερα μεγάλα κουτιά και πήδηξαν μέσα σε ένα στενό κήπο που υπήρχε ακριβώς από πίσω. Εκεί ο Ζιν έβγαλε μια μικρή σχάρα εξαερισμού και τρύπωσε μέσα. Ο Γιώργος τον ακολούθησε και σε λίγο τα δύο αγόρια βρέθηκαν στο μυστικό δωμάτιο.

Παντού υπήρχαν ράφια με διάφορα παράξενα εργαλεία, ενώ σε μια γωνία έστεκε μια μικρή ξύλινη βιβλιοθήκη, όπου ο κος Λι τοποθετούσε τις εφευρέσεις του. Στην μέση ακριβώς υπήρχε ένα μεγάλο τραπέζι που δούλευε και που συνήθως ήταν βρώμικο. Αυτή την φορά όμως ήταν πεντακάθαρο. Το μόνο που υπήρχε ήταν ένα κόκκινο σημειωματάριο και πάνω του ήταν ακουμπισμένο ένα μεγάλο χρυσό βραχιόλι-ή.. κάτι τέτοιο τέλος πάντων.

«Νάτο! Αυτό είναι!» φώναξε ενθουσιασμένος ο Ζιν και το πήρε στα χέρια του.

«Μα..» απόρησε ο Γιώργος. «Εσύ μου είπες πως ο πατέρας σου έφτιαχνε ένα τηλεσκόπιο, όχι ένα χρυσό βραχιόλι...»

«Αυτό! Αυτό είναι το τηλεσκόπιο! Να, κοίτα!» και πάτησε απαλά ένα μικρό κουμπάκι πάνω του που έμοιαζε με κεφάλι καρφίτσας.

Το χρυσό βραχιόλι άρχισε αμέσως να τρέμει και να μακραίνει, ώσπου έγινε ένα όμορφο μικρό τηλεσκόπιο.

«Αυτό είναι απίστευτο!», έκανε κοιτώντας το εντυπωσιασμένος ο Γιώργος.

«Και βέβαια είναι» είπε με καμάρι ο Ζιν. «Με αυτό εδώ το τηλεσκόπιο, μπορεί κανείς να βλέπει όσο μακριά θέλει, ακόμα και το πιο μικρό δέντρο πάνω στο πιο ψηλό βουνό, λες και είναι δίπλα του. Την νύχτα πάλι τα πάντα φαίνονται πεντακάθαρα και μάλιστα διαθέτει ακτίνες Χ!»

«Τι είναι οι ακτίνες Χ;» τον ρώτησε παραξενεμένος ο Γιώργος.

«Με τις ακτίνες Χ μπορείς να βλέπεις πίσω τοίχους, πόρτες κ.λπ., όπως τι κάνουν οι γείτονές σου ή αν η αδερφή σου κρυφακούει πίσω από την πόρτα. Φοβερό, ε;! Ο πατέρας μου θα το πάει την Δευτέρα στην Αθήνα, που γίνεται διαγωνισμός για την καλύτερη εφεύρεση και το πρώτο βραβείο είναι δέκα χιλιάδες ευρώ!»

«Είναι πραγματικά υπέροχο», συμφώνησε ο Γιώργος. «Με ένα τέτοιο μπορούμε να δούμε και το πιο μακρινό καράβι, από αυτά που περνάνε κάθε τόσο από την Νίκη. Τι λες; Πάμε να τα δούμε από το δωμάτιο μου;»

«Δε..δε ξέρω», απάντησε διστακτικά ο φίλος του. «Αν γυρίσει ο πατέρας μου και δεν το βρει...»

«Ο πατέρας σου είναι στο δημαρχείο και θα αργήσει να επιστρέψει. Αλλά και πάλι θα είναι τόσο κουρασμένος που θα θέλει να φάει και να κοιμηθεί. Εμείς μέχρι τότε θα έχουμε τελειώσει...»

Ο Ζιν κούνησε το κεφάλι του συμφωνώντας και πάτησε ξανά το ίδιο κουμπί. Το τηλεσκόπιο μαζεύτηκε αμέσως και βάζοντας το στην τσέπη του, είπε: «Δεν είναι απίστευτα βολικό;». Στη συνέχεια τα δύο παιδιά βγήκαν από το εργαστήριο με τον ίδιο τρόπο που μπήκαν πριν και ξεκίνησαν για το σπίτι του Γιώργου. Στο δρόμο σταμάτησαν σε ένα περίπτερο. Ο Ζιν πήρε ένα παγωτό σοκολάτα, ενώ ο Γιώργος ένα χυμό σταφύλι, γιατί σε λίγο θα έτρωγε σπίτι του. Ο πωλητής τους έδωσε τα ρέστα, ενώ από μέσα ακούγονταν το ραδιόφωνο:

«...Νέα ληστεία σημειώθηκε και πάλι στην πόλη μας. Αυτή την φορά κλάπηκε ένας πίνακας ζωγραφικής μεγάλης αξίας. Το θύμα είναι η κα Ρωμανού, η οποία μόλις κατάλαβε τι έγινε, λιποθύμησε. Φαίνεται πως πρόκειται και πάλι για τον «Χαρούμενο Ληστή», γιατί στην θέση του πίνακα βρέθηκε κρεμασμένος ένας άλλος, με ένα μεγάλο κόκκινο χαμόγελο που έγραφε: «Γέλα λιγάκι και συ..ΚΟΡΟΙΔΟ!!». Η αστυνομία δήλωσε...».

«Άκουσες;» είπε ο Ζιν γλύφοντας αργά το παγωτό του. «Άλλη μια ληστεία! Και που, στην κα Ρωμανού, που μένει τέσσερα σπίτια πιο κάτω από μας. Η προηγούμενη είχε γίνει πιο μακριά. Θα έλεγε κανείς ότι ο ληστής όλο μας πλησιάζει...»

«Ανοησίες», απάντησε ο Γιώργος. «Δεν πρόκειται να κάνει τίποτα. Και στο κάτω-κάτω, τι έχεις να σού κλέψει;»

«Εγώ δεν έχω τίποτα, αλλά έχει ο πατέρας μου. Αν ο ληστής ήξερε για τις εφευρέσεις...»

Ο Γιώργος ήταν έτοιμος να του πει πως θα ήταν πολύ δύσκολο να μάθαινε για αυτές ο ληστής, όταν τον διέκοψαν τέσσερα αγόρια που πετάχτηκαν ξαφνικά μπροστά τους. Ήταν ο Τζίμης, ο Αχιλλέας, ο Γιάννης και ο Μάκης, γνωστά στη Νίκη ως η.. «Συμμορία των Φαντασμάτων».

Ο Τζίμης ήταν ένα χοντρό αγόρι με κοντά μαύρα μαλλιά, ο Αχιλλέας ήταν ψηλός και ξανθός, ο Γιάννης έμοιαζε πολύ με τον Τζίμη και τέλος, ο Μάκης ήταν ο πιο ψηλός και γεροδεμένος από όλους. Είχε πυκνό μαύρο μαλλί και φορούσε πάντα στο χέρι του ένα παράξενο βραχιόλι από μικρά κόκαλα και πέτρες.

Αυτά τα αγόρια λοιπόν, που ήταν δύο χρόνια μεγαλύτερα από τον Γιώργο και τον Ζιν, διασκέδαζαν με το να τρομάζουν και να αρπάζουν «για πλάκα» χρήματα από μικρότερα παιδιά. Μάλιστα ο καθένας τους οδηγούσε και μηχανάκι, παράνομα φυσικά. Ο Μάκης ήταν ο αρχηγός και αυτός πού έδινε εντολές, ενώ οι άλλοι υπάκουαν.

«Ωχ, αυτοί μας έλειπαν τώρα», ψιθύρισε ο Ζιν στον Γιώργο και συνέχισε να περπατάει, κάνοντας πως δεν τους είδε.

«Που πάνε τα παιδιά;» μίλησε πρώτος ο Μάκης με ένα χαζό χαμόγελο και τους έκλεισε το δρόμο.

«Άφησέ μας να περάσουμε», του ζήτησε ο Ζιν, ενώ την ίδια στιγμή ο Αχιλλέας και ο Τζίμης πήγαν πίσω από αυτόν και τον Γιώργο και τους περικύκλωσαν.

«Αυτό θα το αποφασίσω εγώ.. ΑΝ θα περάσετε» ξανάπε ο Μάκης. «Χμμ..για να δούμε..Ναι. Με είκοσι ευρώ είστε ελεύθεροι να φύγετε, εκτός...».

Σταμάτησε να μιλάει. Το βλέμμα του τράβηξε κάτι που γυάλιζε μέσα από την τσέπη του Ζιν.

«Εκτός αν μου δώσετε αυτό!», ξανάπε και με μια γρήγορη κίνηση άρπαξε το χρυσό τηλεσκόπιο.

«ΟΧΙ! ΦΕΡΤΟ ΠΙΣΩ!» φώναξε τρομαγμένος ο Ζιν και όρμησε καταπάνω του, ενώ ο Μάκης σήκωσε γελώντας τα χέρια του ψηλά και έκανε νόημα στον Τζίμη και τον Αχιλλέα. Τα δύο αγόρια υπάκουσαν αμέσως και μεμιάς, άρπαξαν τον Ζιν από τα χέρια και τον έσπρωξαν με δύναμη σε έναν τοίχο γελώντας.

«ΔΩΣ' ΤΟ ΠΙΣΩ ΤΩΡΑ!» φώναξε ξαφνικά ο Γιώργος και κοίταξε τον Μάκη θυμωμένος. «Αλλιώς θα έχεις να κάνεις μαζί μου!»

Ακούγοντας αυτά τα λόγια, ο Μάκης σταμάτησε να παίζει. Μετά όμως γέλασε και πάλι δυνατά και κοιτώντας μοχθηρά τον Γιώργο και τον Ζιν, έριξε το τηλεσκόπιο κάτω και το πάτησε με δύναμη!

«ΚΡΑΤΣ!» έκανε αυτό και δεκάδες μικρά κρυσταλλάκια σκορπίστηκαν παντού.

«ΟΧΙ! ΤΟ ΤΗΛΕΣΚΟΠΙΟ!» φώναξε ο Ζιν. «Έσπασες το τηλεσκόπιο του πατέρα μου!» και το κοίταξε περίλυπος.

«Αυτό για να μάθει ο φίλος σου ποιά είναι η «Συμμορία των Φαντασμάτων»!» του είπε ο Μάκης και το ξαναπάτησε, με μεγαλύτερη δύναμη από πριν. «Λοιπόν, ποιος από τους δυο σας θα μου δώσει τώρα τα είκοσι ευρώ; Ή μήπως έχετε και τίποτε άλλο για σπάσιμο;».

Και τότε, προτού καταλάβει κανείς τι έγινε, ο Γιώργος όρμησε πάνω στον Μάκη, και του είπε: «Προς το παρόν πάρε αυτό!» και δίνοντας του μια δυνατή μπουνιά στην κοιλιά, τον έριξε κάτω και άρχισε να τρέχει όσο πιο γρήγορα μπορούσε!

«ΓΡΗΓΟΡΑ!-γκουχ!» άρχισε να φωνάζει βήχοντας και πιάνοντας την κοιλιά του ο Μάκης. «Πίσω του ανόητοι! Πιάστε τον!» διέταξε τα άλλα τρία αγόρια, που τον έβλεπαν σαστισμένα να γίνεται κόκκινος σαν το παντζάρι. Αμέσως άφησαν από τα χέρια τους τον Ζιν και άρχισαν να τρέχουν πίσω από τον Γιώργο, που είχε ήδη απομακρυνθεί πολύ.

«Θα μου-γκουχ!-το πληρώσει αυτό ο φίλος σου! Κανένας δεν-γκουχ!- ξεφεύγει από εμάς, άκουσες; -γκουχ!- Κανένας!» έλεγε και ξανάλεγε βήχωντας ο Μάκης στον Ζιν, που εντωμεταξύ είχε σκύψει στο έδαφος και μάζευε ότι είχε απομείνει από το τηλεσκόπιο.

Στο μεταξύ, ο Γιώργος έτρεχε γρήγορα μέσα στα στενά και του δρόμους της πόλης με όλη του την δύναμη. Ήταν βέβαια κουρασμένος, γιατί δούλευε όλο το πρωί, όμως ήξερε ότι έτσι και σταματούσε θα τον έπιαναν και τότε αλλοίμονο του..

Τρέχοντας λοιπόν σαν τρελός, διέσχισε την μεγάλη πλατεία της πόλης, πέρασε μπροστά από τα ερείπια κάποιων βυζαντινών τειχών, ανέβηκε μια ανηφόρα, έπειτα άλλη μια, ώσπου τελικά έφτασε σε ένα μικρό πάρκο, κοντά στην γειτονιά του, που στο κέντρο του είχε έναν μεγάλο πλάτανο. Χωρίς να το πολυσκεφτεί, σκαρφάλωσε γρήγορα πάνω του και περίμενε. Μετά από λίγο, έφθασαν στο ίδιο σημείο και τα τρία αγόρια, αρκετά λαχανιασμένα και καταϊδρωμένα.

«Ουφ! ουφ!» έκανε πρώτος λαχανιασμένος ο Τζίμης. «Πού πήγε τώρα;»

«Δεν ξέρω», του απάντησε ο Αχιλλέας. «Μα πρέπει να τον βρούμε. Ο Μάκης θα θυμώσει πολύ αν του πούμε πως μας ξέφυγε».

Ο Γιώργος, γαντζωμένος στα κλαδιά, έβλεπε τα πάντα από ψηλά παρακαλώντας να μην σκεφτεί κανείς τους να κοιτάξει πάνω.

«Ίσως κρύφτηκε κάπου», είπε ο Γιάννης και προχώρησε προς τον πλάτανο.

«Μην λες χαζομάρες», είπαν τα άλλα δύο αγόρια και τον πλησίασαν. Τώρα και οι τρεις τους στέκονταν κάτω από το μέρος που κρύβονταν το αγόρι.

«Δεν τον είδες πώς έτρεχε;», ξανάπε ο Τζίμης. «Θα ήταν χαζός αν σταματούσε έτσι ξαφνικά. Μάλλον πήγε στην περιοχή των Ανέμων και την Απαγορευμένη Σπηλιά, που είναι όμως αδιέξοδο. Ξέρω τι θα κάνουμε! Εσύ Γιάννη πάνε στο λιμάνι, εσύ Αχιλλέα περίμενε στην κεντρική πλατεία και εγώ θα πάω από εδώ για να τον παγιδέψουμε. Και συναντιόμαστε στο παλιό ρολόι μμμ.. περίπου σε μια ώρα. Εντάξει;»

Τα άλλα δύο αγόρια συμφώνησαν και ο καθένας έφυγε για τον προορισμό του. Πού να ήξεραν πως αυτός που έψαχναν ήταν κρυμμένος πάνω από τα κεφάλια τους!

Έτσι λοιπόν ο Γιώργος, αφού περίμενε να απομακρυνθούν και οι τρείς, κατέβηκε αργά από το δέντρο και ξεκίνησε για το σπίτι του. Σε όλη την διαδρομή ένιωθε περήφανος για τον εαυτό του, που κατάφερε να γλυτώσει, όμως τι θα λέγανε στον πατέρα του Ζιν για το τηλεσκόπιο που σπάσαν; Και το χειρότερο από όλα, ήταν ότι έφταιγε αυτός, που επέμενε να το δοκιμάσουνε...

Μπαίνοντας λοιπόν στην γειτονιά του, ο Γιώργος πρόσεξε ένα μεγάλο φορτηγό που ήταν σταματημένο σε μια γωνιά της. Διάφοροι άνθρωποι, ντυμένοι με λευκές στολές και καπέλα ανεβοκατέβαιναν στην καρότσα του, κουβαλώντας διάφορα κιβώτια, που τα ακουμπούσαν στο διπλανό πεζοδρόμιο. Κάπου εκεί, μπροστά στην είσοδο μιας κίτρινης πολυκατοικίας στέκονταν ένας ψηλός άνδρας με μαύρα γυαλιά, που έδινε εντολές και έλεγχε τα πάντα.

«Φαίνεται πως θα 'χουμε καινούργιο γείτονα» σκέφτηκε το αγόρι. «Χαρά που θα κάνουν όλοι» και κοίταξε από μακριά τον ψηλό άντρα. Αυτός του ανταπέδωσε την ματιά με έναν τέτοιο τρόπο που τον έκανε να ανατριχιάσει. Ύστερα γύρισε και πάλι σ' αυτούς που κουβαλούσαν τα πράγματά του και τους φώναξε να βιαστούν.

Αν και αυτό τού φάνηκε παράξενο, ο Γιώργος δεν έχασε άλλο χρόνο μαζί του. Η κοιλιά του παραπονιόταν εδώ και ώρα από την πείνα, για αυτό έτρεξε γρήγορα σπίτι του. Η σημερινή περιπέτεια με την «Συμμορία των Φαντασμάτων» ήταν παραπάνω από αρκετή...

ΚΕΦΑΛΑΙΟ ΤΡΙΤΟ

ΜΙΑ ΣΗΜΑΝΤΙΚΗ ΑΠΟΦΑΣΗ

Το σπίτι που έμενε ο Γιώργος με την μητέρα του και την αδερφή του ήταν ένα παλιό νεοκλασικό σπίτι, από αυτά που δεν βλέπει εύκολα πια κανείς στις μεγάλες πόλεις. Χτισμένο στο ψηλότερο σημείο της πόλης, ήταν ένα χαριτωμένο διώροφο σπιτάκι, με ωραία, μεγάλα παράθυρα και ένα μικρό κήπο.

Στον κάτω όροφο υπήρχε το σαλόνι, το Χωλ και η κουζίνα, ενώ στον πάνω η κρεβατοκάμαρα, το μπάνιο και δύο δωμάτια, ένα μεγάλο και ένα μικρό. Αν και έδειχνε πως ήταν άνετο, το σπίτι ήταν πολύ παλιό και σε κακή κατάσταση, όμως ήταν το πιο φθηνό που μπόρεσαν να βρουν.

Ο Γιώργος μαζί με την Αλίκη, το χρυσόψαρό του κοιμόταν στο μικρό δωμάτιο, μιας και το μεγάλο δωμάτιο το είχε πάρει η αδερφή του, η οποία έλεγε πως «*τα κορίτσια είναι πριγκίπισσες και πρέπει να κοιμούνται πάντα σε μεγάλα δωμάτια*». Δεν τον πείραζε όμως μιας και από τα παράθυρο του δωματίου του έβλεπε ολόκληρη την πόλη με το λιμάνι, ενώ τα βράδια χάζευε τον Φάρο που φώτιζε τα μεγάλα πλοία καθώς πέρναγαν από μακριά.

Δίπλα από τον Γιώργο, σε ένα παρόμοιο σπίτι έμενε η κα Κούλα Τζιτζιλούκη με τον μικρό της γιο, τον Σάκη, ο οποίος ήταν πολύ κακομαθημένος. Η κα Κούλα θεωρούνταν μια από τις μεγαλύτερες κουτσομπόλες της Νίκης και όταν ο Γιώργος έφτασε με την οικογένειά του στην πόλη, φρόντισε να μάθει τα πάντα για αυτούς, ακόμα και ποιο ήταν το αγαπημένο του φαγητό.

Από την άλλη πάλι πλευρά έμενε ο κος Θωμάς Μετρητόπουλος, ένας ήσυχος άνθρωπος που δεν θύμωνε ποτέ και με τίποτα, εκτός αν πείραζες τα όμορφα λουλούδια του, που φρόντιζε διαρκώς. Ο Γιώργος τον συμπαθούσε, γιατί σε σχέση με την κα Κούλα-που μια φορά μάλιστα την έπιασε να τους κρυφακούει από το παράθυρο της κουζίνας-ο κος Θωμάς κοιτούσε μόνο την δουλειά του. Τέλος, ακριβώς απέναντί του, στον πρώτο όροφο μιας παλιάς πολυκατοικίας έμενε ο Ζιν με τον πατέρα του.

Μπαίνοντας λοιπόν ο Γιώργος σπίτι του, είδε πως έλειπαν όλοι. Έτρεξε γρήγορα στο δωμάτιό του, χαιρέτισε την Αλίκη, που έκανε δύο κύκλους στην γυάλα από την χαρά της, άλλαξε και κατέβηκε για να φάει.

Στο τραπέζι της κουζίνας η μητέρα του, τού είχε αφήσει ένα πιάτο με λαζάνια, που ήταν το αγαπημένο του φαγητό. «Επιτέλους, κάτι ωραίο!» έκανε με ανακούφιση και κάθισε αμέσως στο τραπέζι, μιας και είχε ανάγκη από κάτι να του φτιάξει το κέφι έπειτα από όσα πέρασε πριν.

Ξεκίνησε λοιπόν να τρώει με όρεξη, όταν ξαφνικά ακούστηκε η πόρτα του σπιτιού, που άνοιξε και έκλεισε με δύναμη. Στο σπίτι μπήκε ένα ψηλό κορίτσι, κρατώντας πολλές σακούλες από τα μαγαζιά. Είχε κόκκινα μαλλιά, μασούσε τσίχλα και είχε ένα ύφος λες και είχε γλύψει λεμόνι. Ήταν η Ελεονόρα, η αδερφή του.

«Επιτέλους «ξυλάγκουρο» γύρισες», του είπε υποτιμητικά, όπως συνήθιζε να τον φωνάζει και τον κοίταξε με την άκρη του ματιού της. «Η μαμά σε έψαχνε όλο το μεσημέρι για να φάμε. Πού ήσουν;»

«Είχα πάει μια βόλτα με τον Ζιν», απάντησε ο Γιώργος, που δεν ήθελε με τίποτα να της πει για τα μπλεξίματα του με την «Συμμορία των Φαντασμάτων».

«Μφφ..Πάλι με αυτόν τον Κινέζο ήσουν; Απορώ τι κάνετε όλη την ώρα μαζί. Αλλά πάλι θα μου πεις... ένας άχρηστος μόνο με έναν άχρηστο θα έκανε παρέα» και χαμογελώντας στραβά, προχώρησε προς την σκάλα που οδηγούσε στον επάνω όροφο.

«Τουλάχιστον εγώ δουλεύω τα πρωινά» μουρμούρισε το αγόρι, καθώς έτρωγε τα λαζάνια του. «Δεν κοιμάμαι όλη την ημέρα...»

Αλλά η αδερφή του ανέβαινε ήδη τα σκαλιά και ευτυχώς για αυτόν δεν τον άκουσε. Δεν είχε όρεξη να μαλώσει μαζί της, ειδικά τώρα που είχε σοβαρότερα πράγματα να ασχοληθεί, όπως το τι θα κάνανε με το σπασμένο τηλεσκόπιο ή πώς θα ξεμπέρδευε με την «Συμμορία των Φαντασμάτων», που σίγουρα θα τον ψάχνανε ακόμη...

Μετά από λίγο χτύπησε το τηλέφωνο. Ήταν ο Ζιν που ήθελε να περάσει από το σπίτι του τώρα και να του έλεγε για το τηλεσκόπιο. Αυτός του είπε να έρθει αμέσως και μόλις έφτασε, τα δύο αγόρια ανέβηκαν γρήγορα στο δωμάτιο του Γιώργου και έκλεισαν την πόρτα.

«Λοιπόν;» ρώτησε αυτός με αγωνία. «Σε τιμώρησε ο πατέρας σου;»

«Όχι, ευτυχώς», χαμογέλασε ο Ζιν. «Βέβαια, στην αρχή έδειξε να θυμώνει, αλλά μετά χαμογέλασε. Μάλιστα μου είπε πως ευτυχώς που έσπασε το τηλεσκόπιο, γιατί έτσι έμαθε πως πρέπει να φτιάχνει τις εφευρέσεις του όχι μόνο καλές αλλά και γερές. Βέβαια, ήμασταν και τυχεροί μιας και ο διαγωνισμός στην Αθήνα αναβλήθηκε για ένα μήνα. Μα, έλα τώρα, η σειρά σου. Τι έγινε; Πώς ξέφυγες από την «Συμμορία των Φαντασμάτων»;»

Το αγόρι σηκώθηκε όρθιο και άρχισε να του λέει όλη την ιστορία: που πήγε όταν τον κυνήγησαν, πως τους ξέφυγε όταν σκαρφάλωσε στον μεγάλο πλάτανο και πως σίγουρα ακόμα θα τον ψάχνουν. Ειδικά όταν έλεγε για το σημείο που και οι τρεις τους είχαν σταθεί από κάτω του και δεν μπορούσαν να τον βρουν, έκανε τα δυο αγόρια να ξεσπάσουν σε γέλια. Στην συνέχεια, πέρασαν το απόγευμά τους παίζοντας βιντεοπαιχνίδια και συμφώνησαν αύριο το πρωί να πάνε για μπάνιο στην θάλασσα, μιας και ήταν Σάββατο και ο Γιώργος δεν είχε δουλειά.

Αργότερα, το ίδιο βράδυ βρήκε τον φίλο μας ξαπλωμένο στο κρεβάτι του να σκέφτεται. Τόσα χρόνια, από τότε που τους είχε αφήσει ο πατέρας του και πήγαιναν από πόλη σε πόλη, δεν είχε τολμήσει ποτέ να μαλώσει με κανέναν, πόσο μάλλον να τον χτυπήσει. Βέβαια, είχε δίκιο, αλλά του φαινόταν πολύ καλύτερα όταν ήταν «αόρατος».

Καθώς τα σκεφτόταν αυτά, κοίταξε το παντελόνι του, που κρέμονταν από μια καρέκλα. «Ο Θησαυρός!» φώναξε και πετάχτηκε όρθιος. «Πώς μπόρεσα να το ξεχάσω;». Με όλα αυτά που συνέβησαν σήμερα, είχε ξεχάσει πως το πρωί είχε ανακαλύψει κάτι τόσο απίστευτο! Γρήγορα έβγαλε το κίτρινο χαρτί από μια τσέπη και ξαναδιάβασε:

«*Το άγριο λιοντάρι κοίτα, ποτέ μην φοβηθείς!*»

Τι να εννοούσε άραγε με αυτό ο Ηλιανός; Πιθανόν τίποτα, μιας και ο κος Πέτρος του είχε πει πως λίγο πριν γράψει το γράμμα, είχε τρελαθεί. Κρατώντας το στο χέρι του, πλησίασε στο παράθυρο και κοίταξε έξω. Η πόλη με τα φώτα της έλαμπε ολόκληρη και ο μεγάλος Φάρος μπροστά της έμοιαζε με ένα τεράστιο κερί, που σκόρπιζε τις ακτίνες του στην θάλασσα. Πιο πέρα αναβόσβηναν τα μικρά κόκκινα και λευκά φωτάκια των πλοίων που πέρναγαν από μακριά και μέσα στο λυκόφως, ίσα που ξεχώριζαν οι ψηλές βουνοκορφές της Νίκης.

«Ανάμεσα σ' αυτά τα βουνά», μουρμούρισε το αγόρι, «βρίσκεται ο λόφος με το σπίτι του Ηλιανού. Βάζω στοίχημα πως έστω και ένας από όλους αυτούς τους κουτσομπόληδες κατοίκους ήξερε ότι εκεί υπάρχει ένας μεγάλος θησαυρός, θα πήγαινε απόψε κιόλας να τον βρει...»

Και τότε, σαν αστραπή, μια ιδέα έλαμψε ξαφνικά στο μυαλό του. Και γιατί να μην πήγαινε ο ίδιος, τώρα να τον βρει; Αύριο δεν είχε δουλειά, η νύχτα φαινόταν ιδανική και ότι ήτανε να κάνει, έπρεπε να το κάνει γρήγορα, μιας και σε λίγο καιρό άνοιγαν και πάλι τα σχολεία. Ναι, ήταν μια πολύ καλή ιδέα! Έτσι, χωρίς να χάσει καθόλου χρόνο, άρχισε να ετοιμάζεται. Ντύθηκε γρήγορα με ότι μαύρα ρούχα βρήκε στην ντουλάπα του, για να μην φαίνεται στο σκοτάδι και φόρεσε τη σχολική του τσάντα, στην οποία θα έβαζε τον θησαυρό-ή όσο χωρούσε τέλος πάντων. Η Αλίκη, το χρυσόψαρό του, τον κοίταζε με περιέργεια πίσω από ένα φυτό στην γυάλα, βγάζοντας μπουρμπουλήθρες.

Πήρε τον σουγιά του, έναν μικρό φακό, ένα μπουκαλάκι με νερό, όταν ξαφνικά μια σκέψη τον σταμάτησε: Άραγε έφταναν όλα αυτά που έπαιρνε μαζί του; Τόσα χρόνια ποιος ξέρει σε τι κατάσταση θα έβρισκε την Έπαυλη... Ύστερα στην πόλη είχε μόνο τρεις μήνες. Και αν χανόταν στην διαδρομή; Πως θα γύριζε μετά πίσω; Όλες αυτές οι σκέψεις τον έκαναν να καθίσει στο κρεβάτι του και να σκεφτεί.

«Αυτό είναι!» φώναξε μετά από λίγο χαρούμενος. «Ο πατέρας του Ζιν! Αυτός έχει ότι χρειάζομαι! Με τον Ζιν έχουμε πάει τόσες πολλές φορές στο μυστικό του δωμάτιο, που θα είναι πανεύκολο να ξαναμπώ, να πάρω ότι χρειάζομαι και να τα επιστρέψω προτού ξημερώσει...»

Έτσι, αφού ετοιμάστηκε γρήγορα και έβαλε ένα μαξιλάρι κάτω από την κουβέρτα στο κρεβάτι του, για να νομίζουν ότι κοιμάται, ξεκίνησε για την Έπαυλη του Ηλιανού. Όσο πιο αθόρυβα μπορούσε, άνοιξε το παράθυρο του, βγήκε έξω και κατέβηκε από μια σιδερένια σκάλα που είχε πάντοτε ακουμπισμένη δίπλα ακριβώς. Από εκεί έφυγε τρέχοντας σχεδόν για τον προορισμό του.

Ευτυχώς για τον Γιώργο, η αδερφή του είχε πάει να κοιμηθεί σε μια φίλη της και η μητέρα του, κουρασμένη από όλη την ημέρα, είχε κοιμηθεί από νωρίς.

Όταν λοιπόν έφτασε στο εργαστήριο του κου Λι, μπήκε από την πίσω πλευρά και σε λίγο βρέθηκε μόνος του μέσα στο κατασκότεινο μυστικό δωμάτιο. Άναψε γρήγορα τον φακό του και πλησίασε την βιβλιοθήκη με τις εφευρέσεις.

«Ο «φακός λέιζερ!» είπε. «Κόβει κάθε σίδερο. Θα το πάρω!» Δίπλα από το «φακό-λέιζερ» είδε κάτι μικρά μαύρα ξυλάκια. Μια λευκή ταμπελίτσα από δίπλα έλεγε: «ραβδάκια φλογοβόλου».

«Πολύ επικίνδυνα» σκέφτηκε το αγόρι και συνέχισε να ψάχνει.

Μετά από λίγο, μαζί με το *«φακό-λέιζερ»*, είχε πάρει μαζί του τα *«μάτια της κουκουβάγιας»*, αυτά τα γυαλιά που έβλεπες πεντακάθαρα στο σκοτάδι, τα *«αυτιά του σκύλου»*, κάτι μικρά ακουστικά, με τα οποία άκουγες οτιδήποτε έλεγε κάποιος ακόμα και αν ήταν πολύ μακριά σου, αλλά και το *«αίμα της σαλαμάνδρας»*, ένα μπουκάλι σπρέι γεμάτο με ένα πρασινοκίτρινο υγρό, που έλαμπε δυνατά στο σκοτάδι, όταν κάποιος το φώτιζε με φακό. Αν ψέκαζε λίγο στην διαδρομή, θα έβρισκε εύκολα τον δρόμο της επιστροφής.

Η τελευταία εφεύρεση που έβαλε στην τσάντα του, ήταν τα *«δοντόφωνα»*. Αυτά ήταν τρία μικρά ασύρματα ηχεία, που έμοιαζαν με δόντια και πως ότι έλεγε κανείς ψιθυριστά στο ένα, αν ήθελε, ακουγόταν πολύ δυνατά από τα άλλα δύο. Δεν θα του χρειαζόταν σε κάτι απόψε, όμως παλιότερα με τον Ζιν είχαν γελάσει πολύ, όταν τρόμαζαν την Ελεονόρα, κάνοντας τα φαντάσματα ή γαβγίζοντας δυνατά και σκέφτηκε πως θα είχε πλάκα να το κάνανε και πάλι αυτό το ΣαββατοΚύριακο.

Ήταν πια έτοιμος. Λίγο πριν βγει από το δωμάτιο, έριξε μια ματιά στο τραπέζι στην μέση. Εκεί βρισκόταν ακουμπισμένο το χρυσό τηλεσκόπιο που είχε σπάσει ο Μάκης το μεσημέρι. Το κοίταξε για λίγη ώρα λυπημένος, νιώθοντας αμέσως να τον πλημμυρίζει ο θυμός. Γρήγορα όμως κατάλαβε ότι ήδη είχε ξοδέψει πολύ ώρα και έπρεπε να βιαστεί.

Έτσι, βγήκε από το εργαστήριο, πήρε μια βαθιά ανάσα και άρχισε να περπατάει σε μια μεγάλη λεωφόρο της Νίκης, την *«Λεωφόρο των Κύκνων»*. Από εκεί θα περνούσε μπροστά από την γειτονιά με τα ερειπωμένα σπίτια, που βρίσκονταν στο τέλος της πόλης και με λίγη τύχη θα έβρισκε το δρόμο για τον «*Λόφο των Αετών*».

Η νύχτα ήταν ζεστή και το στρόγγυλο φεγγάρι έριχνε από ψηλά τις ασημένιες του ακτίνες στον κόλπο της Νίκης, κάνοντάς τον να μοιάζει με ένα τεράστιο γυαλιστερό καθρέπτη. Στο λιμάνι της, πέντε πελεκάνοι, περαστικοί από την πόλη, είχαν βρει μια παλιά βαρκούλα και κοιμόταν ο ένας δίπλα στον άλλο, ενώ λίγο πιο πέρα, δυο γάτες μάλωναν για το τελευταίο ψάρι που είχε μείνει στα σκουπίδια. Κατά τα άλλα, όλοι στην Νίκη κοιμόταν ήσυχοι στα μαλακά τους κρεβάτια, εκτός από τον φίλο μας, που διέσχιζε γρήγορα την μεγάλη λεωφόρο.

Όλοι; Στην τελευταία γειτονιά της πόλης, εκεί απ' όπου σε λίγο θα περνούσε ο Γιώργος, βρίσκονταν τέσσερα γνωστά μας αγόρια. Τα τρία από αυτά κάθονταν στα σκαλοπάτια ενός παλιού σπιτιού με τα κεφάλια τους σκυμμένα, ενώ από πάνω τους βρισκόταν το τέταρτο αγόρι της παρέας και φώναζε κάτι δυνατά, κουνώντας κάθε τόσο την γροθιά του. Ναι, ήταν η τρομερή «Συμμορία των Φαντασμάτων», δηλαδή ο Τζίμης, ο Αχιλλέας, ο Γιάννης και ο Μάκης, ο αρχηγός τους.

«ΠΩΣ ΕΙΝΑΙ ΔΥΝΑΤΟΝ ΝΑ ΣΑΣ ΞΕΦΥΓΕ;» φώναζε και ξαναφώναζε ο τελευταίος. «Είσαστε πιο μεγάλοι μα και πιο γρήγοροι από αυτόν!»

«Έ-ε-ετρεχε πολύ γρήγορα αρχηγέ», είπε πρώτος ο Τζίμης. «Έπρεπε να τον έβλεπες. Και μετά, ξαφνικά, χάθηκε.»

«Ν-Ναι αρχηγέ», είπε τρέμοντας και ο Γιάννης. «Ν-Ν-Νομίζαμε ότι τον είχαμε σ-στριμώξει στην περιοχή των Αν-Ανέμων, αλλά όσο και να ψάξαμε, δεν τον βρήκαμε πουθενά..»

Η Χρυσή Νίκη

«ΔΕΝ-ΜΕ-ΝΟΙΑΑΑΑΖΕΙ!» φώναξε οργισμένος ο Μάκης. «Θέλω να μου τον βρείτε και να μου τον φέρετε ΤΩΡΑ! Ήσασταν πολύ τυχεροί που όλο το απόγευμα έκανα δουλειές στο μαγαζί του πατέρα μου, αλλιώς... Γκρρρ!» γρύλιξε. «Κανένας δεν χτυπάει τον Μάκη και μετά φεύγει. Εμένα! Εμένα που με φοβούνται όλα τα παιδιά στην Νίκη και... τι θέλεις εσύ τώρα, μου λες;».

Το μάτι του έπεσε στον Αχιλλέα που του έκανε νόημα να σταματήσει, και του 'δειχνε κάτι με το δάχτυλο.

«Αρχηγέ, κοίτα, εκεί! Ο φίλος του Κινέζου!»

«Τι; Με κοροϊδεύεις;»

«Όχι αρχηγέ, να, δες και μόνος σου», ξανάπε και τα αγόρια σηκώθηκαν όλα όρθια, κοιτώντας εκεί που τους έδειχνε ο Αχιλλέας. Πράγματι ήταν όντως αυτό το αγόρι, που δεν είχε και πολύ καιρό στην πόλη, αυτός ο...Γιώργος Κρατερός, που περπάταγε αμέριμνος στο δρόμο. Είχε διασχίσει όλη την «*Λεωφόρο των Κύκνων*» και τώρα έμπαινε στην γειτονιά με τα ερειπωμένα σπίτια.

«Γρήγορα, κρυφτείτε!» φώναξε ο Μάκης και αμέσως όλοι τους τρύπωσαν πίσω από ένα μεγάλο πράσινο σκουπιδοτενεκέ.

«Χο, χο, χο!» γέλασε ο Τζίμης, τρίβοντας την κοιλιά του. «Και τώρα; Τι θα κάνουμε αρχηγέ; Θα περιμένουμε να φτάσει μέχρι εδώ και θα τον τσακώσουμε;»

«Όχι ανόητε!» του ψιθύρισε ο Μάκης. «Θέλω να δω πού πηγαίνει. Και μετά βλέπουμε».

Ο Γιώργος λοιπόν, σίγουρος πως δεν τον παρακολουθεί κανείς, μπήκε στην γειτονιά και την διέσχισε γρήγορα, χωρίς να ρίξει γύρω του ούτε μια ματιά, φτάνοντας μέχρι το τέλος της. Εκεί ακριβώς ήταν το σημείο που τελείωνε η πόλη και ξεκινούσε ένας φαρδύς δρόμος. Με δυσκολία διάβασε στα δεξιά μια μικρή, μισοσβησμένη πινακίδα που έγραφε:

«ΠΡΟΣ ΛΟΦΟ ΑΕΤΩΝ»

Έπειτα, έριξε μια τελευταία ματιά πίσω του και συνέχισε την πορεία του.

«Ώστε έτσι λοιπόν..» μουρμούρισε μετά από λίγο ο Μάκης. «Πηγαίνει στην Έπαυλη του τρελό-Ηλιανού... Γιατί άραγε;» και βγαίνοντας πίσω από τον σκουπιδοτενεκέ, είπε:

«Τζίμη! Αχιλλέα! Γιάννη! Τρέξτε γρήγορα και φέρτε τα μηχανάκια σας εδώ. Θα πάω να φέρω και εγώ το δικό μου και συναντιόμαστε σε λίγο εδώ».

«Και τι θα γίνει με αυτόν;» ρώτησε ο Τζίμης για τον Γιώργο.

«Άσε τον να προχωρήσει λίγο και μετά θα πάμε και εμείς. Θα τον τσακώσουμε, θα μάθουμε τι γύρευε εκεί και θα τον κάνουμε να μετανιώσει για πάντα που με χτύπησε. Εμπρός, φύγετε τώρα!»

«Ναι! Ναι αρχηγέ!» έκαναν χαρούμενα τα τρία αγόρια και έφυγαν τρέχοντας και γελώντας, ενώ ο Μάκης έμεινε να κοιτάζει τον Γιώργο, που σιγά-σιγά απομακρύνονταν από την πόλη.

«Και τώρα..», είπε τρίβοντας τα χέρια του με χαρά, «ώρα για εκδίκηση..».

ΚΕΦΑΛΑΙΟ ΤΕΤΑΡΤΟ

ΤΟ ΦΑΝΤΑΣΜΑ ΤΗΣ ΕΠΑΥΛΗΣ

Μόλις λοιπόν ο Γιώργος διάβασε την πινακίδα που του έδειχνε το δρόμο για την Έπαυλη, συνέχισε να προχωράει, ώσπου ξεπρόβαλλε από μακριά ο λόφος των Ηλιανών. Το φεγγάρι που κρέμονταν από ψηλά, φώτιζε μια άσφαλτο γεμάτη τρύπες, η οποία σε λίγο έδωσε τη θέση της σε ένα φαρδύ χωματόδρομο που χώνονταν στο δάσος του λόφου.

Φτάνοντας μπροστά του, ο Γιώργος τον κοίταξε με προσοχή. Σκέφτηκε ότι ο λόφος έμοιαζε με την κοιλιά ενός χοντρού γίγαντα που κοιμόταν και, χαμογελώντας αχνά, συνέχισε. Ο χωματόδρομος ήταν γεμάτος πέτρες και μικρούς θάμνους, σημάδι πως είχε χρόνια να πατήσει κάποιος το πόδι του εδώ.

Λίγο πριν μπει στα δέντρα, ο Γιώργος έβγαλε τον μικρό φακό που είχε πάρει μαζί του και τον άναψε. Πήρε μια βαθιά ανάσα, κοίταξε για τελευταία φορά πίσω του την πόλη και μπήκε στο δάσος. Ο φαρδύς ανηφορικός δρόμος πέρναγε ανάμεσα από μεγάλα έλατα και κυπαρίσσια, φθάνοντας μέχρι την κορυφή του, εκεί όπου τον περίμενε η Έπαυλη του Ηλιανού.

«Ευτυχώς που ο Ζιν δεν έχει ιδέα που πάω», σκέφτηκε, καθώς προχώραγε ανάμεσα στα δέντρα.«Δεν θα μου το συγχωρούσε ποτέ, αν ήξερε ότι ξεκίνησα για μια περιπέτεια χωρίς αυτόν».

Γύρω του απλώνονταν ένα βαθύ, πηχτό σκοτάδι και οι ακτίνες του φεγγαριού ίσα που περνούσαν από τα πυκνά κλαδιά των δέντρων. Βαθιά, μέσα από το δάσος έφταναν στα αυτιά του παράξενοι ήχοι, όπως κλαδιά που έσπαγαν ξαφνικά ή κραυγές πουλιών που τον έκαναν να ανατριχιάζει ολόκληρος. Η ιδέα όμως ότι εκεί πάνω τον περίμενε ένας μεγάλος θησαυρός, τον γέμιζε με κουράγιο.

Τελικά, αφού περπάτησε για ώρα, έφτασε στην κορυφή του λόφου. Εκεί, τα ψηλά έλατα έδωσαν την θέση τους σε ένα πλατύ ξέφωτο και στη μέση του ακριβώς το αγόρι είδε από μακριά ένα τεράστιο σπίτι, περιτριγυρισμένο από έναν ψηλό τοίχο.

«Η Έπαυλη του Ηλιανού!» αναφώνησε με χαρά. «Επιτέλους έφτασα!». και συνέχισε να προχωράει με μεγαλύτερο ενθουσιασμό, όταν μια τρομακτική σκέψη τον σταμάτησε:

Και αν εκεί μέσα, μαζί με τον θησαυρό, τον περίμενε το φάντασμα του Ηλιανού;

Ο κος Πέτρος του είχε πει πως ο Ηλιανός, αφού τρελάθηκε και σκοτώθηκε, έγινε φάντασμα και από τότε προστάτευε το σπίτι του από όποιον τολμούσε να πατήσει το πόδι του εκεί. Αν και είχαν περάσει πολλά χρόνια, ο

Η Χρυσή Νίκη

θρύλος ήταν ακόμα ζωντανός και δεν ήτανε λίγοι που πίστευαν με πάθος σ' αυτόν.

«Αλλά από την άλλη», σκέφτηκε ο Γιώργος, «γιατί να γράψει πού έχει κρύψει τον θησαυρό του, αν δεν ήθελε να έρθει κανείς;».

Όπως και να είχε το πράγμα, είχε κάνει τόσο δρόμο και δεν ήθελε να γυρίσει πίσω με τίποτα, ειδικά τώρα που ήταν τόσο κοντά. Για να νιώσει λοιπόν καλύτερα, έβγαλε τον Χρυσό Σταυρό που φορούσε στο λαιμό του, δώρο της μητέρας του όταν γεννήθηκε, τον φίλησε και συνέχισε να περπατάει, ώσπου έφθασε στην Έπαυλη.

Το δρόμο του έκλεινε μια ψηλή σιδερένια καγκελόπορτα, αρκετά όμορφη, η οποία ήταν δεμένη στην μέση με μια χοντρή αλυσίδα. Δεξιά και αριστερά της, πάνω σε δύο ψηλές κολώνες, το αγόρι είδε με θαυμασμό δύο μεγάλα αγάλματα αλόγων σηκωμένα στα πίσω τους πόδια, τόσο όμορφα, που έμοιαζαν με αληθινά.

«Τώρα θα δούμε αν οι εφευρέσεις του κου Λι αξίζουν κάτι», μουρμούρισε και βγάζοντας από την τσάντα του τον «*φακό-λέιζερ*», τον έστρεψε προς την αλυσίδα, πατώντας με δύναμη το κόκκινο κουμπάκι στην κορυφή του.

Μια λεπτή φωτεινή ακτίνα, σαν χοντρή κλωστή, πετάχτηκε αμέσως από την μύτη του «*φακού-λέιζερ*» και έκοψε την αλυσίδα σαν βούτυρο, που σωριάστηκε στο έδαφος, κάνοντας ένα δυνατό θόρυβο.

«ΙΙΙΙΝΓΚ!», έκανε η καγκελόπορτα και άνοιξε διάπλατα.

Τώρα ο δρόμος για την Έπαυλη ήταν ανοιχτός. Μπροστά του απλωνόταν ένας κατασκότεινος κήπος, που δεν έδειχνε ιδιαίτερα φιλικός και το αγόρι, σφίγγοντας γερά το φακό του, άρχισε να τον διασχίζει. Τα χορτάρια είχαν ψηλώσει πολύ, που του έφταναν μέχρι το γόνατο. Ανάμεσά τους ξεχώρισε ένα πλακόστρωτο μονοπάτι, που αποφάσισε να ακολουθήσει. Κάπου-κάπου ξεπρόβαλλαν παλιά παγκάκια, αλλού μαρμάρινα βάζα, όλα πνιγμένα στα φυτά και στο βάθος τού φάνηκε πως υπήρχαν δύο μεγάλα, άδεια φυσικά, σιντριβάνια.

Όταν όμως έφτασε την μέση του κήπου, είδε κάτι που τον έκανε να σταματήσει: πάνω σε μια χοντρή κολώνα, που την αγκάλιαζε ένα παράξενο φυτό, έστεκε το άγαλμα ενός μεγάλου λύκου. Είχε το στόμα του ανοιχτό και του έδειχνε όλα τα σουβλερά του δόντια αγριεμένος. Έδειχνε ολοζώντανος, λες και ήταν έτοιμος να του ορμήσει. Το αγόρι του έριξε μια γρήγορη ματιά και έτρεξε προς το τέλος του κήπου, εκεί όπου βρισκόταν η Έπαυλη.

Φτάνοντας εκεί, σταμάτησε και έμεινε για λίγο να κοιτάζει το κτίριο με το στόμα ανοιχτό. Ήταν ένα ψηλό, ορθογώνιο κατασκεύασμα, με πολλές, ψηλές καμινάδες και τρεις σειρές από μακρόστενα παράθυρα. Τα περισσότερα από αυτά είχαν τα παντζούρια τους ανοιχτά, ενώ πυκνοί κισσοί αγκάλιαζαν το σπίτι από την μια άκρη έως την άλλη. Επίσης, στα δεξιά και αριστερά της σκεπής υπήρχαν δύο μεγάλες βεράντες, ενώ στην μέση της, ο Γιώργος πρόσεξε πως πάνω σε έναν τοίχο, ήταν σκαλισμένο το γράμμα «Η», μέσα σε ένα περίτεχνο στεφάνι δάφνης.

«Θεέ μου, είναι τεράστιο!» ψέλλισε το αγόρι, μη μπορώντας να πάρει τα μάτια από πάνω του. «Ευτυχώς που έχω το γράμμα του Ηλιανού, αλλιώς θα έκανα μια εβδομάδα για να το ψάξω...». Και βγάζοντας το κίτρινο χαρτί από την τσέπη του, διάβασε ξανά το σημείο που ήταν κρυμμένος ο θησαυρός:

*«Στο δωμάτιό μου κρυμμένος εκεί είναι καλά
Δεύτερος όροφος, Τρίτη πόρτα, προχώρα δεξιά»*

«Δεύτερος όροφος, δεξιά, ωραία», είπε και ανέβηκε μερικά σκαλοπάτια που ξεκινούσαν μπροστά του. Μια πανέμορφη, διπλή, ξύλινη πόρτα ήταν η κεντρική είσοδος της Έπαυλης, της οποίας την κλειδαριά ο Γιώργος έλιωσε με τον *«φακό-λέιζερ»* πανεύκολα. Έπειτα την έσπρωξε και μπήκε μέσα αργά, κλείνοντάς την με προσοχή. Ο αέρας μύριζε σκόνη και μούχλα και με την βοήθεια του φακού του, άρχισε να παρατηρεί γύρω του το χώρο.

Το πρώτο πράγμα που είδε ήταν ένα τραπεζάκι με ένα βάζο και μερικά μαραμένα λουλούδια, που βρισκόταν στο κέντρο ενός στρόγγυλου χωλ. Απέναντι του ξεκινούσε μια μεγάλη μαρμάρινη σκάλα που οδηγούσε στους πάνω ορόφους. Γύρω της υπήρχαν παντού κλειστές πόρτες, γαλαρίες και σκοτεινοί διάδρομοι, που οδηγούσαν σε άλλα δωμάτια της Έπαυλης. Τέλος, ψηλά, στην κορυφή της σκάλας, το λιγοστό φως του φεγγαριού που έμπαινε από ένα παράθυρο, φώτιζε τον τεράστιο πίνακα ενός άντρα με μαύρα μούσια που τον κοιτούσε αγριεμένος. Παντού επικρατούσε απόλυτη ησυχία.

Έτσι λοιπόν ο Γιώργος, όσο πιο αθόρυβα μπορούσε, πλησίασε προς την μεγάλη σκάλα και άρχισε σιγά-σιγά να την ανεβαίνει, σφίγγοντας γερά τον φακό του και κοιτώντας γύρω του φοβισμένος. Τα χέρια του άρχισαν να ιδρώνουν από την αγωνία. Το μόνο που σκέφτονταν ήταν ο θησαυρός που τον περίμενε και όχι το φάντασμα του Ηλιανού, που μπορεί να έκοβε βόλτες εκεί γύρω.

Αφού λοιπόν πέρασε τον πρώτο όροφο, σε λίγο έφτασε στον δεύτερο, εκεί όπου βρισκόταν ο πίνακας με τον άντρα. Ένας μακρύς διάδρομος ξεκινούσε από τα δεξιά του και οδηγούσε σε μια σειρά από πόρτες, που ήταν τα υπνοδωμάτια της οικογένειας.

Καθώς προχωρούσε, τα σανίδια έτριζαν κάτω από τα πόδια του, ώσπου, μετρώντας μια-μια τις πόρτες, σταμάτησε μπροστά στην τρίτη, που, σύμφωνα με το γράμμα, ήταν το δωμάτιο του Ηλιανού. Έπιασε απαλά το χερούλι με το δεξί του χέρι, έσφιξε ακόμα πιο γερά τον φακό του με το αριστερό, και ανοίγοντας την πόρτα, μπήκε μέσα. Η καρδιά του χτυπούσε τόσο γρήγορα που νόμιζε ότι θα σπάσει.

Κοίταξε γύρω του και τότε «ΑΑΑΑΑΑΑ!» φώναξε τρομαγμένος δυνατά και έπεσε πάνω στην πόρτα, η οποία έκλεισε με δύναμη!

Στο μεταξύ, τα τέσσερα αγόρια της «Συμμορίας των Φαντασμάτων», είχαν φθάσει στην κορυφή του λόφου, εκεί που άρχιζε το ξέφωτο και κοιτούσαν από μακριά την Έπαυλη. Μαζί τους είχαν και τα μηχανάκια τους, σβηστά όμως, για να μην τους ακούσει ο Γιώργος.

«Και τώρα αρχηγέ τι κάνουμε;», ρώτησε λαχανιασμένος ο Τζίμης που είχε κουραστεί, σπρώχνοντας μέχρι πάνω το δικό του μηχανάκι.

«Πρώτα θα δούμε αν μπήκε στην Έπαυλη», απάντησε ο Μάκης, χωρίς να τον κοιτάξει. «Έπειτα θα πάμε εκεί, θα τον πιάσουμε και αφού μάθουμε τι γύρευε, θα τον αφήσουμε δεμένο εκεί μέσα για όλο το βράδυ, για να δούμε αν είναι τόσο θαρραλέος που τόλμησε να με χτυπήσει».

Τα άλλα δύο αγόρια γέλασαν, όμως ο Τζίμης συνέχισε να μιλάει:

«Και...και με το άλλο τι θα γίνει αρχηγέ;»

«Ποιο άλλο;» του είπε αυτός, κοιτώντας τον με την άκρη του ματιού του.

«Με τ-τον Ηλιανό, αρχηγέ.», ψέλλισε ταραγμένος. «Όλοι στη Νίκη λένε πως είναι φάντασμα και φυλάει το σπίτι του. Αν πάμε και εμφανιστεί;»

Ο Μάκης τώρα γύρισε και τον κοίταξε θυμωμένος.

«Τα μόνα «φαντάσματα» σε αυτή την πόλη είμαστε ΕΜΕΙΣ, η «Συμμορία των Φαντασμάτων»», του είπε αυστηρά. «Δεν υπάρχει κανένας άλλος. Μα δες!» ξανάπε, κοιτώντας την Έπαυλη ζωηρά. «Ένα φως! Είναι μέσα στην Έπαυλη, όπως θέλουμε. Γρήγορα πάμε, προτού βγει έξω και μας δει!» και άρχισε να σπρώχνει το μηχανάκι του προς τα εκεί, ενώ τα τρία αγόρια τον ακολούθησαν, κοιτώντας το ένα το άλλο με αγωνία.

Μέσα στην Έπαυλη, στο δωμάτιο του Ηλιανού, ο Γιώργος, μαζεμένος σε μια γωνιά και κατατρομαγμένος, έβλεπε κάτι απίστευτο: απέναντί του στεκόταν όρθια μια ψηλή, μαύρη φιγούρα που έμοιαζε με άνθρωπο και τον κοιτούσε.

Ήταν το φάντασμα του Ηλιανού! -ή τουλάχιστον αυτό έδειχνε και ποιος ξέρει τι θα του έκανε που μπήκε έτσι απρόσκλητος στο σπίτι του. Προς το παρόν, τον κοιτούσε αμίλητος.

«Εί... εί... είσαι ο Γ-Γιώργος;» τον ρώτησε φοβισμένο το αγόρι. «Ο Γιώργος Ηλιανός;» και γρήγορα μάζεψε από κάτω τον φακό που του είχε πέσει από την τρομάρα του.

Δεν πήρε καμία απάντηση.

«Και... και... εγώ Γιώργος λέγομαι», συνέχισε διστακτικά. «Ήρθα εδώ γιατί βρήκα το χαρτί σου, δεν ήθελα να..» Δεν συνέχισε όμως, γιατί κάτι πολύ παράξενο συνέβαινε. Το φως του φακού του, έπεφτε σε ένα μικρό καθρέπτη και στην συνέχεια αντανακλούσε πάνω στο φάντασμα, το οποίο φαινόταν να... γυαλίζει; Τα φαντάσματα, από όσο ήξερε τουλάχιστον, δεν γυάλιζαν-ή μήπως όχι;

Έτσι, αν και ακόμα πολύ φοβισμένος, με μια γρήγορη κίνηση, ο Γιώργος έστριψε τον φακό του στην μαύρη φιγούρα, που παρέμενε ακίνητη. Το φως τού φανέρωσε την αλήθεια.

«Δεν το πιστεύω!» είπε και ξεφύσησε ανακουφισμένος. «Μια πανοπλία! Τόση ώρα φοβόμουν μια πανοπλία!»

Ναι, η μεγάλη μαύρη φιγούρα, που πέρασε πριν για φάντασμα, ήταν μια τεράστια πανοπλία ιππότη, που στεκόταν πάνω σε μια ξύλινη επιφάνεια με ρόδες, ακριβώς στην μέση του δωματίου. Πιθανόν ο Ηλιανός την έβαλε εκεί για να τρομάξει όποιον έμπαινε στο δωμάτιό του και μάλλον τα είχε καταφέρει.

Μόλις συνήλθε λοιπόν από αυτή την τρομάρα, το αγόρι άρχισε να εξερευνεί το δωμάτιο. Υπήρχε ένα κρεβάτι, μια μεγάλη δίφυλλη ντουλάπα και δίπλα της ένα φαρδύ γραφείο, που έβλεπε στον κήπο, γεμάτο με παλιές εφημερίδες. Τέλος, πίσω από την πανοπλία, πρόσεξε ένα μεγάλο λευκό μαρμάρινο τζάκι.

Το μόνο που του έμενε λοιπόν ήταν να βρει πού ήταν ο θησαυρός. Έβγαλε από την τσέπη του το γράμμα και το ξαναδιάβασε προσεκτικά. Είχε κάνει όσα έλεγε, είχε πάει στην Έπαυλη του Ηλιανού και βρισκόταν μέσα στο δωμάτιο του. Το μόνο που δεν έβγαζε νόημα ήταν το *«λιοντάρι που δεν έπρεπε να φοβηθεί»*.

«Χμμ...», έκανε μετά από λίγο σκεφτικός. «Μάλλον κατάλαβα τι εννοεί. Πρέπει να βρω κάποιο άγαλμα-λιοντάρι ή κάτι που να μοιάζει με αυτό. Εκεί κοντά θα είναι και ο θησαυρός...» και άρχισε να τριγυρίζει στο δωμάτιο με τον φακό.

Έψαξε το γραφείο, το κρεβάτι, άνοιξε την ντουλάπα, όταν όμως το φως του φακού του έπεσε πάνω στο τζάκι, είδε με χαρά πως στο κέντρο του υπήρχε ένα σκαλισμένο κεφάλι λιονταριού με το στόμα του ανοιχτό.

Η Χρυσή Νίκη

«Αυτό! Αυτό πρέπει να είναι!» φώναξε χαρούμενος και στάθηκε μπροστά του. «Λοιπόν, για να δούμε. Να μην το φοβηθώ, ε; Τα λιοντάρια δεν τα φοβόμαστε όταν είναι στα κλουβιά τους ή όταν οι εκπαιδευτές στο τσίρκο βάζουν το κεφάλι τους στο στόμα. Το κεφάλι μου βέβαια δεν χωράει, όμως το χέρι...» και προσεκτικά το έβαλε στο στόμα του λιονταριού.

Στην αρχή, το μόνο που ένιωθε ήταν το παγωμένο μάρμαρο, όμως μετά από λίγο έπιασε κάτι. Κάτι που έμοιαζε με... στρόγγυλο χερούλι και το γύρισε με δύναμη δεξιά. Ένας δυνατός θόρυβος, σαν αλυσίδα ακούστηκε ξαφνικά, το τζάκι άρχισε να τρέμει, πέσαν μερικές στάχτες, ώσπου τελικά, δίπλα του ακριβώς άνοιξε μια κρυφή πόρτα, αποκαλύπτοντας ένα μυστικό δωμάτιο.

«Ο θησαυρός! φώναξε ο Γιώργος χαρούμενος. «Τα κατάφερα!» και μπήκε γρήγορα μέσα.

«Λοιπόν αρχηγέ, τώρα τι κάνουμε;», ξαναρώτησε ο Τζίμης τον Μάκη, που κοιτούσε προσεκτικά την ανοιγμένη πύλη του κήπου.

«Απορώ πώς έκοψε την αλυσίδα της», έλεγε αυτός κρατώντας την στα χέρια του. «Αλλά αυτό θα μας το πει ο ίδιος. Λοιπόν, Τζίμη, Αχιλλέα, Γιάννη αφήστε κάπου τα μηχανάκια σας και μπείτε από μπροστά να τον τσακώσετε, ενώ εγώ θα πάω από πίσω, αν δοκιμάσει να το σκάσει από εκεί».

«Μ..Μα αρχηγέ, δεν νομίζεις πως...θέλω να πω...το φάντασμα... μήπως θα ήταν καλύτερα να τον περιμένουμε εδώ;», ψέλλισε ο Τζίμης.

«Μην ξανακούσω για φαντάσματα!» φώναξε αυτός. «Εμπρός, πάμε! Αυτή την φορά δεν πρέπει να ξεφύγει!» και μπήκε πρώτος στον κήπο, ενώ τα άλλα τρία αγόρια τον ακολούθησαν απρόθυμα.

Στο μεταξύ ο Γιώργος, αφού πέρασε την πόρτα που είχε μόλις ανοίξει, βρέθηκε μέσα σε ένα κατασκότεινο δωμάτιο. Αντί όμως για σεντούκια γεμάτα χρυσάφι και διαμάντια, το μόνο που βρήκε ήταν μερικά ράφια, γεμάτα με παράξενα αντικείμενα που έβλεπε πρώτη φορά στην ζωή του, έναν καναπέ γεμάτο με ιστούς αράχνης, αλλά και ένα ξύλινο γραφείο με ένα μεγάλο κηροπήγιο και κάτι χαρτιά. Πάνω από το γραφείο κρέμονταν ένας πίνακας που απεικόνιζε μια νεαρή κοπέλα. Το πιο ενδιαφέρον όμως από όλα ήταν ότι, στο τέρμα του δωματίου υπήρχε μια ψηλή, γυάλινη θήκη, μέσα στην οποία κρέμονταν κάτι που έμοιαζε με... στολή; Τι στο καλό ήταν αυτό το μέρος;

«Μα...μα...που βρίσκομαι;» αναρωτήθηκε. «Πού είναι ο θησαυρός;» και ενοχλημένος, άρχισε να ψάχνει το δωμάτιο. Πάνω στο γραφείο βρήκε ένα μεγάλο χαρτί που έμοιαζε με χάρτη και από κάτω του υπήρχε ένα μικρό γράμμα. Πρώτα άνοιξε το χάρτη και διάβασε τον τίτλο που ήτανε γραμμένος πάνω:

«ΕΠΑΥΛΗ ΗΛΙΑΝΟΥ-ΜΥΣΤΙΚΑ ΠΕΡΑΣΜΑΤΑ».

«Ένας χάρτης με κρυφούς διαδρόμους;» είπε ρίχνοντας του μια ματιά. «Τι να τον κάνω; Εγώ ήρθα εδώ για τον θησαυρό, όχι για την Έπαυλη» και βάζοντάς τον στην τσέπη του, άνοιξε το μικρό γράμμα και άρχισε να διαβάζει:

Συγχαρητήρια και Εύγε και Μπράβο
Φαίνεται πως έχεις πολύ κουράγιο
Το γρίφο μου έλυσες πολύ σωστά
Μα θησαυρό δεν βρήκες παρόλα αυτά
Αν Θέλεις λοιπόν ακόμα να τον βρεις,
Άξιος και γενναίος πρέπει να φανείς!
Ο «Μαύρος Λύκος» εσύ θέλω να ντυθείς
Αυτός λοιπόν να γίνεις, ποτέ μην φοβηθείς

Η Χρυσή Νίκη

*Τρία κλειδιά μάθε πως κάπου έχω κρύψει
Βρες τα λοιπόν εσύ και ο δρόμος σου θα ανοίξει
Το πρώτο από αυτά στο σπίτι είναι της γνώσης
Από του Περσέα την αγκαλιά εσύ πρέπει να σώσεις
Ρουμπίνια, διαμάντια, χρυσάφι πολύ
Όλο δικό σου τότε θα γίνει στην στιγμή!*

ΓΙΩΡΓΟΣ ΗΛΙΑΝΟΣ

«Κλειδιά; Σπίτι της γνώσης; Και ποιος είναι πάλι αυτός ο «Μαύρος Λύκος»;», μουρμούρισε, ξύνοντας το κεφάλι του.

Παρόλα αυτά όμως, ο θησαυρός ήταν αλλού, και στεναχωρημένος, βγήκε από το κρυφό δωμάτιο και κάθισε κάπου να σκεφτεί. Γιατί άραγε ο Ηλιανός είχε κρύψει αλλού τον θησαυρό, ενώ στο πρώτο γράμμα του έλεγε ότι τον έχει στο δωμάτιό του; Και επιτέλους τι είναι αυτός ο... «Μαύρος Λύκος», που θέλει να ντυθεί;

Καθώς τα σκεφτόταν αυτά, το βλέμμα του έπεσε στις παλιές εφημερίδες που υπήρχαν πάνω στο γραφείο. Πήρε μια και άρχισε να διαβάζει:

«ΤΑ ΝΕΑ ΤΗΣ ΝΙΚΗΣ-15 ΔΕΚΕΜΒΡΙΟΥ 1939:
«ΜΥΣΤΗΡΙΩΔΕΣ ΑΓΟΡΙ ΣΩΖΕΙ ΓΥΝΑΙΚΑ ΑΠΟ ΚΛΕΦΤΕΣ! ΟΙ ΙΔΙΟΙ ΜΕΣΑ ΑΠΟ ΤΗΝ ΦΥΛΑΚΗ ΛΕΝΕ ΠΩΣ «ΤΟΥΣ ΟΡΜΗΣΕ ΕΝΑΣ ΛΥΚΟΣ!», ενώ
μια άλλη εφημερίδα έλεγε:
«ΑΓΓΕΛΙΟΦΟΡΟΣ ΤΗΣ ΝΙΚΗΣ-21 ΜΑΪΟΥ 1941. ΤΕΛΕΥΤΑΙΑ ΕΚΔΟΣΙΣ: ΕΠΕΣΕ Η ΚΑΛΑΜΑΤΑ! ΟΙ ΓΕΡΜΑΝΟΙ ΜΠΗΚΑΝ ΣΤΗΝ ΠΟΛΗ ΜΑΣ! ΠΗΡΑΝ ΤΗΝ «ΧΡΥΣΗ ΝΙΚΗ»! ΚΑΠΟΙΟΙ ΛΕΝΕ ΟΜΩΣ ΠΩΣ ΤΗΝ ΑΡΠΑΞΕ ΠΡΩΤΟ ΕΚΕΙΝΟ ΤΟ ΜΥΣΤΗΡΙΩΔΕΣ ΑΓΟΡΙ, ΑΥΤΟ ΠΟΥ ΟΛΟΙ ΑΠΟΚΑΛΟΥΝ «ΜΑΥΡΟ ΛΥΚΟ», ΓΙΑ ΝΑ ΜΗΝ ΠΕΣΕΙ ΣΤΑ ΧΕΡΙΑ ΤΟΥΣ! ΕΥΓΕ «ΜΑΥΡΕ ΛΥΚΕ», ΟΠΟΙΟΣ ΚΑΙ ΑΝ ΕΙΣΑΙ!»

Στο τέλος διάβασε μια σκισμένη ανακοίνωση, αρκετά λερωμένη, που έλεγε:
«ΟΙ ΓΕΡΜΑΝΟΙ ΦΕΥΓΟΥΝ. ΠΟΥ ΕΙΣΑΙ «ΜΑΥΡΕ ΛΥΚΕ»; ΠΟΥ ΕΙΝΑΙ Η «ΧΡΥΣΗ ΝΙΚΗ;»
«Νάτος πάλι ο «Μαύρος Λύκος»!», είπε το αγόρι. «Θα πρέπει να ήταν κάποιος ήρωας της πόλης που την βοηθούσε πριν από πολλά χρόνια. Γιατί όμως ο Ηλιανός μου λέει να γίνω εγώ ο «Μαύρος Λύκος»; Εκτός αν...», είπε και έτρεξε ξανά στο δωμάτιο.
«Εκτός αν ο Γιώργος Ηλιανός ήταν ο «Μαύρος Λύκος!». Μα βέβαια! Αυτό δεν είναι φόρμα, αλλά στολή και αυτά τα παράξενα πράγματα στα ράφια είναι τα όπλα του! Ίσως αν τα έπαιρνα μαζί μου, να...»
«ΚΡΑΤΣ!» ακούστηκε ξαφνικά από τον κήπο. Ο Γιώργος βγήκε από το δωμάτιο και έτρεξε στο παράθυρο. Μέσα στο σκοτάδι, ξεχώρισε τέσσερις σκιές που περπατούσαν η μια πίσω από την άλλη και η πρώτη από αυτές φώναζε κάτι για ησυχία. Αμέσως έκλεισε τον φακό του και φόρεσε τα «*μάτια της κουκουβάγιας*», για να δει καλύτερα ποιοι είναι και τα «*αυτιά του σκύλου*» για να τους ακούσει τι έλεγαν. Με τρόμο είδε πως οι σκιές ήταν η τρομερή «Συμμορία των Φαντασμάτων».
«Μα πώς στο καλό ήξεραν ότι είμαι εδώ;», σκέφτηκε ανήσυχος. Η σκέψη του αυτή όμως έφυγε, όταν από το μυαλό του πέρασε κάτι πολύ χειρότερο: Τι θα γινόταν έτσι και τον έπιαναν; Σίγουρα θα τον βασάνιζαν και θα μάθαιναν τα πάντα για τον «Μαύρο Λύκο» και τον θησαυρό. Έπρεπε κάτι να κάνει. Και γρήγορα μάλιστα. Προς το παρόν όμως, προσπάθησε να τους ακούσει.
«Α-αρχηγέ». είπε ο Τζίμης. «Το φως δεν φαίνεται πια. Λες να τον άρπαξε το φάντασμα;».

«Σου είπα εκατό φορές πως δεν υπάρχουν φαντάσματα!», γρύλιξε αυτός. «Μάλλον μας άκουσε όταν πάτησες πριν το κλαδί και κρύφτηκε. Εμπρός, πάμε και σταματήστε να χαζεύετε το άγαλμα του λύκου».

Ο Γιώργος σηκώθηκε από το παράθυρο και χαμογέλασε. «Ώστε φάντασμα, ε;» είπε και κοίταξε γύρω του. «Εάν θέλουν φάντασμα, φάντασμα θα δουν, λοιπόν!» και έτρεξε γρήγορα στην είσοδο της Έπαυλης.

Όταν έφτασε εκεί, έβγαλε από την τσάντα του τα «δοντόφωνα», αυτά τα ηχεία που έμοιαζαν με δόντια και έβαλε το ένα στο τραπεζάκι του Χωλ και το άλλο στον μεγάλο πίνακα στην κορυφή της σκάλας. Ύστερα επέστρεψε και πάλι στο δωμάτιο του Ηλιανού, έβαψε με το *αίμα της σαλαμάνδρας*, όλη την πανοπλία βιαστικά και την έσπρωξε μέχρι την μεγάλη σκάλα, δίπλα στον πίνακα με τον άντρα. Τέλος, κρατώντας στα χέρια το τρίτο *«δοντόφωνο»* και τον φακό του, κρύφτηκε κάπου κοντά και περίμενε.

Σε λίγο, η πόρτα της Έπαυλης άνοιξε πάλι και στο μεγάλο στρόγγυλο Χωλ της ο Τζίμης, ο Αχιλλέας και ο Γιάννης μπήκαν αργά-αργά φοβισμένοι. Τρέμοντας σχεδόν, άναψαν ένα φακό, κοίταξαν γύρω τους και έκαναν να πλησιάσουν την σκάλα.

Ξαφνικά, μια δυνατή φωνή ακούστηκε από παντού:
«ΠΟΙΟΟΟΟΣ ΕΙΝΑΙΑΙ ΕΚΕΙΕΙΕΙΕΙ;».

Ο Γιώργος, κρυμμένος σε μια γωνία, είχε το τρίτο *«δοντόφωνο»* κοντά στο στόμα του και παρίστανε το φάντασμα. Τα τρία αγόρια κοκάλωσαν από τον τρόμο τους και κόλλησαν το ένα δίπλα στο άλλο.

«Ε-ε-εμείς» βρήκε το κουράγιο να πει πρώτος ο Τζίμης. «Ο Αχιλλέας, Ο Γιάννης και εγώ, ο Τζίμης».

«ΚΑΙ ΤΙ ΓΥΡΕΥΕΤΕΕΕΕ ΕΔΩΩΩΩ;» ακούστηκε πάλι η φωνή, αυτή την φορά από τον πίνακα με τον άντρα. Ο Τζίμης, που ένιωθε ο τρόμος να του σφίγγει το λαιμό, απάντησε:

«Ν-να, κ-κύριε Ηλιανέ, ξέρετε, είμαστε και εμείς «φαντάσματα» και... και... ένα παλιόπαιδο μπήκε στο σπίτι σας και... εμείς...»

«ΤΟ ΞΕΡΩΩΩΩ!» είπε αυστηρά ο άντρας στον πίνακα. «ΚΑΙ ΤΟΝ ΕΧΩ ΠΙΑΑΑΑΣΕΙ ΚΑΙ ΘΑ ΤΟΝ ΠΑΡΩ ΜΑΖΙΙΙΙ ΜΟΥΟΥΟΥΟΥ! ΦΥΥΥΥΓΕΤΕ ΝΑ ΜΗ ΣΑΝ ΠΑΡΩ ΚΑΙ ΕΣΑΑΑΑΣ!»

«Μ-μ-μαζί σας;» γούρλωσε τα μάτια του ο Αχιλλέας και έκανε ένα βήμα πίσω. «Π-που δηλαδή;»

«ΦΥΓΕΤΕΕΕΕ!!» ακούστηκε από παντού και «ΦΟΥΠ!» ο Γιώργος άναψε το φακό του, κάνοντας την μεγάλη πανοπλία να λάμψει ολόκληρη!

«ΑΑΑΑΑΑΑΑΑΑ!», ούρλιαξαν τα τρία αγόρια μαζί και έτρεξαν προς την πόρτα, ρίχνοντας μάλιστα κάτω και το τραπεζάκι με το βάζο που βρέθηκε μπροστά τους. Ο Γιώργος, που τόση ώρα κρατιόταν να μην γελάσει, ξέσπασε σε γέλια. Μετά έτρεξε γρήγορα κάτω και από μακριά είδε τα τρία αγόρια να ανεβαίνουν γρήγορα στα μηχανάκια τους και να φεύγουν όπως-όπως.

Έκλεισε την πόρτα και ξανανέβηκε στο δωμάτιο του Ηλιανού. Έβαλε γρήγορα στην τσάντα του την στολή του «Μαύρου Λύκου», μαζί με δύο-τρία όπλα που χωρούσαν, όπως κάτι μικρές κολλώδεις μπάλες, ένα σακουλάκι που έγραφε *για τα λάστιχα* και ένα παράξενο αντικείμενο που λεγόταν βαλλίστρα. Αυτό ήταν ένα όπλο, που έμοιαζε με όπλο και τόξο μαζί. Έπειτα, ξανακλείδωσε το μυστικό δωμάτιο, κατέβηκε γρήγορα την μεγάλη σκάλα, έβγαλε τα *μάτια της κουκουβάγιας* και βγήκε έξω από την Έπαυλη.

Ήταν έτοιμος να κλείσει την πόρτα, όταν είδε από μακριά πως..κάτι στεκόταν στην πόρτα του κήπου! Έμοιαζε με... σκιά, η οποία μόλις τον είδε, άρχισε να τρέχει γρήγορα προς το μέρος του!

«Ο Μάκης!» σκέφτηκε το αγόρι. «Κατάλαβε ότι τους κορόιδεψα και έρχεται να με πιάσει!» και μπήκε γρήγορα πάλι μέσα στο σπίτι. Πού να πήγαινε τώρα; Έξαφνα θυμήθηκε για μια μυστική είσοδο που είχε δει νωρίτερα στον χάρτη με τα μυστικά περάσματα, η οποία έβγαζε από πίσω. Όταν θα έφτανε εκεί, θα σκαρφάλωνε τον τοίχο και θα κατέβαινε από την άλλη πλευρά του λόφου. Και ας τον έψαχνε ο Μάκης στην Έπαυλη όλο το βράδυ!

Έτσι λοιπόν, με την βοήθεια του φακού του, διάβασε τον χάρτη. Έπειτα έτρεξε στο μεγάλο Σαλόνι του σπιτιού και πάτησε έναν κρυφό διακόπτη που βρισκόταν στην βάση ενός μεγάλου εκκρεμούς. Μια μικρή πορτούλα άνοιξε δίπλα ακριβώς και περνώντας την, έτρεξε μέσα σε έναν στενό διάδρομο, ώσπου βγήκε στην πίσω πλευρά του σπιτιού.

«Αυτό το σπίτι αρχίζει να μου αρέσει!» είπε και λαχανιασμένος, αλλά χαρούμενος που τα κατάφερε, στάθηκε να πάρει μια ανάσα.

«Σ' έπιασα!» ακούστηκε από πίσω του μια φωνή και δύο χέρια τον άρπαξαν από την μέση!

«Νόμιζες πως θα μου ξέφευγες, ε;» του είπε γελώντας ο Μάκης, ενώ ο Γιώργος σαστισμένος όπως ήταν, δεν του απάντησε τίποτα. Πότε πρόλαβε και πήγε από πίσω;

«Άσε με!» φώναξε ξαφνικά. «Υπάρχει ένα φάντασμα εδώ!»

«Όχι αυτή την φορά», ξανάπε ο Μάκης. «Εγώ δεν είμαι κορόιδο σαν τους άλλους τρείς. Είδα τι τους έκανες. Εγώ θα σε..».

Μα πριν προλάβει να πει αυτό που ήθελε, μια σκιά, ένα φάντασμα, αυτό που τέλος πάντων είδε ο Γιώργος πριν και πέρασε για τον Μάκη, βγήκε από το πλάι του σπιτιού και άρχισε να τους πλησιάζει γρήγορα. Τα δύο αγόρια σταμάτησαν να μιλούν και κοίταξαν την σκιά με το στόμα ανοιχτό.

«Αδύνατον!» αναφώνησε ο Μάκης. «Αυτό είναι αδύνατον!» και χαλάρωσε τα χέρια του γύρω από το Γιώργο. Αυτός, μόλις το κατάλαβε, με μιας, του δίνει μια γερή αγκωνιά στην κοιλιά, ο Μάκης ουρλιάζει από τον πόνο και μόλις τον αφήνει ελεύθερο, ο φίλος μας κάνει μερικά βήματα πιο πέρα και άρχισε να κοιτάζει γύρω του με αγωνία.

Μέσα στο σκοτάδι, ξεχώρισε μια ξύλινη σκάλα, που έστεκε στον τοίχο και έτρεξε γρήγορα προς το μέρος της.

«Αν ο Μάκης δεν ήταν μπροστά στο σπίτι, τότε τι ήταν αυτό που είδα;», σκέφτηκε και ορμώντας στην σκάλα, άρχισε να την ανεβαίνει όσο πιο γρήγορα μπορούσε.

Όμως, αν έριχνε μια ματιά πίσω του, θα έβλεπε ότι η σκιά που τους πλησίαζε πριν, είχε εξαφανιστεί, ενώ ο Μάκης, μόλις συνήλθε, είδε τον Γιώργο που ανέβαινε την σκάλα και άρχισε να την ανεβαίνει και αυτός. Η παλιά σκάλα έτριξε δυνατά, αφού μετά από τόσα χρόνια, δεν άντεχε πια το βάρος των δύο αγοριών.

«Σταμάτα! Σταμάτα τώρα μικρέ!» φώναξε ο Μάκης στον Γιώργο, βλέποντας τον που έφτανε στο τέλος της. Ακόμα λίγο και θα έφτανε πάνω, θα πήδαγε τον τοίχο και...

Και τότε, η σκάλα, δεν άντεξε άλλο. Με ένα δυνατό θόρυβο, έσπασε στην μέση και τα δύο αγόρια βρέθηκαν στον αέρα. Την τελευταία στιγμή, ο Γιώργος πιάστηκε από τον ψηλό τοίχο και ο Μάκης άρπαξε το πόδι του.

«Άσε με!» ούρλιαξε με πόνο το αγόρι. «Δεν μπορώ να μας κρατήσω και τους δύο».

«Ε, τότε πέσε!» απάντησε μοχθηρά ο Μάκης. «Γιατί εγώ δεν πρόκειται να σε αφήνω με τίποτα!»

Ξαφνικά όμως, και ενώ τα πράγματα δεν μπορούσαν να γίνουν χειρότερα, εμφανίστηκε και πάλι η σκιά! Αυτή την φορά περπάταγε πάνω στον τοίχο και πλησίαζε τον Γιώργο! Πώς έμπλεξε έτσι; Αυτός ξεκίνησε να βρει έναν θησαυρό και τώρα κρέμονταν από έναν τοίχο, με τον Μάκη πιασμένο από το ένα του πόδι, ενώ μια παράξενη σκιά πλησίαζε κοντά του.

Τα χέρια του άρχισαν να πονούν και τα μάτια του να δακρύζουν, όμως δεν ήθελε να εγκαταλείψει. Σε λίγο η σκιά σταμάτησε από πάνω του.

«Πιάσε το χέρι μου!» ακούστηκε μια ψιθυριστή φωνή.

«Τι;» είπε ο Γιώργος, που από τον πόνο του νόμιζε ότι το φαντάστηκε.

«Πιάσε το χέρι μου! Εμπιστέψου με!» ξανάπε η σκιά, που τώρα έμοιαζε περισσότερο με... με άνθρωπο! Ναι, έναν άνθρωπο, που φόραγε ένα μαύρο μανδύα με μια μεγάλη κατάμαυρη κουκούλα! Και ήθελε να τον βοηθήσει; Χωρίς να το σκεφτεί και πολύ, ο Γιώργος άπλωσε το χέρι του και προσπάθησε να σκαρφαλώσει, όμως ο Μάκης που είδε τι συνέβη, άρχισε να φωνάζει:

«Ποιος είσαι εσύ; Άφησε τον! Είναι δικός μου!»

Και τότε η «σκιά», έβγαλε από τον μανδύα της ένα μεγάλο ραβδί και τον χτύπησε με δύναμη στο χέρι!

Ο Μάκης ούρλιαξε από τον πόνο και αφήνοντας τον Γιώργο ελεύθερο, έπεσε στο κήπο.

«Ακολούθησέ με!» ψιθύρισε η «σκιά» στον Γιώργο, μόλις τον βοήθησε να ανέβει και αρχίσανε να τρέχουνε μαζί πάνω στον χοντρό τοίχο, μέχρι που φτάσανε σε μια γωνιά του. Εκεί, η «σκιά» πήδηξε με θάρρος πρώτη από ψηλά, χώθηκε σε κάτι θάμνους από κάτω και του έκανε νόημα να κάνει το ίδιο.

Ο Γιώργος, χωρίς να θέλει να παρακούσει, έκλεισε τα μάτια του και πήδηξε και αυτός. Όταν τα ξανάνοιξε, βρισκόταν πεσμένος ανάποδα ανάμεσα σε πολλά κλαδιά και πονούσε. Σηκώθηκε γρήγορα, τίναξε από πάνω του τα φύλλα και είδε τον άνθρωπο που τον βοήθησε πριν, να του δείχνει κάτι ανάμεσα στα δέντρα.

Ήταν ένα μηχανάκι!

«Ποιος είσαι; Γιατί με βοηθάς;» είπε σταματώντας το αγόρι και προσπάθησε να δει το πρόσωπο του σωτήρα του.

«Ανέβα πάνω και κράτα με καλά!» απάντησε αυτός, και πηδώντας στο μηχανάκι, το έβαλε αμέσως μπρός.

«Όχι αν δεν μου πεις ποιος είσαι!»

«Άκουσέ με! Αυτή τη στιγμή, αυτός που σε κυνηγάει, θα κάνει το γύρο του κήπου και θα έρθει να μας βρει. Θέλεις να σε πιάσει; Έλα, γιατί εγώ θα φύγω», απάντησε η σκιά και «ΒΡΟΥΟΥΟΥΟΥΜ!» έβαλε μπρος το μηχανάκι.

Και πραγματικά, αυτό ήταν μεγάλη αλήθεια. Έτσι ο Γιώργος, χωρίς να πει τίποτε άλλο, ανέβηκε από πίσω και ξεκινήσανε. Η «σκιά» οδηγούσε καλά και αφού διέσχισαν όλη την δεξιά πλευρά του τοίχου της Έπαυλης, βγήκανε στο μεγάλο ξέφωτο. Τρέχανε γρήγορα και ο Γιώργος, που ανέβαινε πρώτη φορά σε μηχανάκι, δεν έβγαζε λέξη. Ο δυνατός αέρας έκανε τα μάτια του να δακρύζουν, όμως δεν τον ένοιαζε. Είχε μάθει το μεγάλο μυστικό του Ηλιανού, είχε το γράμμα του και την στολή του, αλλά είχε ξεγλιστρήσει και πάλι από τον Μάκη, που ποιος ξέρει τι νεύρα θα είχε τώρα! Έτσι λοιπόν, το μόνο που τον ένοιαζε τώρα ήταν ποιος ήταν αυτός ο μυστηριώδης τύπος με την κουκούλα που τον έσωσε και γιατί.

«Μας ακολουθούν!» φώναξε ξαφνικά αυτός.

«Τι;» ρώτησε ο Γιώργος.
«Πίσω! Κοίτα πίσω σου!» ξανάπε και ο Γιώργος, γυρνώντας το κεφάλι του αργά, λόγω του δυνατού αέρα, κατάλαβε τι εννοούσε. Μέσα στο βαθύ σκοτάδι, είδε ένα μικρό φωτάκι που τους πλησίαζε, το οποίο όλο και μεγάλωνε. Σε λίγο, το φωτάκι, βγάζοντας έναν δυνατό θόρυβο σαν μεγάλη σφίγγα, έγινε τόσο δυνατό που σχεδόν τον τύφλωσε. Από πίσω του ο Γιώργος διέκρινε ένα μηχανάκι που το οδηγούσε ένα αγριεμένο αγόρι.
«Ο Μάκης!» φώναξε τρομαγμένος. «Μας πλησιάζει!»
«Σταμάτησέ τον!»
«Εγώ; Πως;»
«Βρες κάτι! Οτιδήποτε! Δεν πρέπει να μας πιάσει!» ξανάπε η «σκιά» και άρχισε να πηγαίνει πιο γρήγορα.
Ο Γιώργος γύρισε και ξανακοίταξε τον Μάκη, που είχε ήδη πλησιάσει πολύ.
«Αν έμενε από βενζίνη», σκέφτηκε, «σίγουρα θα σταματούσε. Ή αν τα λάστιχά του γλίστραγαν κάπου, θα έβγαινε από τον δρόμο και θα ξεφεύγαμε... Αλλά πώς να το κάνω αυτό;». Ξαφνικά το θυμήθηκε. Ένα από τα πράγματα που είχε πάρει από το κρυφό δωμάτιο του Ηλιανού, έγραφε κάτι για λάστιχα. Γρήγορα έβγαλε το μικρό σακουλάκι από την τσάντα του και το άνοιξε. Μέσα υπήρχαν πολλά μικρά πραγματάκια που έμοιαζαν με αστεράκια.
«Νομίζω πως βρήκα κάτι» φώναξε στην «σκιά» και γεμίζοντας την χούφτα του με τα αστεράκια, άρχισε να τα σκορπίζει στον δρόμο.
Τώρα οι δύο μοτοσυκλέτες άφηναν πίσω τους το ξέφωτο και έμπαιναν στο δάσος του λόφου. Και τότε, ενώ βρισκόταν ο ένας δίπλα σχεδόν στον άλλο, από μια ρόδα της μηχανής του Μάκη, ακούστηκε ένας δυνατός κρότος, σαν μπαλόνι που σκάει.
«ΜΠΑΜ!»

«Στο καλό!» φώναξε αυτός. «Τι έγινε τώρα;» και πάτησε απότομα το φρένο. Αυτό όμως ήταν μεγάλο λάθος, γιατί έτρεχε τόσο γρήγορα, που το μηχανάκι του μαζί με αυτόν τινάχτηκε ξαφνικά στον αέρα και τον πέταξε στα κλαδιά ενός δέντρου! Όσο για το καημένο το όχημα, αφού έκανε δύο σβούρες στο αέρα, έπεσε κάτω και έγινε κομμάτια!

«ΑΑΑΑΑΑΑΑ!» φώναξε κρεμασμένος από ένα κλαδί ο Μάκης. «Θα σε πιάσω Γιώργο! Και εσένα και τον φίλο σου! Και τότε θα δείτε ποιος είναι ο Μάκης!»

Αλλά ο Γιώργος είχε απομακρυνθεί τόσο πολύ, που δεν άκουσε τίποτα.

Λίγο αργότερα, το μηχανάκι με τους δύο αναβάτες σταμάτησε μπροστά στο σπίτι του Γιώργου.

«Κατέβα!» του έκανε η «σκιά» με γυρισμένη την πλάτη της και ετοιμάστηκε να φύγει.

«Στάσου!» τη σταμάτησε ο Γιώργος. «Δεν θα μου πεις ποιος είσαι;»

«Μη βιάζεσαι. Θα τα μάθεις όλα με τον καιρό», του απάντησε και «ΒΡΟΥΟΥΟΥΜ!» εξαφανίστηκε γρήγορα σε μια γωνιά. Ο Γιώργος ψέλλισε απορημένος ένα «Ευχαριστώ..» και κοίταξε το ρολόι του. Η ώρα είχε πάει δύο το πρωί! Τι περιπέτεια! Σκαρφάλωσε γρήγορα την εξωτερική σκάλα, μπήκε στο δωμάτιό του και έκρυψε την τσάντα του κάτω από το κρεβάτι του.

Ήταν τόσο κουρασμένος, που κοιμήθηκε αμέσως, σίγουρος πως δεν τον είδε κανείς. Αν όμως κοίταζε πιο προσεκτικά, θα έβλεπε πως στο διπλανό σπίτι, μια γυναίκα που την έλεγαν Κούλα, έτριβε τα χέρια της από χαρά, λέγοντας κάθε τόσο:

«Σε τσάκωσα!»

ΚΕΦΑΛΑΙΟ ΠΕΜΠΤΟ

ΤΟ ΠΡΩΤΟ ΚΛΕΙΔΙ

Την άλλη μέρα, ο Γιώργος ξύπνησε από κάτι μικρά χτυπήματα που ακούγονταν στο τζάμι του παραθύρου του. Σηκώθηκε αργά από το κρεβάτι του και το άνοιξε. Στον κήπο είδε τον Ζιν.

«Ε! Υπναρά! Σήμερα είναι μέρα για μπάνιο, το ξέχασες;», του φώναξε. Στα χέρια του κράταγε κάτι που έμοιαζε με νεροπίστολο, μόνο που ήταν λιγάκι διαφορετικό.

«Μμμμ..ναι..έρχομαι..» απάντησε ο Γιώργος τρίβοντας τα μάτια του. «Πάω να ντυθώ και κατεβαίνω αμέσως» και χαμογελώντας του, έκλεισε το παράθυρο. Ντύθηκε, πλύθηκε, χτενίστηκε, τάισε την Αλίκη όσο πιο γρήγορα μπορούσε και κατέβηκε στην κουζίνα για να τσιμπήσει κάτι. Εκεί όμως τον περίμενε μια δυσάρεστη έκπληξη. Στο τραπέζι της κουζίνας καθόταν η μητέρα του και η κα Κούλα μιλώντας και πίνοντας καφέ. Μπροστά τους είχαν ένα λαχταριστό κέικ με μικρά κομματάκια σοκολάτας, από αυτά που του άρεσαν πολύ. Οι δύο γυναίκες μόλις τον είδαν, σταμάτησαν να μιλάνε και τον κοίταξαν έντονα.

«Κ-καλημέρα», είπε διστακτικά το αγόρι.

«Γιώργο!» μίλησε πρώτη η μητέρα του. «Πού ήσουν χθες βράδυ; Η κα Κούλα μόλις τώρα μου έλεγε πως σε είδε έξω στις δύο το πρωί! Νόμιζα ότι κοιμόσουν!»

«Λάθος νόμιζες Μαρία μου!», την διέκοψε αυτή. «Και μάλιστα ο γιός σου καβάλαγε μηχανάκι. Ευτυχώς για σένα καλή μου, που δεν το οδηγούσε αυτός, αλλιώς ποιος ξέρει τι θα συνέβαινε! Λοιπόν, θα μας πεις νεαρέ; Τι γύρευες τέτοια ώρα έξω; Και ποιος ήταν αυτός που οδηγούσε το μηχανάκι; Και γιατί ήταν ντυμένος έτσι;»

Οι ερωτήσεις έρχονταν η μία πίσω από την άλλη και ο καημένος ο Γιώργος δεν ήξερε τι να πρωτοπεί. Σε μια στιγμή θυμήθηκε όλα όσα έζησε χθες: το γράμμα του Ηλιανού, την Έπαυλή του, τον «Μαύρο Λύκο», τον Μάκη...Ω Θεέ μου! Είχε χτυπήσει ξανά τον Μάκη και όχι μόνον αυτό, του διέλυσε και το μηχανάκι!

«Λοιπόν;» ξανάπε η μητέρα του. «Θα απαντήσεις;»

«Εεεε... να... εγώ... χθες...» άρχισε να λέει αυτός, σκύβοντας το κεφάλι και κοιτώντας αμήχανα το πάτωμα. Τον έσωσαν όμως τρία χτυπήματα που ακούστηκαν από την πόρτα της κουζίνας.

«Άντε λοιπόν, θα έρθεις;» τον ρώτησε ο Ζιν, μπαίνοντας απότομα μέσα. «Κοίτα το πετροπίστολο μου! Αντί για νερό το έκανα να πετάει μικρές πετρούλες και...Καλημέρα κα Μαρία! Καλημέρα κα Κούλα!»

«Χθες το βράδυ ήμουν με τον Ζιν!» φώναξε ο Γιώργος, ενώ ο φίλος του τον κοίταζε λες και είχε τέσσερα μάτια.

«Είναι αλήθεια αυτό Ζιν;» τον ρώτησε η μητέρα του Γιώργου.

Ο Ζιν κοίταξε μια φορά την κα Μαρία, μια φορά την κα Κούλα και μια φορά τον Γιώργο, που τον κοίταζε σαν μικρό σκυλάκι και μετά είπε:

«Ναι, είναι αλήθεια...»

«Και ποιος ήταν αυτός που οδηγούσε το μηχανάκι; Εσύ; Αποκλείεται!» πετάχτηκε η κα Κούλα.

«Όχι, γιατί ήταν ο..ο..ο ξάδελφος μου!» απάντησε ο Ζιν. «Να βλέπετε, ήρθε χθες το βράδυ από την Αθήνα με το μηχανάκι του και μας έκανε βόλτες, μετά εγώ κουράστηκα, ενώ ο Γιώργος ήθελε και άλλο...»

«Αυτό ήταν πολύ επικίνδυνο!» είπε αυστηρά η κα Μαρία.

«Και τέτοια ώρα!» συμπλήρωσε η κα Κούλα.

Όλοι μείναν για λίγο σιωπηλοί. Ο Γιώργος κοίταξε λυπημένος την μητέρα του, σίγουρος πώς τον περίμενε μια γερή τιμωρία. Προς έκπληξή του όμως, αυτή σήκωσε τα φρύδια της ψηλά και κοιτώντας τον με ένα γλυκό ύφος, τού είπε:

«Λοιπόν Γιώργο-αν και δεν με ρώτησες και έκανες του κεφαλιού σου-αυτή την φορά σε συγχωρώ, μόνο και μόνο γιατί δούλευες όλο το καλοκαίρι. Άλλη φορά όμως, προτού ανέβεις σε μηχανάκι, σε παρακαλώ να με ρωτήσεις. Και συ Ζιν πες τον ξάδερφό σου πως τα μηχανάκια είναι πολύ επικίνδυνα για εσάς που είστε μικροί και πως καλό θα ήταν να προσέχει».

«Μάλιστα κα Μαρία, θα του το πω», απάντησε αυτός σοβαρά.

Η κα Κούλα, που έδειξε να μην πολυπιστεύει όσα έλεγαν τα δύο αγόρια, τους έριξε μια πονηρή ματιά και ήπιε λίγο από τον καφέ της. Έπειτα, σηκώθηκε όρθια και είπε:

«Λοιπόν, πάει και αυτό! Η μέρα προχωράει και δεν περιμένει κανέναν. Δεν ξέρω αν το μάθατε, πάντως χθες κάποιος νοίκιασε στην κίτρινη πολυκατοικία στην γωνιά. Ξέρετε, αυτήν που έχει θέα σε όλη την γειτονιά. Η φίλη μου η κα Ελένη, λέει πως τον λένε Ανδρέα και πως είναι πολύ μυστηριώδης άνθρωπος. Ακόμα δεν έχω μάθει πολλά, αλλά πού θα μου πάει... Πάντως το νούμερο ένα νέο αυτής της πόλης είναι πως επιτέλους κάποιος αγόρασε το «Σπίτι των Ρόδων» της οδού Ωκεανίδος!»

«Και γιατί είναι τόσο σπουδαίο νέο αυτό;» ρώτησε αδιάφορα ο Ζιν.

«Μα δεν καταλαβαίνεις;» του απάντησε αυτή με ενθουσιασμό. «Είναι το δεύτερο μεγαλύτερο σπίτι της πόλης. Λένε πως η οικογένεια που το αγόρασε είναι ζάμπλουτη. Όλη η πόλη έχει βουίξει! Θα πάμε με την κα Ελένη σε λίγο από κοντά, να δούμε που φέρνουν τα έπιπλα. Σας χαιρετώ τώρα!» είπε με μια κίνηση του χεριού της και έφυγε γρήγορα, κλείνοντας πίσω της την πόρτα της κουζίνας.

Κοιτώντας την ο Γιώργος, σκέφτηκε πόσο φοβερό θα ήταν αν η κα Κούλα μάθαινε όλα αυτά που τού συνέβησαν χθες το βράδυ. Θα ήταν ικανή να φέρει μέχρι και την τηλεόραση! Στην συνέχεια, η μητέρα του τους χαιρέτισε και αυτή, φεύγοντας για την δουλειά της, ενώ τα δύο αγόρια ανέβηκαν γρήγορα στο δωμάτιο του Γιώργου.

«Λοιπόν, τι συνέβη; Πού ήσουν χθες το βράδυ;» τον ρώτησε θυμωμένος ο Ζιν, ζητώντας εξηγήσεις. «Ξέρεις πως όπου πάμε, πάμε μαζί. Εσύ διασκέδαζες και με άφησες να βλέπω χαζές επαναλήψεις στην τηλεόραση;»

«Θα σου πω», του απάντησε ο Γιώργος, «αλλά θα μου υποσχεθείς ότι δεν θα φωνάξεις, γιατί νομίζω πως μόλις γύρισε η αδερφή μου» και έβαλε το αυτί του στην πόρτα. Αμέσως μετά, τον πλησίασε και του είπε ψιθυριστά:

«Χθες το βράδυ ήμουν στην Έπαυλη του Ηλιανού!»

«ΠΟΥΟΥΟΥΟΥ;» φώναξε ο Ζιν και πετάχτηκε όρθιος. «ΕΣΥ; ΜΟΝΟΣ ΣΟΥ; ΠΩΣ; ΓΙΑΤΙ;»

«Σσσσστ! Σού είπα, μην φωνάξεις!», ξανάπε αυτός, κάνοντας του νόημα να σωπάσει. «Θα σου τα πω όλα. Αλλά θέλω να το κρατήσεις μυστικό. Να μην το πεις σε κανέναν, εντάξει;»

Ο Ζιν το υποσχέθηκε και ο Γιώργος τού διηγήθηκε όλη την ιστορία. Πως βρήκε το γράμμα του Ηλιανού, πήγε στην Έπαυλή του, βρήκε το μυστικό του δωμάτιο και πως κορόιδεψε την «Συμμορία των Φαντασμάτων», αλλά τον έπιασε ο Μάκης και τον έσωσε μια μυστηριώδη σκιά, που τελικά ήταν άνθρωπος. Μόλις τελείωσε, ο Ζιν απόμεινε καθιστός στο κρεβάτι και τον κοιτούσε με το στόμα ανοιχτό.

«Δεν το πιστεύω! Δεν το πιστεύω!» είπε δύο φορές. «Και εγώ που νόμιζα πως αυτή είναι η πιο βαρετή πόλη στον κόσμο. Και τις εφευρέσεις του πατέρα μου; Πότε πρόλαβες να τις γυρίσεις;»

«Ωχ!» έκανε ο Γιώργος, πιάνοντας το κεφάλι του. «Έχεις δίκιο..» και έβγαλε γρήγορα την τσάντα του κάτω από το κρεβάτι. «Αυτό το ξέχασα τελείως...».

«Δεν πειράζει. Έτσι και αλλιώς σήμερα το πρωί έφυγε για την Αθήνα, για να αγοράσει κάτι περίεργα υλικά και θα γυρίσει το βράδυ. Θα τα βάλω εγώ πίσω το μεσημέρι. Και τώρα, ας δούμε τι έχεις μέσα στη τσάντα».

Ο Γιώργος την άνοιξε αμέσως και άρχισε να του δείχνει ότι πήρε από την Έπαυλη του Ηλιανού χθες: τις μικρές μπάλες που κολλούσαν, τα «αστεράκια» που σκάνε λάστιχα και την βαλλίστρα.

«Και έχει και άλλα», έλεγε ενθουσιασμένος, «που δεν πρόλαβα να δω...».

Ο Ζιν τα έπιανε ένα-ένα στα χέρια του και τα κοιτούσε σαν μαγεμένος. Αυτό όμως που τράβηξε την προσοχή και των δύο αγοριών ήταν η μαύρη στολή.

«Απίστευτο!», είπε ο Ζιν μόλις τη ξεδίπλωσε. «Κοίτα! Είναι σκληρή και μαλακή ταυτόχρονα. Και πολύ ελαστική. Και οι ώμοι της, είναι καλυμμένοι απο γούνα, μάλλον από λύκο. Και αυτά εδώ, που μοιάζουν με λέπια θα την κάνουν αδιάβροχη. Ε, τι είναι αυτό εδώ;» και αφήνοντας κάτω την στολή, πήρε στα χέρια του κάτι που έμοιαζε με μάσκα.

«Φανταστικό! Είναι όλη φτιαγμένη από γούνα και δέρμα! Κρύβει όλο το κεφάλι εκτός από το στόμα και αυτά εδώ πού μοιάζουν στο πλάι με αυτιά θα' ναι για να ακούς. Και αυτές οι δύο τρυπούλες είναι για να βλέπεις. Πιάσε την και 'συ! Είναι τόσο απαλή... Αν την φορέσεις σίγουρα θα μοιάζεις με λύκο! Πάντως μοιάζει λίγο παλιά...»

«Είναι παλιά», τού απάντησε ο Γιώργος. «Και ο Ηλιανός ήταν κάποτε ο «Μαύρος Λύκος».

«Και τώρα είσαι εσύ!»

«Δεν ξέρω Ζιν..» έκανε το αγόρι σκεφτικό. Δεν ξέρω καν αν θέλω να γίνω αυτός ο.. «Μαύρος Λύκος» που λες. Προς το παρόν όμως ξέρω ότι θέλω να βρω το θησαυρό. Ε, έχω μια ιδέα! Θέλεις να με βοηθήσεις;»

«Εγώ;» έκανε με απορία ο φίλος του. «Τι μπορώ να κάνω εγώ;»

«Μπορείς να μου φέρνεις πράγματα από το εργαστήριο του πατέρα σου. Ύστερα ξέρεις τόσα πολλά από τα βιβλία που μπορείς να διορθώνεις ότι χαλάει. Όπως αυτήν εδώ την βαλλίστρα, που μοιάζει να έχει σκουριάσει. Κοίτα το τόξο της».

«Δεν έχεις άδικο», είπε κολακευμένος ο Ζιν, παίρνοντας την στα χέρια του. «Αυτό εδώ το πετροπίστολο το έφτιαξα πανεύκολα, βλέποντας τον πατέρα μου να δουλεύει. Εντάξει Γιώργο! Δέχομαι!» ξανάπε χαρούμενος και του έδωσε το χέρι.

«Και εγώ σου υπόσχομαι το μισό θησαυρό!» του απάντησε αυτός, και του το έσφιξε με δύναμη. Άλλωστε θα είναι τόσο πολύς που θα φτάνει και για τους δύο μας!» και χαμογέλασε και αυτός. «Α, να και το καινούργιο γράμμα!», συμπλήρωσε και έβγαλε από την τσάντα το γράμμα του Ηλιανού. «Με όλα αυτά που έγιναν χθες, δεν πρόλαβα ούτε καν να το σκεφτώ..».

«Ένας γρίφος!» φώναξε ο Ζιν, μόλις το διάβασε. «Λατρεύω τους γρίφους. Λοιπόν, για να δούμε... τρία κλειδιά... σπίτι της γνώσης... αγκαλιά του Περσέα... Θέλει να βρεις τρία κλειδιά, μάλλον για να φτάσεις στον θησαυρό... χμμ... αυτό που δεν καταλαβαίνω είναι τι εννοεί με την «αγκαλιά του Περσέα»... τέλος πάντων».

«Γιατί, βρήκες τι είναι αυτό το.. «Σπίτι της Γνώσης»; Και ποιος στο καλό είναι αυτός ο Περσέας;»

«Αν, αντί να χαράμιζες τον καιρό σου τα απογεύματα ψαρεύοντας, πήγαινες στην βιβλιοθήκη», του είπε με ύφος ο Ζιν, «θα ήξερες πως εδώ στην Νίκη, η βιβλιοθήκη της ονομάζεται και «Σπίτι της Γνώσης». Είναι χαραγμένο μάλιστα με μεγάλα γράμματα πάνω από την πόρτα της. Όσο για τον Περσέα, κάτι μου θυμίζει, αλλά μάλλον πρέπει να πάμε από εκεί».

«Τώρα;» παραπονέθηκε ο Γιώργος. «Είναι πολύ πρωί και δεν έχω φάει τίποτα».

«Ναι, τώρα» απάντησε ο Ζιν. «Που δεν έχει κόσμο. Θα πάρω την τσάντα με τις εφευρέσεις του πατέρα μου και τα όπλα του «Μαύρου Λύκου», πάω να τα αφήσω στο σπίτι μου και εσύ περίμενε απ' έξω. Δεν θα αργήσω».

Ο Γιώργος συμφώνησε και τα δύο αγόρια κατέβηκαν γρήγορα στην κουζίνα. Εκεί ήταν η αδερφή του, που ξεφύλλιζε ένα περιοδικό για αρώματα. Τους έριξε μια γρήγορη ματιά, χωρίς να τους μιλήσει και συνέχισε το διάβασμα. Ο Γιώργος άρπαξε ένα κομμάτι από το κέικ που υπήρχε στο τραπέζι και φύγανε. Υπήρχαν φορές, σκέφτηκε, που ευτυχώς δεν μίλαγε μαζί της, γιατί έτσι δεν χρειαζόταν να της λέει ούτε πού πάει, ούτε τι κάνει.

Βγαίνοντας έξω, ο Ζιν έτρεξε γρήγορα σπίτι του και ο Γιώργος τον περίμενε στην γειτονιά. Παντού υπήρχαν παιδιά που έπαιζαν, άλλα έκαναν ποδήλατο, ενώ ο κος Θωμάς, ο γείτονάς τους, πότιζε τα λουλούδια του. Ανάμεσα στα παιδιά ήταν και ο μικρός Σάκης, ο γιός της κυρίας Κούλας, που έγλυφε ένα ροζ γλειφιτζούρι. Ο Γιώργος τον χαιρέτησε, όμως αυτός του έβγαλε την γλώσσα.

«Κακομαθημένο!», μουρμούρισε μέσα από τα δόντια του και μόλις κατέβηκε ο Ζιν, έφυγαν γρήγορα, ώσπου έφθασαν στο τέρμα της γειτονιάς τους. Από εκεί, χώθηκαν σε κάτι στενά, κατέβηκαν τρεις κατηφόρες και βρέθηκαν στο μεγάλο λιμάνι. Καθώς περπατούσαν, ένιωθαν ασφαλείς, μιας και σε τόσο κόσμο η «Συμμορία των Φαντασμάτων» δεν θα τολμούσε να τους πειράξει.

Στο τέλος του λιμανιού, δίπλα στο πολυτελές ξενοδοχείο «Χελάνδιον», βρισκόταν η μεγάλη βιβλιοθήκη της Νίκης. Ήταν ένα παλιό, μεγαλοπρεπές κτίριο και την πρόσοψή του στόλιζαν τέσσερις μεγάλες άσπρες κολόνες, όπως οι αρχαίοι ελληνικοί ναοί.

«Να θυμάσαι», είπε ο Ζιν καθώς ανέβαιναν τα σκαλοπάτια της, «η βιβλιοθηκάριος είναι η κα Βιργινία και θα μας αφήσει να δούμε τα πάντα, αρκεί να είμαστε ήσυχοι. Σιχαίνεται το θόρυβο.»

Η Χρυσή Νίκη

Ο Γιώργος κούνησε το κεφάλι του συμφωνώντας και αφού πέρασαν μια μεγάλη ξύλινη πόρτα, μπήκαν μέσα. Ο χώρος ήταν τεράστιος. Παντού υπήρχαν ράφια με βιβλία και μικρές ταμπελίτσες που έγραφαν «ΚΑΝΤΕ ΗΣΥΧΙΑ!» ή «ΜΗ ΜΙΛΑΤΕ!», ενώ στο βάθος διακρίνονταν μερικά τραπέζια, όπου μπορούσε κανείς να διαβάσει με την ησυχία του.

«Τι γυρεύετε εδώ παιδιά;» ακούστηκε ξαφνικά μια φωνή από πίσω τους.

Τα δύο αγόρια γύρισαν και είδαν μια ψηλή και λεπτή γυναίκα, που έμοιαζε με πελεκάνο που φόραγε γυαλιά.

«Γεια σας κα Βιργινία», της είπε ο Ζιν. «Πως είστε; Αυτός είναι ο φίλος μου ο Γιώργος που μένει απέναντί μου και δεν ψάχνουμε κάτι ακριβώς, απλά είπαμε σήμερα να περάσουμε για να..»

«Ζιν!» τον διέκοψε απότομα αυτή. «Πόσες φορές σου έχω πει ότι για έναν χώρο, όπως είναι η βιβλιοθήκη, χρησιμοποιείς υπερβολικά πολλές λέξεις. Πες μου τι θέλεις χωρίς πολλά λόγια, λοιπόν».

«Θέλουμε το τμήμα «Αρχαία Ελλάδα», της απάντησε γρήγορα.

«Όγδοη σειρά, τρίτο ράφι δεξιά, λες και δεν το ξέρεις. Και φρόντισε να μην ρίξεις τίποτε κάτω, όπως την άλλη φορά! Και μην τρέχετε!».

Τα δύο αγόρια την ευχαρίστησαν και πήγαν αμέσως εκεί που τους είπε.

«Γιατί την Αρχαία Ελλάδα;» τον ρώτησε ο Γιώργος μόλις έφτασαν εκεί, καθώς ο Ζιν έψαχνε γρήγορα τα βιβλία.

«Ο Περσέας ήταν ένας ήρωας που σκότωσε ένα τέρας, αλλά δεν θυμάμαι ποιο... Α! Νάτο! Έλα γρήγορα!» του ψιθύρισε και άνοιξε ένα χοντρό βιβλίο.

~63~

«Ο Περσέας», άρχισε να διαβάζει, «ήταν ένας ήρωας που σκότωσε την Μέδουσα, μια γυναίκα-τέρας που αντί για μαλλιά είχε φίδια και έκανε πέτρα όποιον την κοίταζε στα μάτια. Ωραία όλα αυτά, αλλά δεν καταλαβαίνω τι σχέση έχει με το κλειδί. Και τι εννοεί, όταν λέει: «*Από του Περσέα την αγκαλιά εσύ πρέπει να σώσεις*»;».

«Ίσως να μην έχει καμιά σχέση», του απάντησε ο Γιώργος. «Ίσως πρόκειται για κάποιο άγαλμα ή πίνακα όπου έκρυψε το κλειδί».

«Καλή ιδέα!» έκανε με χαρά ο Ζιν. «Ας ψάξουμε, εσύ από δεξιά και εγώ από αριστερά και συνάντηση εδώ σε δέκα λεπτά».

«Πάμε! Και όποιος χάσει, κερνάει τον άλλο παγωτό!» είπε και αυτός και άρχισαν το ψάξιμο. Όμως όσο και αν έψαξαν και παρά τα αυστηρά βλέμματα της κας Βιργινίας, που κοίταζε ενοχλημένη τα δύο αγόρια να κάνουν κύκλους γύρω από τα ράφια, δεν βρήκαν τίποτα. Μετά από λίγο, καθισμένα και απογοητευμένα σε ένα τραπέζι, αναρωτιόταν τι πήγε στραβά.

«Παντού», είπε πρώτος ο Γιώργος. «Έψαξα παντού, όμως ούτε αγάλματα βρήκα, παρά μόνο κάτι χαζούς πίνακες με φρούτα».

«Και εγώ τα ίδια» έκανε ο Ζιν. «Μέχρι και στις τουαλέτες έψαξα. Το μόνο μέρος που δεν είδα είναι εκείνη η πόρτα στα δεξιά, το δωμάτιο του φύλακα, αλλά έτσι και αλλιώς εκεί απαγορεύεται».

Ο Γιώργος, που είχε σχεδόν μισό ξαπλώσει στο τραπέζι, πετάχτηκε όρθιος.

«Εκεί είναι! Είμαι σίγουρος ότι εκεί είναι!»

«Αποκλείεται. Γιατί ο Ηλιανός να κρύψει κάποιο κλειδί εκεί που μπορεί να το βρει κάποιος;»

«Μα η βιβλιοθήκη δεν έχει φύλακα. Δεν είδες που έχουν βάλει παντού συναγερμούς; Και για να στο αποδείξω, θα πάω να ρωτήσω αμέσως την κα Βιργινία».

Και χωρίς να χάσει χρόνο, πήγε γρήγορα στο γραφείο της, όπου την βρήκε να διαβάζει με πάθος ένα βιβλίο με συνταγές μαγειρικής.

«Κυρία Βιργινία με συγχωρείτε», της είπε ευγενικά. «Τι ώρα πιάνει δουλειά ο φύλακας;»

«Τι παράξενη ερώτηση!» έκανε αυτή, κοιτώντας τον πίσω από το βιβλίο της. «Γιατί ένα αγόρι σαν και σένα να νοιάζεται για τον φύλακα;»

«Να... ξέρετε... Ο φίλος μου ο Ζιν φοβάται ότι ο κλέφτης που ακούμε διαρκώς στις ειδήσεις θα θελήσει να κλέψει και την βιβλιοθήκη, ενώ εγώ του λέω ότι...»

«Σταμάτα, σταμάτα, σταμάτα!» τον διέκοψε αυτή, αφήνοντας κάτω το βιβλίο της. «Μιλάς πολύ και δυνατά. Λοιπόν, πες του φίλου σου ότι η βιβλιοθήκη δεν έχει πια φύλακα, αλλά πολύ καλούς συναγερμούς και το δωμάτιο του το κάναμε αποθήκη, γεμάτο με παλιά πράγματα και βιβλία. Φυσικά είναι κλειδωμένη και εγώ έχω το μ-ο-ν-α-δ-ι-κ-ό κλειδί που την ανοίγει», και του έδειξε ένα μικρό ασημένιο κλειδάκι που φόραγε στο λαιμό της.

«Και τώρα», συνέχισε, «πήγαινε στον φίλο σου και επιτέλους καθίστε κάπου. Βαρέθηκα να σας βλέπω να τριγυρίζετε από δω και από κει. Η βιβλιοθήκη δεν είναι παιδότοπος...»

Ο Γιώργος επέστρεψε γρήγορα και τα είπε όλα στον Ζιν.

«Μην ανησυχείς», έκανε αυτός, βγάζοντας από την τσέπη του κάτι που έμοιαζε με στραβό σιδεράκι. «Αυτό εδώ το αντικλείδι του πατέρα μου ανοίγει όλες τις πόρτες. Το θέμα όμως είναι τι θα κάνουμε με την κα Βιργινία. Κάποιος πρέπει να την απασχολήσει μέχρι ο άλλος να ψάξει την αποθήκη. Έχεις καμία ιδέα;»

«Όχι και δεν θα ήθελα να της ξαναμιλήσω. Δεν της άρεσε καθόλου που την διέκοψα από το βιβλίο με τις συνταγές που διάβαζε...»

«Συνταγές ε;..χμμμ.. ίσως αυτό δουλέψει», έκανε σκεφτικός ο Ζιν. «Λοιπόν Γιώργο, μου έδωσες μια ωραία ιδέα. Πάρε το αντικλείδι και πήγαινε εσύ στην αποθήκη. Ξέρω τι να κάνω», του είπε και έφυγε γρήγορα.

Ο Γιώργος παραξενεμένος, περίμενε στην θέση του βλέποντας τον Ζιν από μακριά να πλησιάζει την κα Βιργινία και να της μιλάει. Αυτή στην αρχή φάνηκε να θυμώνει, μετά όμως του χαμογέλασε... Ποιος ξέρει τι της έλεγε πάλι! Έτσι, σηκώθηκε από την θέση του και πήγε γρήγορα στην αποθήκη. Ξεκλείδωσε όσο πιο αθόρυβα μπορούσε την πόρτα της και μπήκε μέσα. Το θέαμα όμως που αντίκρισε στο δωμάτιο τον γέμισε με απογοήτευση: ήταν γεμάτο με μικρά και μεγάλα κουτιά που έφταναν μέχρι το ταβάνι, παλιά ράφια και δύο-τρία σπασμένα αγάλματα. Παντού υπήρχε τρομερή ακαταστασία.

«Και να υπάρχει κάποιο κλειδί εδώ μέσα», σκέφτηκε, «θα με πάρει μέρες για να το βρω». Παρόλα αυτά, έπρεπε να προσπαθήσει.

Έτσι, αποφάσισε να ακολουθήσει μια μεγάλη ηλιαχτίδα φωτός που έμπαινε από ένα μικρό στρόγγυλο παραθυράκι, το μόνο που φώτιζε το, σκοτεινό κατά τα άλλα, δωμάτιο.

Μετά από λίγο, αφού πάτησε πάνω σε αμέτρητα κουτιά, κόντεψε να ρίξει ένα άγαλμα και γέμισε με ιστούς αράχνης από πάνω μέχρι κάτω, έφθασε στο τέλος του δωματίου. Εκεί, η ηλιαχτίδα έπεφτε πάνω σε δύο μεγάλα κιβώτια, που ανάμεσά τους είχαν ένα γυάλινο κουτί. Το κουτί ήταν πάνω σε ένα τραπεζάκι, εντελώς σκονισμένο και γεμάτο με αράχνες. Μέσα του όμως φαινόταν να υπάρχει κάτι.

«Ωραία..» έκανε ειρωνικά το αγόρι, μόλις σκούπισε το τζάμι. «Και άλλο βιβλίο...».Ξαφνικά όμως τα μάτια του έλαμψαν, γιατί ο τίτλος του βιβλίου με μεγάλα γράμματα έγραφε: «ΠΕΡΣΕΑΣ» ενώ μια χρυσή ταμπελίτσα από κάτω έλεγε:

«ΠΡΟΣΦΟΡΑ ΟΙΚΟΓΕΝΕΙΑΣ ΗΛΙΑΝΟΥ 1939»

Τώρα πια ήταν σίγουρος πως είχε λύσει τον γρίφο! Ήταν στο «Σπίτι της Γνώσης», είχε βρει τον.. «Περσέα», οπότε το πρώτο κλειδί για το θησαυρό έπρεπε να 'ναι κάπου εκεί κοντά. Έβγαλε γρήγορα το βιβλίο από το γυάλινο κουτί και άρχισε ανυπόμονα να το ξεφυλλίζει.

Στην μέση του είδε μια ζωγραφιά, που έδειχνε ένα νεαρό αγόρι με φτερωτά πέδιλα να κρατάει στα χέρια του ένα σπαθί και μια ασπίδα, ενώ από πίσω του πλησίαζε μια απαίσια γυναίκα με φίδια αντί για μαλλιά, η Μέδουσα.

«Ο Περσέας!», σκέφτηκε, χαζεύοντάς την εικόνα. Αυτό όμως που είδε μόλις γύρισε την σελίδα, τον άφησε με το στόμα ανοιχτό: όλες οι υπόλοιπες σελίδες του βιβλίου ήταν κομμένες στο κέντρο και μέσα στην τρύπα που σχημάτιζαν, υπήρχε ένα ολόχρυσο κλειδί! Ο Γιώργος κρατήθηκε με δυσκολία να μην φωνάξει από την χαρά του και τρέμοντας σχεδόν, το πήρε στα χέρια του.

Το κλειδί ήταν μακρύ, λεπτό και στην άκρη του υπήρχε σκαλισμένο το γράμμα «Μ». Κάτω από το κλειδί υπήρχε ένα ακόμη γράμμα του Ηλιανού, που σίγουρα θα του έλεγε πού να βρει το δεύτερο.

Χωρίς να χάσει άλλο χρόνο, έβαλε ξανά το βιβλίο στην θέση του, το κλειδί και το γράμμα στην τσέπη του και βγήκε γρήγορα από την αποθήκη. Από εκεί, πήγε τρέχοντας σχεδόν στην έξοδο, όπου βρήκε τον Ζιν και την κα Βιργινία. Η γυναίκα φαινόταν πως έγραφε κάτι, ενώ ο Ζιν την περίμενε να τελειώσει υπομονετικά.

«Πάμε, Ζιν! Βρήκα αυτό που ήθελα!» του έκανε με νόημα ο Γιώργος, ενώ το πρόσωπό του έλαμπε από χαρά.

«Μισό λεπτό μόνο Γιώργο.. Ευχαριστώ πολύ κα Βιργινία», της είπε, καθώς αυτή του έδωσε το χαρτί που έγραφε.

«Ω, δεν ήταν τίποτα μικρέ μου φίλε», απάντησε αυτή γλυκά. «Και να θυμάσαι, πως η θεία Βιργινία είναι πάντα εδώ για ότι χρειαστείς!».

Ο Ζιν την ευχαρίστησε και έφυγε με τον Γιώργο γρήγορα, ενώ αυτή, σηκώνοντας τα γυαλιά της, τον κοίταξε από πάνω μέχρι κάτω με απορία.

«Μα πώς τα κατάφερες να την απασχολήσεις;» τον ρώτησε αυτός, μόλις βγήκαν έξω.

«Α, ήταν πανεύκολο», απάντησε ο Ζιν. «Μόλις μου είπες ότι διάβαζε εκείνο το βιβλίο μαγειρικής, κατάλαβα ότι της αρέσει να μαγειρεύει. Έτσι, της είπα, ότι, από τότε που πέθανε η μητέρα μου κανείς δεν μαγειρεύει και τρώμε απ' έξω. Για αυτό και αυτή με χαρά δέχτηκε να μου γράψει μερικές εύκολες συνταγές. Μα πες μου, βρήκες τελικά το κλειδί;».

Ο Γιώργος κούνησε το κεφάλι του λέγοντας «Ναι!» και ένα πλατύ χαμόγελο σχηματίστηκε στο πρόσωπό του.

«Το ήξερα! Το ήξερα ότι θα τα καταφέρεις!», φώναξε ο Ζιν και χτύπησε μια φορά τα χέρια του με χαρά. Όμως όχι, μη μου λες ακόμα τίποτα. Θα πάω σπίτι μου να ελέγξω τα όπλα του... ξέρεις ποιού! και μόλις φας, έλα γρήγορα και συ! Α και... Γιώργο σκουπίσου. Είσαι γεμάτος αράχνες!» είπε χαμογελώντας του και έφυγε.

Ο Γιώργος στάθηκε στα σκαλιά της βιβλιοθήκης και τον κοίταξε από μακριά που απομακρυνόταν. Χάρις την βοήθειά του Ζιν, ο φίλος μας κατάφερε να βρει το πρώτο κλειδί του θησαυρού, ένα πανέμορφο χρυσό κλειδί, που ποιος ξέρει πού θα τους οδηγούσε. Ένιωθε πως βρισκόταν στην αρχή ενός μεγάλου, όμορφου ταξιδιού, που θα άλλαζε για πάντα την ζωή του. Το δροσερό αεράκι που φύσηξε από την θάλασσα, τον έκανε να κλείσει τα μάτια του και να χαμογελάσει. Μετά από πολύ καιρό, επιτέλους ένιωθε ευτυχισμένος.

ΚΕΦΑΛΑΙΟ ΕΚΤΟ

Ο ΛΗΣΤΗΣ ΧΤΥΠΑΕΙ ΞΑΝΑ

Ο ήλιος που έλαμπε από ψηλά, έπεφτε στην θάλασσα και την έκανε να αστράφτει σαν ένα μεγάλο μπλε χαλί, κεντημένο με διαμάντια. Κόντευε μεσημέρι και το λιμάνι της Νίκης ήταν γεμάτο με ανθρώπους που περπατούσαν αργά, έτρωγαν παγωτό και έκαναν ποδήλατο, αδιαφορώντας για την μεγάλη ζέστη. Ανάμεσά τους βρίσκονταν ένα τυχερό αγόρι που χαμογελούσε, γιατί στην καρδιά του έκρυβε ένα μεγάλο μυστικό, που πολλοί γύρω του θα ήθελαν να ξέρουν.

Έτσι λοιπόν ο ήρωας μας, αφού βρήκε το πρώτο κλειδί του θρυλικού θησαυρού του Ηλιανού, επέστρεφε σπίτι του. Διέσχισε το μεγάλο λιμάνι, πέρασε μέσα από την κεντρική πλατεία της πόλης και από εκεί χώθηκε σε κάτι στενά που του είχε μάθει ο Ζιν.

Σε λίγο βρέθηκε να περπατάει δίπλα σε έναν τοίχο που έκρυβε ένα μεγάλο, εγκαταλελειμμένο οικόπεδο. Στο οικόπεδο αυτό συνήθιζαν να παίζουν κάθε μέρα παιδιά και οι φωνές τους ενοχλούσαν τους γείτονες, που διαμαρτύρονταν για λίγη ησυχία. Σήμερα όμως δεν ακουγόταν τίποτα, παρά μονάχα ο ήχος από τα αυτοκίνητα, που πέρναγαν από μακριά.

Χωρίς να δώσει σημασία, ο Γιώργος συνέχισε να περπατάει, όταν ξαφνικά τον σταμάτησε κάτι που άκουσε πίσω από τον τοίχο.

Έμοιαζε με... κλάμα, όχι ανθρώπου, αλλά ζώου που έδειχνε να πονάει. Το κλάμα γινόταν πότε δυνατό και πότε αδύναμο και πραγματικά σου σπάραζε την καρδιά να το ακούς. Παρόλο που το στομάχι του διαμαρτύρονταν από ώρα, κάτι μέσα του, του έλεγε να κοιτάξει. Έτσι, σκαρφάλωσε τον τοίχο και κοίταξε με προσοχή το οικόπεδο.

Στην αρχή δεν έβλεπε τίποτα, μετά όμως από λίγο διέκρινε κάτι που έμοιαζε με σκυλί. Το καημένο το ζώο ήταν ξαπλωμένο στο χώμα και κάποιος του είχε δέσει τα πόδια, αφήνοντάς το να το καίει ο ήλιος. Το μόνο λοιπόν που μπορούσε να κάνει ήταν να γρυλίζει, σαν να ζητούσε βοήθεια.

«Βάζω στοίχημα πως αυτή είναι δουλειά της «Συμμορίας των Φαντασμάτων»» σκέφτηκε το αγόρι θυμωμένο και χωρίς να το πολυσκεφτεί, πήδηξε τον τοίχο και έτρεξε στο ζώο.

«Σε έδεσαν και σε παράτησαν, καημενούλη, έτσι δεν είναι;», είπε στο σκυλί, καθώς του έκοβε τα σχοινιά με τον σουγιά του, ενώ αυτό από ευγνωμοσύνη, του έγλειφε το χέρι.

«Βρε βρε κοίτα να δεις!» ακούστηκε ξαφνικά μια φωνή από πίσω του. «Φαίνεται πως εκτός από ανθρώπους βοηθάει και ζώα...»

Ο Γιώργος σταμάτησε τρομαγμένος. Την ήξερε αυτή την φωνή.

Η Χρυσή Νίκη

«Ναι, αρχηγέ» ακούστηκε μια δεύτερη φωνή, πιο χοντρή αυτή τη φορά. «Είχες δίκιο. Έπεσε στην παγίδα σαν βλάκας».

Και αυτή την φωνή την ήξερε. Ήταν του Τζίμη, μέλους της «Συμμορίας των Φαντασμάτων»!

Τώρα τα είχε καταλάβει όλα. Του είχαν στήσει παγίδα, δένοντας το καημένο το σκυλί και ύστερα κρύφτηκαν, περιμένοντάς τον να εμφανιστεί. Και αυτός έπεσε στην παγίδα σαν μωρό. Πως την πάτησε έτσι; Γιατί δεν σκέφτηκε πρώτα, όπως θα έκανε ο Ζιν, προτού πηδήξει τον τοίχο;

«Αυτή την φορά δεν ξεφεύγεις!», ξανακούστηκε η φωνή του Μάκη και τα τέσσερα αγόρια της «Συμμορίας των Φαντασμάτων» πήδηξαν από τον τοίχο και τον περικύκλωσαν. Ο Τζίμης, ο Αχιλλέας και ο Γιάννης είχαν στο πρόσωπό τους σχηματισμένο ένα πονηρό χαμόγελο, εκτός από τον Μάκη, που κοίταζε τον Γιώργο αγριεμένος. Το αγόρι πρόσεξε πως στο χέρι του είχε ένα κόκκινο σημάδι, μάλλον από το χτύπημα που του έδωσε χθες το βράδυ εκείνος ο μυστηριώδης τύπος.

«Χθες», μίλησε πρώτος ο Μάκης, «ήσουν τυχερός. Έκανες το φάντασμα, τρομάζοντας αυτούς τους βλάκες εδώ, με χτύπησες και μου διέλυσες το μηχανάκι. Εμένα, που με φοβούνται όλα τα παιδιά στην Νίκη».

«Σου άξιζε!» απάντησε με θάρρος ο Γιώργος. «Έσπασες το τηλεσκόπιο του φίλου μου!»

«Βέβαια», συνέχισε να μιλά ο Μάκης λες και δεν άκουγε λέξη από όσα του έλεγε το αγόρι, «είχες βοήθεια. Είχες αυτά τα παιχνίδια του Κινέζου και σε βοήθησε και εκείνος ο φίλος σου με τα μαύρα. Τώρα όμως η τύχη σου τελείωσε. Έπεσες στην παγίδα μου και αυτή τη φορά δεν θα σε βοηθήσει κανείς μικρέ», του είπε και βγάζοντας ένα μικρό σχοινί από την τσέπη του, άρχισε να πλησιάζει τον Γιώργο.

Στο μεταξύ, όση ώρα μίλαγε ο Μάκης, ο φίλος μας κοίταζε γύρω του, προσπαθώντας να βρει έναν τρόπο να ξεφύγει. Γρήγορα όμως κατάλαβε πως αυτό ήταν αδύνατο. Η παγίδα τους ήταν τέλεια. Όχι μόνο ήταν περικυκλωμένος από παντού, αλλά και δεν θα μπορούσε με τίποτα να τα βάλει με τέσσερα μεγαλύτερα από αυτόν αγόρια.

Καθώς ο Μάκης πλησίαζε, τα χέρια του άρχισαν να ιδρώνουν και η καρδιά του χτύπαγε τόσο γρήγορα, που νόμιζε ότι θα βγει από το στήθος του.

Και τότε! «ΓΟΥΦ! ΓΟΥΦ!», ακούστηκε ξαφνικά και πριν καταλάβει κανείς τι γίνεται, το σκυλί που βοήθησε πριν ο Γιώργος, όρμησε πάνω στον Μάκη, τον έριξε κάτω και άρχισε να του τραβάει και να του σκίζει τα ρούχα!

«Αρχηγέ!» φώναξαν τα τρία αγόρια μαζί και έτρεξαν να τον βοηθήσουν, αφήνοντας τον δρόμο ελεύθερο για τον Γιώργο, που έκανε μερικά βήματα πίσω και άρχισε να τρέχει γρήγορα προς τον τοίχο.

«Όχι εμένα ανόητοι», τούς φώναξε ο Μάκης, καθώς τα δύο αγόρια έδιωχναν τον σκύλο, ενώ ο Τζίμης τον βοηθούσε να σηκωθεί από κάτω. «Αυτόν τρέξτε να πιάσετε! Πάλι θα το σκάσει!» και τους έδειξε τον Γιώργο, που είχε κιόλας φτάσει στον τοίχο και σκαρφάλωνε γρήγορα.

Τα αγόρια παράτησαν τον Μάκη και έτρεξαν γρήγορα προς το Γιώργο. Αυτός, βλέποντάς τους να πλησιάζουν, πήδηξε κάτω και άρχισε να τρέχει με όλη του την δύναμη, ενώ τα αγόρια πήδηξαν τον τοίχο και αυτά και τον ακολούθησαν.

Έτρεχε, έτρεχε, έτρεχε όσο πιο γρήγορα μπορούσε, όμως ότι και αν έκανε, αυτά τον πλησίαζαν όλο και πιο πολύ. Και αυτή την φορά δεν υπήρχε κάποιος θάμνος να κρυφτεί, παρά μονάχα σπίτια και ο δρόμος, που έδειχνε να μην τελειώνει ποτέ.

Το στήθος του άρχισε να πονάει, δεν μπορούσε να πάρει ανάσα, όταν ξαφνικά, ένα μεγάλο άσπρο αμάξι σταμάτησε μπροστά του. Η πίσω πόρτα άνοιξε και ένα κορίτσι, που ο Γιώργος δεν είχε ξαναδεί ποτέ του, φώναξε:

«Μπες μέσα! Γρήγορα!»

Χωρίς να το πολυσκεφτεί, το αγόρι όρμησε μέσα στο αμάξι, έκλεισε πίσω του την πόρτα, ενώ ο Τζίμης, ο Αχιλλέας και ο Γιάννης, το είδαν έκπληκτοι να στρίβει σε μια γωνία και να χάνεται.

«Τι έγινε; Τον πιάσατε; Γιατί δεν μιλάτε;» τους ρώτησε μετά από λίγο ο Μάκης, καθώς καθάριζε το παντελόνι του, που ήταν γεμάτο σάλια από το σκυλί.

Τα τρία αγόρια στάθηκαν μπροστά του κοιτώντας το πεζοδρόμιο, χωρίς κανένα τους να μιλάει.

«Ε...να.. ξέρεις αρχηγέ..», είπε μετά από λίγο φοβισμένος ο Τζίμης. «Μας... μας ξέφυγε».

«ΠΑΛΙ; ΠΑΛΙ ΣΑΣ ΞΕΦΥΓΕ;» φώναξε ο Μάκης και έδωσε μια κλωτσιά σε έναν σκουπιδοτενεκέ. «Επιτέλους, πόσο γρήγορα τρέχει πια αυτό το αγόρι και δεν μπορείτε να το πιάσετε;»

«Δ..δεν φταίγαμε εμείς αρχηγέ...αλήθεια. Να, ενώ κοντεύαμε να τον πιάσουμε, ένα μεγάλο άσπρο αμάξι σταμάτησε ξαφνικά μπροστά του και τον πήρε».

«Μα πόσοι επιτέλους σε αυτή την πόλη τον βοηθάνε;» φώναξε αυτός κατακόκκινος από το θυμό του. «Πρώτη φορά μου συμβαίνει αυτό. Την επόμενη φορά...».

«Την επόμενη φορά, τι, αγόρι;», τον διέκοψε μια χοντρή φωνή που ακούστηκε πίσω του.

Ο Μάκης γύρισε και είδε έναν ψηλό, γκριζομάλλη άνδρα που φόραγε μια λερωμένη φόρμα εργασίας και τον κοίταζε αυστηρά.

«Π-π-πατέρα..» ψέλλισε φοβισμένος ο Μάκης. «Πως εσύ... Πως βρέθηκες εδώ;»

«Δεν μού απάντησες αγόρι», ξανάπε ο πατέρας του. «Τι συνέβη πριν; Πάλι σας την έσκασε αυτό το παιδί;»

«Ό-όχι, ακριβώς. Να, τον είχαμε σχεδόν στα χέρια μας όταν... ένα σκυλί...»

«Και την προηγούμενη φορά δεν μου είπες ότι τον.. «είχατε στα χέρια σας»; Και για άλλη μια φορά σας ξέφυγε, έτσι δεν είναι;» τους ρώτησε και τα τέσσερα αγόρια κούνησαν σκυμμένα το κεφάλι.

«Δεν... δεν ξέρω τι άλλο να κάνω», απολογήθηκε ο Μάκης.

«Θα σου πω εγώ τι θα κάνεις», απάντησε ο πατέρας του. «Όταν ήμουν στην ηλικία σου με φοβούνταν όλοι στην Νίκη και το ίδιο σου είπα να κάνεις και εσύ. Ξέρεις λοιπόν τι έκανα, όταν δεν μπορούσα να πιάσω ένα παιδί;»

«ΤΙΙΙΙ;» ρώτησαν με μια φωνή τα τρία αγόρια πίσω από τον Μάκη.

«Το παρακολουθούσα! Μάθαινα τα πάντα για αυτό. Και την κατάλληλη στιγμή, ΤΣΑΚ! το άρπαζα», έκανε ο άντρας κλείνοντας με δύναμη την γροθιά του. «Καταλάβατε;»

«Εμ, όχι ακριβώς, κύριε Σκυλίτση», πετάχτηκε ο Τζίμης.

«Κατάλαβα εγώ πατέρα», είπε με ένα πονηρό χαμόγελο ο Μάκης. «Και πολύ καλά μάλιστα. Πάμε μάγκες. Η «Συμμορία των Φαντασμάτων» έχει νέα αποστολή...» Και τους έκανε νόημα να τον ακολουθήσουν, ώσπου χάθηκαν μέσα στα στενά.

Στο μεταξύ, ο Γιώργος καθισμένος σε μια γωνιά του μεγάλου αυτοκινήτου, δεν μπορούσε να πιστέψει όσα του συνέβησαν. Ήταν βέβαια χαρούμενος-τι χαρούμενος-ευτυχισμένος που γλύτωσε για μια ακόμη φορά από τα νύχια της «Συμμορίας των Φαντασμάτων», όμως ποιοι ήταν αυτοί που τον έσωσαν;

Δίπλα του καθόταν η κοπέλα που τον είχε γλυτώσει και κοίταζε έξω από το παράθυρο, χωρίς να λέει τίποτα. Το μεγάλο αμάξι οδηγούσε ένας σοφέρ. Ο Γιώργος σκέφτηκε πως πρώτη φορά στην ζωή του έβλεπε σοφέρ, πόσο μάλλον ένα τέτοιο μεγάλο αμάξι από μέσα. Διστακτικά και όσο πιο αθόρυβα γινόταν, ψέλλισε ένα «Ευχαριστώ».

Η κοπέλα, που τόση ώρα δεν έλεγε τίποτα, γύρισε και τον κοίταξε θυμωμένη. Μετά είπε στον σοφέρ:

«Τιμόθεε, στο σπίτι γρήγορα σε παρακαλώ» και ρίχνοντας άλλη μια θυμωμένη ματιά στον Γιώργο, συνέχισε να κοιτάζει έξω.

Ο Γιώργος τα έχασε. Τι της είπε και τον αγριοκοίταξε έτσι; Ένα απλό «Ευχαριστώ». Δεν την είπε ούτε χοντρή ούτε άσχημη. Και στο κάτω-κάτω αυτή σταμάτησε και τον πήρε.

«Αν δεν ήθελε», σκέφτηκε το αγόρι, «ας με άφηνε εκεί. Θα έβρισκα τρόπο να γλυτώσω», αν και κατά βάθος ήξερε ότι αυτό δεν ήταν αλήθεια.

Το μεγάλο αμάξι λοιπόν διέσχισε όλη την «Λεωφόρο των Κύκνων», έστριψε δεξιά και μπήκε στην οδό Ωκεανίδος, σταματώντας μπροστά σε ένα τεράστιο λευκό σπίτι με κήπο. Εκεί υπήρχαν τέσσερα φορτηγά με δεκάδες εργάτες που κουβαλούσαν έπιπλα και κουτιά. Στο απέναντι πεζοδρόμιο πάλι είχε μαζευτεί αρκετός κόσμος και χάζευε το θέαμα.

Ανάμεσα τους ο Γιώργος ξεχώρισε δύο γυναίκες, οι οποίες μάλιστα είχαν φέρει και τις δικές τους καρέκλες για να κάτσουν: ήταν η κα Κούλα με την φίλη της την κα Ελένη, που έδειχναν να λένε κάτι η μια στο αυτί της άλλης και να γελούν.

Το αγόρι γλίστρησε αμέσως στο κάθισμα του αυτοκινήτου, προσπαθώντας να κρυφτεί, γιατί, αν η κα Κούλα τον έβλεπε μέσα σε ένα τέτοιο αμάξι, θα άρχιζε και πάλι τις ερωτήσεις.

«Βλέπω δεν έχεις και πολλούς φίλους εδώ στην Νίκη», του είπε μισοχαμογελώντας αυτή την φορά η κοπέλα. «Σε έσωσα, γιατί δεν μου αρέσει τρία μεγαλύτερα παιδιά από εμάς να κυνηγάνε ένα μικρότερο. Τιμόθεε, πήγαινέ τον στο σπίτι του μετά. Θα σου πει αυτός πού μένει» και ρίχνοντας μια φορά τα ξανθά μαλλιά της πίσω στον ώμο, βγήκε γρήγορα από το αμάξι. Ο καημένος ο Γιώργος προσπάθησε κάτι να της πει, αλλά το αμάξι ξεκίνησε προτού καν προλάβει. Το μόνο που του έμενε λοιπόν, ήταν να δώσει στον σοφέρ την διεύθυνσή του, ζητώντας του να τον αφήσει εκεί που ξεκινούσε η γειτονιά του.

Όταν μετά από λίγο φτάσανε, το αγόρι τον ευχαρίστησε και έτρεξε σπίτι του. Μπαίνοντας μέσα, η μυρωδιά από τηγανητά μπιφτέκια και πατάτες τον έκανε να πάει κατευθείαν στην κουζίνα. Εκεί βρήκε την μητέρα του, η οποία μόλις τελείωνε μια τούρτα σοκολάτα. Αν πριν πεινούσε σαν λύκος, τώρα ένιωθε πως μπορούσε να φάει και το τραπέζι μαζί. Χαιρέτισε, έπλυνε γρήγορα τα χέρια του και κάθισε στο τραπέζι. Μετά από λίγο ήρθε και η αδερφή του και πήρε την θέση της στο τραπέζι χωρίς να του δώσει σημασία.

«Λοιπόν Γιώργο, τι έκανες σήμερα;» μίλησε πρώτη η μητέρα του, καθώς του σέρβιρε ένα μεγάλο μπιφτέκι με πατάτες.

«Θα τεμπέλιαζε πάλι σε καμιά παραλία με τον κινέζο», πετάχτηκε η αδερφή του, χαμογελώντας ειρωνικά.

«Τουλάχιστον Ελεονόρα δεν καθόταν σαν εσένα μέσα όλη την ημέρα», της απάντησε αυτή, κάνοντας το κορίτσι να κοιτάξει με περιφρόνηση ψηλά και τον Γιώργο να χαμογελάσει. Ήθελε τόσο πολύ να της πει πόσο σπουδαία πράγματα έκανε από το πρωί, όμως ήξερε πως έπρεπε να μείνουν μυστικά.

«Βόλτες. Κάναμε βόλτες με τον Ζιν. Τίποτα σημαντικό μητέρα», απάντησε το αγόρι καθώς μασούλαγε το μπιφτέκι του.

«Είδες; Είχα δίκιο!», είπε η Ελεονόρα. «Τεμπελιάζανε όπως πάντα».

Ο Γιώργος πήγε κάτι να πει, αλλά τον διέκοψε η μητέρα του, που σηκώθηκε όρθια.

«Παιδιά σταματήστε λίγο να ακούσουμε» είπε και άνοιξε την φωνή από μια μικρή τηλεόραση που έπαιζε σε μια γωνιά.

«...*Άλλη μια ληστεία σημειώθηκε στην πόλη της Νίκης...*», έλεγε ο εκφωνητής. «..*και αυτή την φορά θύμα της έπεσε ο κος Μετρητόπουλος...*».

«Ο κος Θωμάς που μένει δίπλα μας!», φώναξε ο Γιώργος.

Η μητέρα του, του έκανε νόημα να σωπάσει και δυνάμωσε την φωνή.

«...*Όλα δείχνουν ότι πρόκειται και πάλι για τον «Χαρούμενο Ληστή», καθώς το μόνο που έκλεψε ήταν ένα πολύτιμο χρυσό αγαλματάκι, αφήνοντας στη θέση του ένα παιδικό παιχνίδι και ένα χαρτί που έγραφε: «Παίξε με αυτό.. ΚΟΡΟΙΔΟ!»*.

«Δεν το πιστεύω!», είπε μετά από λίγο η μητέρα του, κλείνοντας την τηλεόραση. «Ακριβώς δίπλα μας! Καημένε κε Θωμά! Και είναι τόσο καλός άνθρωπος...Λοιπόν παιδιά, πρέπει να είμαστε πολύ προσεκτικοί. Απ' ότι φαίνεται ο ληστής βρίσκεται στην γειτονιά μας, για αυτό από σήμερα, δεν πρέπει να αφήσουμε το σπίτι ποτέ ξανά μόνο του. Εγώ σε πέντε λεπτά θα πάω στο κομμωτήριο και από εκεί στην κα Γεωργία, οπότε πρέπει ένας από τους δύο σας να κάτσει σπίτι».

«Εμένα με περιμένει η Κλαίρη!» πετάχτηκε η Ελεονόρα. «Θα πάμε για καφέ. Να κάτσει ο Γιώργος μαμά, που όλη την μέρα ήταν έξω!» παραπονέθηκε, δείχνοντάς τον με το χέρι της.

«Γιώργο μου, η Ελεονόρα έχει δίκιο. Πρέπει να φυλάξεις εσύ στο σπίτι» συμφώνησε αυτή, καθώς μοίραζε την τούρτα σοκολάτας.

«Μα... μαμά... έχω κανονίσει με τον Ζιν», παραπονέθηκε αυτός.

«Ήσουν όλο το πρωί μαζί του. Μιλάτε κάθε μέρα. Δεν πειράζει αν δεν τον δεις ένα απόγευμα...Και μπορείς να φας όση τούρτα θες! Στο επιτρέπω».

Ο Γιώργος συμφώνησε απρόθυμα και άρχισε να τρώει το γλυκό του. Βέβαια, ήθελε τόσο πολύ να πάει στον Ζιν και να διάβαζαν μαζί το επόμενο γράμμα, όμως έπρεπε να κάνει αυτό που του είπε η μητέρα του.

Λίγο αργότερα, και ενώ όλοι είχαν φύγει, ξαπλωμένος στο κρεβάτι του, κοίταζε το χρυσό κλειδί που βρήκε το πρωί... Σκεφτόταν πως, αν μόνο το κλειδί για τον θησαυρό είναι χρυσό, φαντάσου τι θησαυρός τους περίμενε.

Την σκέψη του αυτή διέκοψε το τηλέφωνο. Ήταν ο Ζιν που αναρωτιόταν γιατί δεν είχε περάσει ακόμα από αυτόν. Ο Γιώργος του είπε πως σήμερα έπρεπε να μείνει στο σπίτι και έτσι συμφωνήσανε να βρεθούνε αύριο. Ύστερα πήγε ξανά στο κρεβάτι του και ξάπλωσε. Αυτή την φορά το μυαλό του πήγε στον περιβόητο ληστή.

«Αφού έκλεψε τον κο Θωμά που μένει δίπλα μας», σκέφτηκε, «θα ήταν τουλάχιστον χαζό να κλέψει τώρα εμάς ή κάποιον άλλο από την γειτονιά, μιας και όλοι πια ξέρουμε ότι κυκλοφορεί εδώ γύρω» και συνέχισε να κοιτάζει το χρυσό κλειδί.

«Οπότε γιατί να μην δεν πάω απ' του Ζιν;» είπε και κοίταξε το χρυσόψαρό του, που κούναγε χαριτωμένα την ουρά του.

«Εσύ τι λες Αλίκη; Δεν θα κάτσω πολύ, ίσα-ίσα να του δείξω το κλειδί και να διαβάσουμε το νέο γράμμα. Μετά γυρίζω πίσω και ούτε γάτα ούτε ζημιά» και χωρίς να χάσει χρόνο, έβαλε το κλειδί και το γράμμα στην τσέπη του, φόρεσε τα παπούτσια του και έτρεξε στον φίλο του.

Όταν έφτασε εκεί, τον βρήκε γεμάτο με μουντζούρες και τσιρότα, ενώ το δωμάτιό του έμοιαζε λες και είχε πέσει βόμβα. Παντού υπήρχαν κατσαβίδια, σφυριά, βίδες, καρφιά, τα όπλα του «Μαύρου Λύκου», αλλά και δεκάδες ανοιχτά βιβλία.

«Μ..μα τι κάνεις; Τι συμβαίνει εδώ;» του είπε με απορία ο Γιώργος μόλις μπήκε μέσα.

«Ε... να...», απάντησε αυτός, σκουπίζοντας το πρόσωπό του, «είπες πως δεν θα 'ρχόσουν σήμερα και είπα να δω καλύτερα τα όπλα που βρήκες. Και Γιώργο, πίστεψέ με, είναι φανταστικά! Αυτές εδώ, οι «μπάλες κόλλας», όπως τις λέω, αν τις πετάξεις με δύναμη σε κάποιον ή τις πατήσει, σκάνε, βγάζοντας ένα κολλώδες υγρό που σε τυλίγει και δεν μπορείς να κουνηθείς. Κοίτα το μικρό μου ρομπότ!» και ενθουσιασμένος, τού έδειξε ένα μικρό ανθρωπάκι ρομπότ μέσα σε μια μπάλα που έμοιαζε με ζελέ.

«Είσαι τυχερός που δεν έσκασε καμιά στο μηχανάκι χθες. Ή αυτά εδώ τα «ασημένια αστέρια». Είναι απίστευτα κοφτερά. Αλλά το πιο ωραίο από όλα είναι αυτή η βαλλίστρα, που είναι τόξο και πιστόλι μαζί. Πράγματι, έχει σκουριάσει λίγο, αλλά η σκανδάλη της δουλεύει μια χαρά. Μάλιστα μέσα της βρήκα βέλη και κάτι σαν σχοινί. Σου λέω, είναι καταπληκτική! Πρέπει οπωσδήποτε να πάμε πάλι στην Έπαυλη να δούμε τι άλλα όπλα έχει!»

«Δεν ξέρω Ζιν», έκανε σφίγγοντας τα χείλια του ο Γιώργος. «Νομίζω πως είναι ακόμα νωρίς να επιστρέψω στην Έπαυλη του Ηλιανού. Ίσως κάποια άλλη φορά. Και φυσικά θα έρθεις και εσύ μαζί. Πάντως έχουμε το πρώτο κλειδί και το καινούργιο γράμμα» του είπε και τα έβγαλε από την τσέπη του. «Μα πριν το ανοίξουμε, θέλεις να μάθεις τι μου συνέβη αφού φύγαμε από την βιβλιοθήκη;»

«Θα μου πεις άλλη στιγμή» του είπε ο Ζιν, και πήρε το χρυσό κλειδί στα χέρια του.

«Πω πω! Κοίτα τι ωραίο που είναι...», έκανε με θαυμασμό. «Και αυτό το γράμμα «Μ» στο τέλος του, τι να σημαίνει άραγε; Ε! το γράμμα δεν το άνοιξες, γιατί;»

«Σκέφτηκα πως θα ήταν πιο σωστό να το ανοίγαμε μαζί, μιας και βοήθησες να βρω το κλειδί», του απάντησε χαμογελώντας ο Γιώργος. «Έλα, λοιπόν, άνοιξέ το και με έχει φάει η αγωνία!».

Ο Ζιν άρπαξε το γράμμα από τα χέρια του φίλου του και το άνοιξε. Ύστερα, καθάρισε καλά τα γυαλιά του και άρχισε να το διαβάζει:

Άραγε να 'ναι τύχη; Ή έχεις μυαλό πολύ;
Ότι και να 'ναι βρήκες το πρώτο το κλειδί.
Σειρά έχει το δεύτερο και αν θέλεις να το ξέρεις,
Δύσκολο είναι να βρεθεί, μα ίσως τα καταφέρεις

Η Χρυσή Νίκη

Στο σπίτι των ψαριών, εκεί πρέπει να πας
Κοιμούνται στα κρεβάτια τους και συ μην τα ξυπνάς
Ψηλά λοιπόν ανέβα, όσο μπορείς πολύ
Σκέψου καλά και ψάξε, η λύση είναι απλή
Νομίζεις ότι τελειώσαμε, μη βιάζεσαι γιατί
Μαζί με το χρυσάφι, θα βρεις μια φίλη εκεί
«Χρυσή Νίκη» την λέν̄ε, την έχεις ακουστά;
Λέγε πως αξίζει πολλά, πολλά λεφτά.

ΓΙΩΡΓΟΣ ΗΛΙΑΝΟΣ

Μόλις ο Ζιν διάβασε το γράμμα, τα δύο αγόρια έμειναν να κοιτάζουν το ένα το άλλο άφωνα. Ύστερα από λίγο, ο Γιώργος είπε:

«Φυσικά. Έπρεπε να το περιμένουμε. Και άλλος γρίφος και μάλιστα φαίνεται πιο δύσκολος από τον προηγούμενο. Και αυτή η φίλη, η.. «Χρυσή Νίκη», τι είναι πάλι; Κανένα ρουμπίνι, από αυτά που έχουν ονόματα; Ε Ζιν, τι έπαθες; Γιατί δεν μιλάς;»

Ο Γιώργος κοίταξε ανήσυχος τον φίλο του που έμοιαζε σαν υπνωτισμένος. Μετά από λίγο όμως αυτός σηκώθηκε όρθιος, έπιασε τον Γιώργο από τους ώμους και με πνιγμένη φωνή του είπε:

«Γιώργο....Ξ-έ-ρ-ε-ι-ς ποια είναι η «Χρυσή Νίκη»;»

«Ένα πελώριο ρουμπίνι;» του είπε αυτός, που είχε αρχίσει να ανησυχεί.

«Η «Χρυσή Νίκη» φίλε μου», συνέχισε φωνάζοντας τώρα ο Ζιν, «είναι ένα πανέμορφο χρυσό άγαλμα που πήρανε μαζί τους οι Γερμανοί, φεύγοντας από εδώ, όταν έχασαν τον πόλεμο. Στον δρόμο όμως ξέσπασε καταιγίδα και το πλοίο που ήταν το άγαλμα βούλιαξε και όλοι πίστεψαν ότι χάθηκε. Όμως φαίνεται πως ο «Μαύρος Λύκος», ο Ηλιανός δηλαδή, τους την έκλεψε λίγο πριν φύγουν και τώρα είναι κάπου εδώ κρυμμένη μαζί με τον θησαυρό! Και δεν το ξέρει κανείς, ΚΑΝΕΙΣ παρά μονάχα εμείς!» και έκανε μια βόλτα στο δωμάτιό του για να ηρεμήσει.

«Ναι, νομίζω πως κάτι έγραφαν για αυτό οι εφημερίδες που βρήκα στο δωμάτιο του Ηλιανού στην Έπαυλη του» τον διέκοψε ο Γιώργος. «Αυτό όμως που δεν καταλαβαίνω, είναι γιατί είναι τόσο σημαντικό ένα χρυσό άγαλμα. Στο κάτω-κάτω ο θησαυρός του Ηλιανού είναι πολύ μεγαλύτερος».

«Γιατί», είπε, παίρνοντας μια μεγάλη ανάσα ο Ζιν, «η «Χρυσή Νίκη», ήταν το άγαλμα, μπροστά στο οποίο στεφανώνονταν οι νικητές των Ολυμπιακών αγώνων στην Αρχαία Ελλάδα, πριν από χιλιάδες χρόνια. Αξίζει περισσότερο από τα χρήματα του Ηλιανού αλλά και όλης της πόλης μαζί! Καταλαβαίνεις τι σημαίνει αυτό; Θα γίνουμε διάσημοι! Διάσημοι! Πω πω, αυτή η περιπέτεια γίνεται όλο και πιο ενδιαφέρουσα!»

«Δεν ξέρω αν θέλω να γίνω διάσημος, Ζιν» είπε σκεφτικός ο Γιώργος. «Πάντως θα ήθελα να βρω τον θησαυρό. Προς το παρόν, έχουμε να λύσουμε ένα γρίφο, που δεν φαίνεται καθόλου εύκολος».

«Ναι και θα τον λύσουμε σίγουρα! Χμμ..για να δούμε... Λοιπόν, λέει πως ο θησαυρός είναι στο «Σπίτι των Ψαριών». Τα ψάρια ζουν στο νερό, αλλά δεν νομίζω να εννοεί ότι πέταξε στην θάλασσα το δεύτερο κλειδί. Θα ήταν αδύνατο να το βρούμε...»

«Ίσως... ίσως εννοεί κάποιο μέρος που βάζουν τα ψάρια, αφού τα πιάσουν».

«Η ψαραγορά! Ναι, η ψαραγορά κάτω στο λιμάνι! Είναι ένα μεγάλο κτίριο, έχει πολλά ψάρια και όλο και κάπου εκεί μέσα θα το έχει κρύψει».

«Δεν νομίζω, ξανάπε ο Γιώργος κουνώντας το κεφάλι του. «Η ψαραγορά φαίνεται καινούργιο κτίριο και μην ξεχνάς πως ο Ηλιανός έζησε πριν εξήντα και χρόνια, οπότε ψάχνουμε για κάτι παλιό. Αυτό που δεν καταλαβαίνω όμως είναι το τι σημαίνει το: «κοιμούνται στα κρεβάτια τους». Τα ψάρια δεν κοιμούνται ή μήπως όχι;».

«Νομίζω πως κατάλαβα τι εννοεί» απάντησε ο Ζιν και πήρε στα χέρια του μια τενεκεδένια κονσέρβα που της είχε βάλει ρόδες και την είχε κάνει ένα μικρό αυτοκίνητο.

«Τα «κρεβάτια που κοιμούνται» είναι οι κονσέρβες Γιώργο. Δεν έχεις δει πως όποτε ανοίγεις μια κονσέρβα ψαριών, αυτά είναι δίπλα το ένα στο άλλο και μοιάζουν σαν να κοιμούνται;»

«Σωστά! Άρα...»

«Άρα» είπε και ο Ζιν, «Το «Σπίτι των Ψαριών» είναι ένα....

«ΕΡΓΟΣΤΑΣΙΟ!», φώναξαν χαρούμενοι και οι δύο μαζί.

«Η Νίκη όμως δεν έχει εργοστάσιο», ξανάπε ο Γιώργος και αμέσως η χαρά έφυγε από το πρόσωπό του.

«Χμμ... ναι... για περίμενε λίγο» μουρμούρισε σκεφτικός ο Ζιν και βγήκε από το δωμάτιο. Όταν επέστρεψε, στα χέρια του κράταγε ένα βιβλίο με τον τίτλο:

«Η ΠΟΛΗ ΤΗΣ ΝΙΚΗΣ-
ΑΞΙΟΘΕΑΤΑ ΚΑΙ ΕΣΤΙΑΤΟΡΙΑ 2003»

«Τι είναι πάλι αυτό;» ρώτησε παραξενεμένος ο Γιώργος.

«Κοίτα Ζιν, δεν έχουμε χρόνο για διάβασμα. Πρέπει να γυρίσω σπίτι. Έτσι και καταλάβουν ότι λείπω...»

«Περίμενε λίγο και θα δεις!» του είπε αυτός, καθώς γύριζε τις σελίδες. «Α, εδώ είμαστε! Σελίδα τριάντα τρία. Μάλιστα. Κοίτα αυτή την φωτογραφία. Το παλιό Λούνα Παρκ στην άκρη της πόλης, διάσημο για το «Σπίτι του Τρόμου», ένα πελώριο κτίριο, γεμάτο με τρομακτικές κούκλες και τέρατα, που τα έβλεπες όλα καθισμένος πάνω σε ένα τρενάκι. Βλέπεις πόσο μεγάλο είναι; Άκου τι γράφει από κάτω:

«... *και στην άκρη του παλιού Λούνα Παρκ, δίπλα στην θάλασσα, μπορείτε να δείτε το διάσημο «Σπίτι του Τρόμου». Λίγοι είναι αυτοί που ακόμα θυμούνται πως κάποτε ήταν εργοστάσιο κονσέρβας με το όνομα «Η Χαμογελαστή Σαρδέλα» και ανήκε για πολλά χρόνια στον κο Αλέξανδρο Μαρίδα. Κατά την διάρκεια όμως του πολέμου, το εργοστάσιο έκλεισε και αργότερα ο ίδιος το πούλησε σε μια εταιρεία από το εξωτερικό, η οποία το μεταμόρφωσε σε αυτό που βλέπετε σήμερα. Βέβαια, η είσοδος πια για το κοινό απαγορεύεται, αλλά...*»

«Άρα αυτό είναι σίγουρα το εργοστάσιο που ψάχνουμε!» είπε με ενθουσιασμό ο Γιώργος. «Παρόλα αυτά όμως, δεν έχουμε ιδέα πού μπορεί να είναι κρυμμένο εκεί μέσα το κλειδί...»

«Και όμως έχουμε», απάντησε με σιγουριά ο Ζιν. «Ο κος Μαρίδας ήταν γνωστός στη πόλη για την τσιγκουνιά του. Λένε πως συνήθιζε να κρύβει όλα του τα χρήματα σε ένα χρηματοκιβώτιο που βρισκόταν στο πάτωμα του γραφείου του, στον τελευταίο όροφο του κτιρίου. Οπότε ο Ηλιανός θα πρέπει να έκρυψε το κλειδί εκεί, σε αυτό το εργοστάσιο, στο γραφείο του κου Μαρίδα, μόλις αυτός το έκλεισε. Έτσι εξηγείται αυτό που λέει: «*ψηλά λοιπόν ανέβα, όσο μπορείς πολύ...*»

«Και γιατί λέει ότι «η λύση είναι απλή;»»

«Εφόσον ο Ηλιανός έκρυψε το κλειδί στο γραφείο του κου Μαρίδα, σίγουρα θα το έβαλε μέσα στο χρηματοκιβώτιό του. Μετά όμως που το εργοστάσιο έγινε «Σπίτι του Τρόμου», το πάτωμα του γραφείου του θα καλύφθηκε από άλλα σανίδια. Ο Ηλιανός μάλλον θα το είδε αυτό και θα εννοεί ότι πρέπει να βρούμε το χρηματοκιβώτιο. Και μάλιστα είμαι σίγουρος ότι θα ανοίγει με αυτό εδώ το χρυσό κλειδί που βρήκες, γιατί Μ = Μαρίδας. Τόσο απλό είναι».

«Ζιν, είσαι ιδιοφυία!» του φώναξε ο Γιώργος.

«Κουταμάρες», απάντησε κοκκινίζοντας αυτός. «Αν και εσύ διάβαζες λίγο παραπάνω, θα το έβρισκες μόνος σου! Λοιπόν, πότε λες να πάμε στο παλιό Λούνα Παρκ;»

«Νομίζω πως αυτή την φορά πρέπει να πάω μόνος μου», του είπε το αγόρι. «Άλλωστε μην ξεχνάς ότι η είσοδος απαγορεύεται, γι αυτό πρέπει να πάω νύχτα, χώρια που θα ήταν καλύτερα να έμενες πίσω, σε περίπτωση που χρειαστώ βοήθεια».

«Έχεις δίκιο. Και με τους τσιγγάνους τι θα κάνεις;»

«Ποιούς;»

«Πίσω από το Λούνα Παρκ, δίπλα στην θάλασσα, έχουν στήσει τις σκηνές τους πολλοί τσιγγάνοι, που θεωρούν την περιοχή δική τους και δεν αφήνουν κανέναν να πλησιάσει. Πώς θα μπορέσεις να μπεις μέσα χωρίς να σε δουν;»

«Εγώ δεν μπορώ, αλλά ο «Μαύρος Λύκος» μπορεί!»

«Αλήθεια λες;» του φώναξε χαρούμενος ο Ζιν. «Θα γίνεις τελικά ο «Μαύρος Λύκος»;»

«Γιατί όχι; Τουλάχιστον μέχρι να βρούμε τον θησαυρό. Και μετά τα ξεχνάμε όλα».

Ο Ζιν συμφώνησε, λέγοντάς του πως και αυτός με την σειρά του θα επιδιόρθωνε τα όπλα του «Μαύρου Λύκου» όσο καλύτερα μπορούσε. Στην συνέχεια τα δύο αγόρια κανόνισαν να πάνε την Δευτέρα στο Μουσείο, πριν πάει ο Γιώργος στην δουλειά, για να μάθουν περισσότερες πληροφορίες για την «Χρυσή Νίκη». Τώρα όμως έπρεπε να φύγει, γιατί είχε λείψει παραπάνω από όσο έπρεπε.

Στο δρόμο για το σπίτι του, ο Γιώργος σκεφτόταν τι είδους άνθρωπος ήταν αυτός ο Ηλιανός. Πόσο έξυπνος, μυστηριώδης και τολμηρός, αφού δεν φοβήθηκε ούτε καν τους Γερμανούς. Πόσο θα ήθελε να τον γνώριζε από κοντά, έστω για να του έλεγε πόσο πολύ τον θαύμαζε...

Φτάνοντας λοιπόν σπίτι του, πλησίασε να ανοίξει την εξώπορτα, όταν παρατήρησε κάτι περίεργο. Η πόρτα ήταν ήδη ανοιχτή.

«Τι περίεργο..», σκέφτηκε καθώς έμπαινε μέσα. «Θυμάμαι πως την έκλεισα», όταν... «ΩΧ, ΟΧΙ!» φώναξε, κοιτώντας γύρω του τρομαγμένος. Το σπίτι ήταν άνω-κάτω! Παντού υπήρχαν πεταμένα βιβλία, μαξιλάρια και όλα τα συρτάρια και τα ντουλάπια ήταν ανοιχτά.

«Ο κλέφτης!», σκέφτηκε έντρομος. «Μα δεν άργησα πια τόσο πολύ! Πώς ήξερε ότι θα λείψω εκτός αν... αν με είδε να βγαίνω από το σπίτι!»

Τις σκέψεις του όμως αυτές ξαφνικά διέκοψαν κάτι θόρυβοι που ακούστηκαν από το δωμάτιο της μητέρας του. Φαίνεται πως κάποιος ήταν ακόμα εδώ! Αθόρυβα, ανέβηκε γρήγορα τη σκάλα και πλησίασε το δωμάτιο.

«Αν είναι ο κλέφτης..», σκέφτηκε το αγόρι, «θα το μετανιώσει πολύ που μπήκε στο σπίτι μας» και έβγαλε από την τσέπη του τον σουγιά του.

Δυστυχώς όμως για τον Γιώργο, όταν άνοιξε την πόρτα, κάθε άλλο παρά ο κλέφτης ήταν. Μέσα στο δωμάτιο βρήκε την μητέρα του και την αδερφή του, που συνομιλούσαν με έναν αστυνομικό.

«Γιώργο!» του φώναξε αυτή μόλις τον είδε. «Πού ήσουν; Ξέρεις ότι στο σπίτι μπήκε ο κλέφτης;»

Το ύφος της ήταν αυστηρό, όμως ο Γιώργος στα μάτια της μπορούσε να δει ότι ανησυχούσε.

Η Χρυσή Νίκη

«Ει-είχα πάει μέχρι το περίπτερο μαμά, συγνώμη,» της είπε ψέματα το αγόρι, γιατί δεν ήθελε με τίποτα να της πει ότι την παράκουσε και πήγε στου Ζιν.

«Μην τον πιστεύεις μαμά», πετάχτηκε η Ελεονόρα. «Σίγουρα πάλι σε αυτόν τον Κινέζο θα ήταν».

«Πάψε εσύ!» της φώναξε ο Γιώργος. «Πες μου μαμά, μας έκλεψε κάτι;»

«Ευτυχώς για σένα νεαρέ μου» μίλησε τώρα ο αστυνομικός, «ο κλέφτης άρπαξε μονάχα ένα μικρό χρυσό σεντούκι της μητέρας σου» και του έδειξε το μέρος που ήταν κάποτε ακουμπισμένο το σεντούκι. Εκεί τώρα το μόνο που υπήρχε ήταν ένα κουτάκι αναψυκτικού και μια ταμπέλα που έλεγε: «Στην υγειά σας.. ΚΟΡΟΙΔΑ!».

«Πάλι καλά..», έκανε ανακουφισμένος ο Γιώργος.

«Καθόλου καλά Γιώργο!» τον διέκοψε η μητέρα του. «Στο σεντούκι αυτό είχα όλες μας τις οικονομίες. Βέβαια το κλειδί το έχω εγώ, αλλά ο κλέφτης θα βρει τρόπο να το ανοίξει. Ευτυχώς για μας η κα Κούλα έτυχε να βρίσκεται στον κήπο μας και μόλις άκουσε θορύβους, κάλεσε αμέσως την αστυνομία, αλλιώς ποιος ξέρει τι άλλο θα μας έκλεβε».

«Μητέρα... εγώ... λυπάμαι πολύ» είπε το αγόρι, σκύβοντας το κεφάλι του λυπημένο.

«Δεν θέλω να ακούσω τίποτα άλλο Γιώργο», απάντησε αυστηρά αυτή. «Με απογοήτευσες πολύ. Πήγαινε αμέσως στο δωμάτιό σου. Και θα μείνεις εκεί για όλο το Σαββατοκύριακο».

Ο Γιώργος, χωρίς να πει τίποτε άλλο, πήγε στεναχωρημένος στο δωμάτιό του και έκλεισε την πόρτα. Στο μυαλό του δεν υπήρχε τίποτε άλλο παρά αυτή η φοβερή γκάφα που έκανε... Πώς τα κατάφερε έτσι; Πού να φανταζόταν ότι μέσα σε μια ώρα που έλειψε από το σπίτι θα συνέβαιναν όλα αυτά; Το δωμάτιο του τον έπνιγε και άνοιξε γρήγορα το παράθυρο για να πάρει λίγο αέρα.

Κάτω στον κήπο, η μητέρα του ξεπροβοδούσε τον αστυνομικό, ο οποίος την διαβεβαίωνε πως θα έκανε οτιδήποτε μπορούσε για να πιάσει τον ληστή. Στο απέναντι πεζοδρόμιο είχαν ήδη μαζευτεί μερικοί κουτσομπόληδες γείτονες που έτρεξαν να δουν τι συμβαίνει. Πρώτη και καλύτερη η κα Κούλα, τους έλεγε ήδη όσα ήξερε.

Ο Γιώργος τους έριξε μια ματιά λυπημένος, μετά κοίταξε τον κο Θωμά, που βρισκόταν στον κήπο του, τα δέντρα στην άκρη του δρόμου... μα.. για στάσου! Τι είναι αυτό; Πίσω από ένα δέντρο, στην άκρη της γειτονιάς, διέκρινε εκείνον τον ψηλό άντρα με τα μαύρα γυαλιά που είδε χθες, αυτόν που η κα Κούλα είπε πως τον έλεγαν Ανδρέα.

Αυτός λοιπόν ο άνδρας, αφού παρακολούθησε την μητέρα του Γιώργου και τον αστυνομικό για λίγη ώρα, έγραψε κάτι σε ένα χαρτί και έτρεξε γρήγορα σπίτι του. Από το μυαλό του αγοριού τώρα πέρασε και πάλι η σκέψη που έκανε πριν: ότι ο κλέφτης τον είχε δει νωρίτερα να πηγαίνει στον Ζιν και από ότι έδειχναν τα πράγματα ήταν αυτός ο άντρας.

«Έτσι εξηγείται», σκέφτηκε «και που έκλεψαν τον κο Θωμά δίπλα μας. Μάλλον μετακομίζει από περιοχή σε περιοχή και αφού ληστέψει όσους μπορεί, φεύγει, προτού προλάβει κανείς να τον υποψιαστεί!».

Ήταν έτοιμος να τρέξει να το πει στην μητέρα του, όμως σκέφτηκε πόσο στενοχωρημένη θα ήταν και δύσκολα θα τον έπαιρνε στα σοβαρά. Για αυτό ξάπλωσε στο κρεβάτι του και προσπάθησε να βρει μια λύση.

«Αν ήμουν ο «Μαύρος Λύκος» τώρα, σκέφτηκε, θα έμπαινα σπίτι του να ψάξω. Είμαι σίγουρος πως εκεί θα

Η Χρυσή Νίκη

έχει όλα τα κλεμμένα» και κοίταξε το ταβάνι. Μια έντονη οργή ένιωσε να τον πλημμυρίζει.

«Ο «Μαύρος Λύκος», είπε με περιφρόνηση. «Αν δεν ανακατευόμουν με τον Ηλιανό και τους χαζούς γρίφους του, τίποτα από όλα αυτά δεν θα συνέβαινε. Και στο κάτω-κάτω ποιος μας λέει ότι υπάρχει ο θησαυρός; Μπορεί όντως να ήταν τρελός ο Ηλιανός, όπως είπε ο κος Πέτρος και να μας κοροϊδεύει, ενώ ο θησαυρός του να βρίσκεται στον πάτο της θάλασσας!» και βγάζοντας από την τσέπη του το χρυσό κλειδί, το πέταξε με δύναμη στον τοίχο.

Αυτό αναπήδησε και «ΠΛΑΤΣ!» έπεσε μέσα στην γυάλα της Αλίκης. Το καημένο το ψάρι τρόμαξε τόσο πολύ, που κρύφτηκε γρήγορα πίσω από το φυτό του, βλέποντας φοβισμένο το κλειδί να προσγειώνεται αργά στην άμμο του βυθού.

Έτσι λοιπόν, ο Γιώργος πέρασε όλο το απόγευμα κλεισμένος στο δωμάτιό του, κατηγορώντας τον εαυτό του για αυτό που είχε συμβεί, ώσπου, το ίδιο βράδυ, πήρε μια μεγάλη απόφαση: να ξέχναγε τον «Μαύρο Λύκο» και τον θησαυρό... για πάντα!

ΚΕΦΑΛΑΙΟ ΕΒΔΟΜΟ

ΤΙ ΚΡΥΒΕΙ ΤΟ ΠΑΛΙΟ ΛΟΥΝΑ ΠΑΡΚ;

Την άλλη μέρα, όταν ο Ζιν πέρασε να πάρει τον φίλο του για μπάνιο, έκπληκτος τον άκουσε να λέει πως όχι μόνο ήταν τιμωρημένος, αλλά ήθελε να πετάξει και όλα τα όπλα του «Μαύρου Λύκου» στα σκουπίδια. Ο Ζιν στην αρχή προσπάθησε να του αλλάξει γνώμη, στο τέλος όμως σταμάτησε και φεύγοντας, ευχήθηκε να μην είχαν τελειώσει όλα τόσο γρήγορα...

Οι μέρες πέρασαν, ώσπου ήρθε το φθινόπωρο... Τα φύλλα στα δέντρα της πόλης έγιναν κίτρινα και κόκκινα και καθώς έπεφταν κάτω, έφτιαχναν ένα πανέμορφο πορτοκαλί χαλί, που κάθε τόσο χαλούσε ο άνεμος.

Τα σχολεία άνοιξαν και ο Γιώργος ασχολούνταν τώρα με το διάβασμα, αλλά και με το να αποφεύγει, όσο περισσότερο μπορούσε, τον Μάκη και την παρέα του. Παρόλα αυτά όμως, του ήταν αδύνατο να βγάλει από το μυαλό του τον «Μαύρο Λύκο» και τον θησαυρό του Ηλιανού.

Ο Ζιν, από την άλλη, προσπαθούσε συνεχώς να του φτιάχνει το κέφι, δείχνοντάς του τις νέες εφευρέσεις του πατέρα του, όπως το «αρωματοφωνικό», ένα όμορφο ασημένιο στερεοφωνικό, το οποίο, ανάλογα με την μουσική που άκουγες, έβγαζε και το αντίστοιχο άρωμα, το «καναρινοκαζανάκι», που κελαηδούσε κάθε φορά που το χρησιμοποιούσες ή το «ευγενικό μαξιλάρι», που σού έλεγε «καληνύχτα» κάθε φορά που ξάπλωνες πάνω του να κοιμηθείς.

Ότι και αν έκανε όμως, τού ήταν αδύνατο να βοηθήσει τον φίλο του, που ήταν ακόμα στενοχωρημένος με την κλοπή. Ήξερε ότι ο κλέφτης ήταν ο κος Ανδρέας και διαρκώς σκέφτονταν με τι τρόπο θα μπορούσε να το αποδείξει. Αυτό που σίγουρα δεν ήξερε πάντως ήταν ότι τα πράγματα θα πήγαιναν για αυτόν πολύ καλύτερα από ότι φανταζόταν.

Μια μέρα λοιπόν που γύριζε σπίτι του από τα αγγλικά, είδε από μακριά τρία άτομα που μιλούσαν κρυμμένα σε ένα στενό. Στην αρχή δεν έδωσε σημασία, ανάμεσα τους όμως διέκρινε μια γνωστή φυσιογνωμία: το ένα από τα τρία άτομα ήταν ο κος Ανδρέας! Γρήγορα κρύφτηκε πίσω από ένα δέντρο και άρχισε να τους παρακολουθεί, προσέχοντας να μην τον δουν.

Οι τρεις άνδρες, αφού μίλησαν για αρκετή ώρα, έδωσαν τα χέρια, σαν να συμφωνούσαν για κάτι πολύ σημαντικό. Στην συνέχεια, οι δύο από αυτούς μπήκαν σε ένα αμάξι και έφυγαν με μεγάλη ταχύτητα, ενώ ο κος Ανδρέας έμεινε για λίγη ώρα να τους κοιτάζει. Έπειτα, γυρνώντας να ελέγξει αν τον παρακολουθούσε κανείς, είδε με έκπληξη τον Γιώργο πίσω από το δέντρο! Το αγόρι τα έχασε και κρύφτηκε αμέσως, μα όταν τελικά ξανακοίταξε, ο κος Ανδρέας είχε εξαφανιστεί...

Έτσι, μη μπορώντας να κάνει κάτι άλλο, έφυγε για το σπίτι του. Ο καιρός είχε αρχίσει να χαλάει και τα βαριά, γκρίζα σύννεφα που μαζεύονταν από το πρωί, άρχισαν να ρίχνουν τις πρώτες τους ψιχάλες...

«Σίγουρα», μουρμούριζε, καθώς έμπαινε σπίτι του, «ο κος Ανδρέας θα ετοιμάζει και άλλη ληστεία μαζί με αυτούς τους δύο που προφανώς θα είναι μέλη της ίδιας συμμορίας...».

Τις σκέψεις του όμως αυτές διέκοψε η αδερφή του, που τον φώναξε από την κουζίνα. Ήξερε πως, κάθε φορά που η Ελεονόρα τον φώναζε για κάτι, σχεδόν ποτέ δεν ήταν για καλό. Όπως τότε που του είπε για μια γάτα που προσπάθησε να φάει την Αλίκη ή όταν τον διέταζε να ετοιμαστεί για τον οδοντίατρο.. Σύντομα θα ανακάλυπτε πως και αυτή η φορά δεν θα διέφερε από τις άλλες...

«Τι θέλεις;» την ρώτησε απρόθυμα, μόλις μπήκε στην κουζίνα.

«Έχεις κάνει πολλές βλακείες στο παρελθόν, αδερφούλη, αλλά αυτή την φορά πραγματικά τα κατάφερες. Μπράβο!» του είπε ειρωνικά αυτή.

«Τι; Τι εννοείς;»

«Ξέρεις τι μου είπε η μαμά πριν; Πως αν δεν βρεθεί γρήγορα ο ληστής για να πάρουμε πίσω τα χρήματά μας, στο τέλος της άνοιξης θα φύγουμε από την Νίκη!»

«Τι;» φώναξε ο Γιώργος με γουρλωμένα μάτια. «Λες ψέματα. Δεν σε πιστεύω!»

«Ρώτα την και εσύ όταν έρθει», απάντησε αυτή, καθώς φόραγε το αδιάβροχό της. «Χάρις σε σένα, για άλλη μια φορά, πρέπει πάλι να φύγουμε. Κρίμα, γιατί αυτή η πόλη άρχιζε να μου αρέσει...» και ανοίγοντας την πόρτα της κουζίνας, έφυγε γρήγορα. Έξω είχε αρχίσει να βρέχει για τα καλά.

Νιώθοντας την στεναχώρια να τον τυλίγει, ο Γιώργος έτρεξε γρήγορα στο δωμάτιό του. Πάνω που νόμιζε πως τίποτα χειρότερο δεν θα του συνέβαινε, ήρθε τώρα και αυτό. Να φύγουν από την Νίκη! Είχε τόσο άσχημα να αισθανθεί από την ημέρα που ο πατέρας του, τούς παράτησε και εξαφανίστηκε. Αν εκείνη ήταν η χειρότερη μέρα της ζωής του, ε, αυτή την ξεπερνούσε. Για τον Γιώργο, η Νίκη ήταν η πρώτη πόλη που είχε αγαπήσει τόσο γρήγορα και είχε βρει ένα πραγματικό φίλο σαν τον Ζιν. Και τώρα έπρεπε να φύγουν. Και όλα αυτά εξαιτίας του.

«Κάτι πρέπει να κάνω», άρχισε να λέει, περπατώντας γύρω-γύρω στο δωμάτιο. «Κάτι, που θα μας κάνει να μείνουμε για πάντα στην Νίκη. Τι όμως;» και κοίταξε την Αλίκη, που γύριζε γρήγορα γύρω από κάτι που έλαμπε στον βυθό της γυάλας της.

Ο Γιώργος πλησίασε και κοίταξε καλύτερα. Ήταν το χρυσό κλειδί. Με μιας, βούτηξε το χέρι του στην γυάλα και το πήρε. Καθώς το κοίταζε, για άλλη μια φορά σκέφτηκε πως τίποτε από όλα αυτά δεν θα γινόταν, αν δεν κυνήγαγε εκείνο τον θησαυρό. Ή μήπως όχι; Ο ληστής-δηλαδή ο κος Ανδρέας-ήθελε να τους κλέψει και θα τους έκλεβε έτσι και αλλιώς, είτε ο Γιώργος πήγαινε στον Ζιν, είτε όχι. Και η μητέρα του; Και άλλες φορές φεύγανε, όχι όμως επειδή τους κλέβανε, αλλά επειδή δεν έβρισκε δουλειά.

Η βροχή έξω δυνάμωνε όλο και πιο πολύ.

«Εντάξει», είπε με πείσμα, σφίγγοντας το κλειδί στο χέρι του. «Θα γίνω ο «Μαύρος Λύκος»! Θα βρω τον θησαυρό του Ηλιανού και θα πάρω τα χρήματα μας πίσω από τον κο Ανδρέα! Και τότε, δεν θα χρειαστεί να ξαναφύγουμε από καμία πόλη ποτέ. Ποτέ ξανά... Ελπίζω μονάχα ο Ζιν να μην πέταξε τα όπλα, όπως του είπα πριν καιρό» και χωρίς να χάσει χρόνο, τηλεφώνησε γρήγορα στον φίλο του για να πέρναγε τώρα από αυτόν.

Όταν έφτασε εκεί, του είπε όλα όσα σκέφτηκε και ότι ήταν σίγουρος πια ότι αυτός θα γινόταν ο επόμενος «Μαύρος Λύκος».

«Το ήξερα!» φώναξε χαρούμενος ο Ζιν. «Το ήξερα ότι δεν θα τα παρατούσες!» και το πρόσωπο του έλαμψε από χαρά.

«Ναι, αλλά... τα όπλα; Δεν τα έχουμε πια. Θυμάσαι που σου είπα να τα πετάξεις;»

«Και ποιος σου είπε ότι σε άκουσα;» απάντησε αυτός και τράβηξε με δυσκολία μια μεγάλη παλιά βαλίτσα κάτω από το κρεβάτι του.

«Ήμουν σίγουρος ότι θα συνεχίζαμε, για αυτό δεν σταμάτησα ούτε στιγμή να τα επιδιορθώνω. Μετά περίμενα εσένα να νιώσεις καλύτερα. Και να που ήρθε αυτή η ημέρα!» είπε και του έδειξε το περιεχόμενο της βαλίτσας.

Ο Γιώργος δεν πίστευε στα μάτια του. Ήταν όλα τα όπλα εκεί και μάλιστα έλαμπαν σαν καινούργια!

«Καθάρισα τις *«μπάλες κόλλας»*, γυάλισα τα *«ασημένια αστέρια»* και πήρα από τον πατέρα μου έναν *«φακό-λέιζερ»*, ένα σετ *«μάτια της κουκουβάγιας»* και αυτό», είπε, δείχνοντάς του ένα λεπτό, διάφανο σχοινί, που έμοιαζε σαν ψεύτικο.

«Το ονόμασα *«σχοινί της αράχνης»*. Με αυτό μπορείς να πηδήξεις από μεγάλο ύψος και, καθώς θα πέφτεις, αυτό θα τεντωθεί, τόσο ώστε να φτάσεις σώος στο έδαφος. Έλα λοιπόν, πάρτο!»

«Εντάξει, μα.. δεν θα καταλάβει ο πατέρας σου ότι λείπουν;»

«Μπα..» έκανε αδιάφορα ο Ζιν. «Τον τελευταίο καιρό έφτιαξε τόσα πολλά που ούτε που θα το καταλάβει. Το καλύτερο όμως στο φύλαγα για το τέλος» και ανοίγοντας την ντουλάπα του, έβγαλε την βαλλίστρα του «Μαύρου Λύκου», αυτό το περίεργο όπλο που έμοιαζε με τόξο, μαζί με μια μαύρη ζώνη και του τα έδωσε. Το όπλο δεν ήταν πια σκουριασμένο και βρώμικο, αλλά γυάλιζε ολόκληρο, σαν καινούργιο.

«Ζιν, δεν ξέρω τι να πω. Είσαι ο καλύτερος φίλος που θα μπορούσε ποτέ κανείς να έχει!» του είπε ενθουσιασμένος ο Γιώργος, παίρνοντας το όπλο στα χέρια του.

«Το ξέρω, το ξέρω» απάντησε αυτός, σκύβοντας το κεφάλι του με ντροπή. «Κουράστηκα πολύ για να την φτιάξω, αλλά τα κατάφερα. Και όχι μόνον αυτό. Κοίτα αυτό τον διακόπτη. Γυρίζοντάς στον στο «Σ» και πατώντας την σκανδάλη, ρίχνει ένα γερό σχοινί, το οποίο δένεται μόνο του ακριβώς εκεί που σημάδεψες. Εσύ δένεις την άλλη άκρη και περνάς εύκολα εμπόδια, ας πούμε πάνω από μια μεγάλη τρύπα ή από την μια στέγη ενός σπιτιού στην άλλη».

«Ελπίζω να μην μου χρειαστεί», τού είπε χαμογελώντας το αγόρι. «Και αυτή η ζώνη τι είναι;».

«Την έφτιαξα ειδικά για τα όπλα σου. Κοίτα! Έχει τσέπες που μπορείς να βάζεις το καθένα. Χωράει τα πάντα, εκτός από την βαλλίστρα που θα την κουβαλάς στην πλάτη σου, χάρη σε αυτό το δερμάτινο λουρί που έβαλα από πίσω, σαν σχολική τσάντα. Πω πω Γιώργο, θα είσαι σαν αυτούς τους ήρωες που βλέπουμε στον κινηματογράφο. Αλήθεια, τι θα κάνουμε τώρα;».

«Σκεφτόμουν να πήγαινα το βράδυ στο σπίτι του κου Ανδρέα, αλλά σκέφτηκα πάλι πως δεν είμαι ακόμα έτοιμος για κάτι τέτοιο. Για αυτό, θα πάω απόψε κιόλας στο παλιό Λούνα Παρκ για να βρω το δεύτερο κλειδί».

«Απόψε; Τρελάθηκες;», του είπε ο Ζιν. «Έξω βρέχει, άσε που αύριο έχουμε σχολείο».

«Για αυτό ακριβώς θα πάω απόψε», αποκρίθηκε ο Γιώργος. «Οι περισσότεροι κάτοικοι θα είναι στα σπίτια τους, άρα θα είναι πιο εύκολο για μένα. Όσο για το σχολείο, απλά θα πάω στο «Σπίτι του Τρόμου», το παλιό εργοστάσιο δηλαδή, θα βρω γρήγορα το κλειδί και θα γυρίσω, χωρίς να αργήσω πολύ. Δεν θέλω να φύγω από την Νίκη Ζιν και θα κάνω τα πάντα για να μείνω εδώ...»

Ο Ζιν δεν του απάντησε τίποτα, παρά μόνο τον κοίταζε, που δοκίμαζε τα όπλα. Ύστερα, του εξήγησε πού ακριβώς ήταν το γραφείο του κου Μαρίδα και πώς θα έφτανε μέχρι εκεί. Στο τέλος άνοιξε ένα συρτάρι και του έδωσε ένα δαχτυλίδι με ένα γυαλιστερό κόκκινο πετράδι και ένα χοντρό μαύρο ραβδί.

«Αν κινδυνέψεις», του είπε, πάτα δυνατά το κόκκινο πετράδι του δαχτυλιδιού και εγώ θα καταλάβω. Όσο για αυτό το ραβδί, είναι ένα δυνατό όπλο που μπορείς να το χρησιμοποιήσεις εναντίον κάποιου μόνο μία φορά. Να το θυμάσαι αυτό. Και Γιώργο... Χάο Γιούν!».

«Ε, τι είπες; Τι σημαίνει αυτό;»

«Καλή Τύχη! Είμαι σίγουρος ότι θα την χρειαστείς».

Ο Γιώργος τον ευχαρίστησε και, αφού μάζεψε όλα τα όπλα σε μια μεγάλη μαύρη σακούλα, έφυγε. Αργότερα, το ίδιο βράδυ, έφαγε γρήγορα, ετοιμάστηκε για το σχολείο και μετά πήγε στο δωμάτιό του και περίμενε. Όταν επιτέλους η μητέρα του και η αδερφή του κοιμήθηκαν, άρχισε να ετοιμάζεται.

Πρώτα φόρεσε την στολή του «Μαύρου Λύκου», η οποία, αν και λίγο μεγάλη, του ήρθε μια χαρά.

«Είναι η πρώτη φορά που το ύψος μου χρησιμεύει σε κάτι», σκέφτηκε και στην συνέχεια πέρασε γύρω από την μέση του την ζώνη που του είχε φτιάξει ο Ζιν. Μέσα σε κάθε τσέπη έβαλε όλα του τα όπλα: τον *«φακό-λέιζερ»*, τις *«μπάλες κόλλας»*, το *«σχοινί της αράχνης»* κ.α. και αφού τελείωσε, φόρεσε την κάπως βαριά, βαλλίστρα. Τέλος, φόρεσε την μάσκα του «Μαύρου Λύκου».

Ήταν έτοιμος. Κοιτάζοντάς τον εαυτό του στον καθρέπτη, είδε πως από την κορυφή μέχρι τα νύχια ήταν κατάμαυρος. Η Αλίκη, που τον έβλεπε όση ώρα ντυνόταν, έκανε γρήγορα κύκλους μέσα στην γυάλα της και στο τέλος έμεινε να τον κοιτάζει απορημένη.

Έτσι λοιπόν το αγόρι, προσέχοντας μην κάνει θόρυβο, άνοιξε το παράθυρο του δωματίου του και κατέβηκε την σκάλα που υπήρχε δίπλα του. Η βροχή έπεφτε ακόμη ασταμάτητα, χάρη όμως την αδιάβροχη στολή του, δεν νοιαζόταν καθόλου και ξεκίνησε αμέσως για μια νέα περιπέτεια.

Ο Ζιν του είχε πει πως το παλιό Λούνα Παρκ είναι έξω από την πόλη, λίγο μετά το νοσοκομείο «Αγία Μαρίνα», δίπλα στην θάλασσα και πως θα του έπαιρνε λίγη ώρα μέχρι να έφτανε εκεί.

Καλά κρυμμένος στην βροχή και το σκοτάδι, το αγόρι διέσχισε γρήγορα τα στενά της πόλης, πέρασε τα σύνορά της, περπάτησε για ώρα κατά μήκος της ακτής, ώσπου τελικά έφτασε στην είσοδο του Λούνα Παρκ.

Η βροχή είχε επιτέλους σταματήσει και το φεγγάρι βγήκε και πάλι στον ουρανό. Πίσω του, η πόλη καθρεπτίζονταν στην θάλασσα σαν ένα μεγάλο κρουαζιερόπλοιο και μπροστά του απλωνόταν μια μακριά καγκελόπορτα, σφραγισμένη με ξύλινα δοκάρια και αλυσίδες. Μια μεγάλη πινακίδα στο κέντρο της, με μισοσβησμένα γράμματα, έλεγε:

«ΑΠΑΓΟ-ΕΥΕΤΑΙ Η ΕΙ-ΟΔΟΣ»

Ναι, απαγορευόταν για όλους, μα όχι για τον «Μαύρο Λύκο», γι' αυτό ο Γιώργος σκαρφάλωσε με προσοχή και πήδηξε γρήγορα μέσα.

Το πρώτο πράγμα που είδε μπροστά του ήταν το παλιό εκδοτήριο εισιτηρίων, σφραγισμένο από χρόνια με παλιά σανίδια και σίδερα... Καθώς περπάταγε μέσα στο σκοτάδι, άρχισαν σιγά- σιγά να κάνουν την εμφάνισή τους και τα παλιά παιχνίδια του Πάρκου, όπως τα συγκρουόμενα, η «μπαλαρίνα» αλλά και το παλιό καρουζέλ με την μεγάλη του πολύχρωμη τέντα και τα λευκά αλογάκια. Το αγόρι πέρασε γρήγορα ανάμεσά τους, ώσπου τελικά έφτασε στο τέλος του Πάρκου, εκεί που τον περίμενε το «Σπίτι του Τρόμου».

Το «Σπίτι του Τρόμου» ήταν πραγματικά ένα πολύ μεγάλο κτίριο, μεγαλύτερο από ότι φαινόταν στην φωτογραφία που του είχε δείξει ο Ζιν το καλοκαίρι. Είχε δύο σειρές από μυτερά παράθυρα, όπως αυτά των στοιχειωμένων σπιτιών και στα δεξιά του υπήρχε μια μαύρη είσοδος, από όπου ξεκινούσε το τρενάκι. Παντού υπήρχαν ζωγραφιές από φαντάσματα, ξωτικά και μάγισσες με φωτιές που ανακάτευαν τεράστια τσουκάλια. Δύο ψηλά αγάλματα καλικάντζαρων, αν και είχαν ξεθωριάσει από τον χρόνο, τον κοίταζαν από ψηλά με ένα τρομακτικό χαμόγελο. Και τέλος, στο κέντρο της σκεπής του υψωνόταν ένας χοντρός πύργος με μια μυτερή σκεπή.

«Εκεί πρέπει να πάω», σκέφτηκε το αγόρι. «Αυτό είναι το πιο ψηλό σημείο του κτιρίου, άρα εκεί θα ήταν παλιά το γραφείο του κου Μαρίδα. Και εκεί θα βρω το δεύτερο κλειδί».

Έτσι, παίρνοντας μια βαθιά ανάσα, πλησίασε την είσοδο του κτιρίου... μα... τι παράξενο... μέσα από το κτίριο έβγαινε ένα κόκκινο φως, σαν τις φωτιές που ζέσταιναν οι μάγισσες τα τσουκάλια τους. Κοίταξε καλύτερα και... ναι, ήταν φωτιά! Προχώρησε ακόμα πιο κοντά και τότε μαζί με το φως τού φάνηκε πως άκουγε φωνές και τραγούδια. Έβγαιναν από το «Σπίτι του Τρόμου», λες και όλοι οι καλικάντζαροι, οι μάγισσες και τα φαντάσματα που ήταν μέσα, είχαν στήσει μια μεγάλη γιορτή για να τον υποδεχτούν, αλλά αυτό ήταν αδύνατο. Προσεκτικά, κόλλησε πάνω σε μια πλευρά του κτιρίου και κοίταξε. Η φωτιά, που έμοιαζε να βγαίνει από το «Σπίτι του Τρόμου», ερχόταν από πίσω του, πίσω από τα ψηλά κάγκελα του πάρκου. Εκεί είδε πως υπήρχαν δεκάδες σκηνές, ψησταριές και αυτοκίνητα. Στη μέση ακριβώς έκαιγε μια μεγάλη φωτιά και γύρω της αρκετοί άνθρωποι χόρευαν και τραγουδούσαν.

«Οι τσιγγάνοι!» έκανε με έκπληξη. «Πώς μπόρεσα να τους ξεχάσω; Φαίνεται πως έχουν κάποια γιορτή. Καλύτερα για μένα, γιατί όλοι διασκεδάζουν και κανείς τους δεν θα κοιτάξει το παλιό Λούνα Παρκ». Έτσι, επέστρεψε στην μαύρη είσοδο και μπήκε στο κτίριο.

Το σκοτάδι ήταν πηχτό και, αν και ήταν φθινόπωρο, ο αέρας ήταν τόσο κρύος λες και ήταν χειμώνας. Φόρεσε γρήγορα τα «*μάτια της κουκουβάγιας*» και είδε πως κάτω από τα πόδια του ξεκινούσαν δύο σειρές από ράγες τρένου. Το τρενάκι όμως δεν υπήρχε πουθενά, λες και είχε εγκαταλείψει για πάντα το «Σπίτι του Τρόμου».

Δεξιά και αριστερά του, οι τοίχοι ήταν ζωγραφισμένοι με μεγάλα, κόκκινα τούβλα, όπως στα μπουντρούμια και

Η Χρυσή Νίκη

κάπου-κάπου έβλεπες δύο ζευγάρια ζωγραφιστά μάτια να σε κοιτάνε από μέσα τους.

Καθώς προχωρούσε, άρχισαν να βγαίνουν από το σκοτάδι και τα πρώτα τέρατα-κούκλες. Φαντάσματα, βρικόλακες, ξωτικά, ζόμπι και πολλές πλαστικές νυχτερίδες ήταν όλα εκεί. Ένας μεγάλος μάγος με κόκκινα μάτια κοίταζε από ψηλά με θυμό, ενώ λίγο πιο κάτω ένας μινώταυρος πάλευε με μια γυναίκα που είχε σώμα λιονταριού και φτερά αετού.

Το αγόρι πέρασε γρήγορα από μπροστά τους ακολουθώντας τις ράγες, χωρίς να τους ρίξει ούτε μια ματιά. Ένιωθε πως αν τα κοίταζε για λίγο, τότε θα γύριζαν να τον κοίταζαν και αυτά.

Σε λίγο, είχε ανέβει από το ισόγειο στον πρώτο όροφο και από εκεί στο δεύτερο όροφο, ώσπου έφτασε στον *«πύργο της μάγισσας»* ή το άλλοτε γραφείο του κου Αλέξανδρου Μαρίδα. Εδώ οι ράγες σταματούσαν και γυρνούσαν πάλι πίσω.

«Επιτέλους έφτασα..», είπε ξεφυσώντας με ανακούφιση. «Και τώρα, ώρα για το δεύτερο κλειδί», και έριξε μια ματιά μπροστά του.

Το φως του φεγγαριού που έμπαινε από ένα παράθυρο του δωματίου, του αποκάλυψε ένα τεράστιο ομοίωμα μάγισσας που ανακάτευε ένα χοντρό στρόγγυλο τσουκάλι. Γύρω της βρισκόταν ράφια με μαγικά φίλτρα και μεγάλα βρώμικα βάζα. Από το ταβάνι κρέμονταν πλαστικές νυχτερίδες και αράχνες, που κουνιόταν με το παραμικρό φύσημα του αέρα. Όλο το δωμάτιο μύριζε μούχλα και υγρασία.

Προχωρώντας πιο μέσα, κοίταξε το πάτωμα με προσοχή. Ο Ζιν του είχε πει πως το μυστικό χρηματοκιβώτιο του κου Μαρίδα βρισκόταν στην δεξιά πάνω γωνία, όπως μπαίνει κανείς στο δωμάτιο και περπατώντας μέχρι εκεί, έπιασε ένα από τα μεγάλα βάζα της μάγισσας και το μετακίνησε. Έπειτα καθάρισε καλά το πάτωμα, και με την βοήθεια του σουγιά του, άρχισε να βγάζει ένα-ένα τα σανίδια.

Ευτυχώς τα σανίδια-σάπια τα περισσότερα από αυτά-έβγαιναν εύκολα και μόλις άνοιξε μια τρύπα, το αγόρι έσκυψε και κοίταξε μέσα. Ένα μικρό, αλλά αρκετά όμορφο χρηματοκιβώτιο ήταν ακόμα εκεί. Πάνω του, με μικρά σκουριασμένα γράμματα, έγραφε:

«Ιδιοκτησία Α. Μαρίδα Α.Ε.».

Η χαρά του δεν περιγραφόταν. Έβγαλε το χρυσό κλειδί από την τσέπη του, το έβαλε σε μια μεγάλη κλειδαριά και το χρηματοκιβώτιο άνοιξε εύκολα.

Έξω ακούγονταν ακόμη τα τραγούδια και τα γέλια των τσιγγάνων, που όσο περνούσε η ώρα, δυνάμωναν περισσότερο.

Το χρηματοκιβώτιο ήταν γεμάτο με παλιά βρεγμένα χαρτιά και τετράδια. Ανάμεσά τους, το αγόρι βρήκε ένα πράσινο κουτί, αρκετά ταλαιπωρημένο από την υγρασία. Με τρεμάμενα χέρια το άνοιξε. Το δεύτερο κλειδί σε λίγο θα γινόταν δικό του και...τι είναι αυτό; Το κουτί, αντί για κλειδί, περιείχε έναν μεγάλο χρυσό Σταυρό με μια μυτερή βάση, σαν μαχαίρι. Μαζί του υπήρχε και ένα άλλο γράμμα του Ηλιανού.

«Δεν καταλαβαίνω», είπε το αγόρι, κοιτώντας τον Σταυρό με απορία. «Αυτό δεν μοιάζει καθόλου με κλειδί» και έψαξε πάλι το χρηματοκιβώτιο, χωρίς όμως να βρει κάτι άλλο.

«Μπορεί ο Ζιν να έχει μια καλύτερη εξήγηση», σκέφτηκε και έδεσε τον Χρυσό Σταυρό στην ζώνη του, γιατί ήταν πολύ μεγάλος για να χωρέσει σε κάποια από τις τσέπες της.

«Τελικά», ξανάπε, «ίσως ο Ηλιανός να μην ήταν και τόσο τρελός, όπως λέγανε,» και άρχισε να βάζει τα σανίδια στην θέση τους. «Απλά ήταν πανέξυπνος και ήθελε αυτός που θα έβρισκε τον θησαυρό του να έχει μυαλό. Πού να φανταζόταν ότι θα ήταν δύο παιδιά...»

Και τότε, κάτι πολύ περίεργο του τράβηξε την προσοχή. Στην απέναντι πλευρά του δωματίου, ανάμεσα στα ράφια με τα φίλτρα πρόσεξε ένα μεγάλο σεντούκι. Το σεντούκι αυτό δεν έμοιαζε παλιό και ούτε ήταν βρώμικο και σκονισμένο όπως τα υπόλοιπα αντικείμενα γύρω του. Μάλιστα έδειχνε αρκετά καινούργιο.

«Τι παράξενο», σκέφτηκε το αγόρι. «Τι γυρεύει ένα τέτοιο σεντούκι εδώ; Όπως και να 'χει, δεν χάνω τίποτε να ρίξω μια ματιά», και πλησιάζοντάς το, δοκίμασε να το ανοίξει. Περιέργως, το σεντούκι άνοιξε εύκολα και αυτό που είχε μέσα έκανε τον Γιώργο να μείνει με το στόμα ανοιχτό: Ήταν γεμάτο με διάφορα πολύτιμα αντικείμενα, όπως πίνακες, κοσμήματα και μικρά αγάλματα, τα οποία μάλιστα του φαίνονταν γνωστά.

«Μα... μα... αυτά τα πράγματα τα ξέρω!», έκανε κατάπληκτος. «Αυτός είναι ο πίνακας της κας Ρωμανού, που έδειξε η τηλεόραση! Να και το χρυσό αγαλματάκι του κου Θωμά που μένει δίπλα μας! Να και...»

Το βλέμμα του σταμάτησε σε ένα αντικείμενο που γνώριζε καλά: Ήταν το χρυσό σεντούκι της μητέρας του!

«Δεν το πιστεύω!», αναφώνησε και βγάζοντας τα «*μάτια της κουκουβάγιας*», το κοίταξε με χαρά.

Ναι, μπροστά του ο Γιώργος είχε όλα τα αντικείμενα που ο κος Ανδρέας και η συμμορία του έκλεβαν τόσο καιρό από την πόλη! Όμως..τι γύρευαν ε-δ-ώ όλα αυτά τα κλεμμένα πράγματα; Για ποιο λόγο να τα κρύψει εδώ ο κος Ανδρέας, εκτός... μα βέβαια! Αυτό ήταν το κρησφύγετο του! Και πού θα έβρισκε καλύτερο μέρος για αυτό, παρά το παλιό Λούνα Παρκ, αφού όχι μόνο ήταν παρατημένο εδώ και καιρό, αλλά ήταν και οι τσιγγάνοι που δεν άφηναν κανένα να το πλησιάσει, την ημέρα τουλάχιστον...

«Ξέρω τι θα κάνω!» είπε μετά από λίγα λεπτά σκέψης το αγόρι. «Θα τα πω όλα στην αστυνομία και αυτοί θα τον παγιδέψουν και θα τον πιάσουν. Και για να με πιστέψουν, θα τους δείξω το χρυσό σεντούκι της μητέρας μου. Ναι, αυτό πρέπει να κάνω!»

«ΑΣΕ ΚΑΤΩ ΤΟ ΣΕΝΤΟΥΚΙ!» ακούστηκε μια δυνατή φωνή πίσω του.

ΚΕΦΑΛΑΙΟ ΟΓΔΟΟ

ΣΥΝΑΝΤΗΣΗ ΜΕ ΜΙΑ ΠΑΛΙΑ ΦΙΛΗ

«Είπα, άσε κάτω το σεντούκι!» τον διέταξε πάλι η φωνή αυστηρά.

Ο Γιώργος υπάκουσε τρομαγμένος.

«Ωραία, τώρα βάλτο μέσα στο σεντούκι μου. Κλείστο. Τώρα γύρνα να σε δω».

Το αγόρι γύρισε αργά-αργά και κοίταξε προς την πόρτα. Εκεί είδε με τρόμο ότι στέκονταν ένας ψηλός άντρας, ντυμένος στα μαύρα, φορώντας μια μαύρη κουκούλα που έκρυβε το πρόσωπό του και ανάσαινε βαριά. Δυστυχώς για τον Γιώργο, αυτός ήταν ο περιβόητος «Χαρούμενος Ληστής» της Νίκης και μόλις τον είχε πιάσει να ψάχνει τα πράγματά του.

«Ποιος είσαι;» τον ρώτησε ο άντρας. «Πώς μπήκες εδώ;»

Ο Γιώργος όμως ήταν τόσο τρομοκρατημένος που δεν μπορούσε να βγάλει κουβέντα.

«ΜΙΛΑ ΕΠΙΤΕΛΟΥΣ!» του φώναξε εκνευρισμένος ο ληστής και με μια γρήγορη κίνηση άναψε ένα φακό και τον έστρεψε καταπάνω του.

«Τι...τι στο καλό είσαι ντυμένος, μου λες;» τον ρώτησε έκπληκτος.

«Κα-καλύτερα να το κλείσεις αυτό», απάντησε ο Γιώργος. «Θα μας δουν οι τσιγγάνοι».

«Α! Μιλάς... Και είσαι και παιδί...», έκανε ο άντρας. «Αλήθεια νομίζεις πως με νοιάζει για αυτούς τους μπούφους; Όλο το καλοκαίρι μπαινόβγαινα εδώ μέσα και κανείς τους δεν με πήρε χαμπάρι. Ήθελα να 'ξερα εσύ πώς με κατάλαβες... Τέλος πάντων, δεν ξέρω ποιος ή τι είσαι, μάθε όμως, πως αυτή είναι η τελευταία μου βραδιά εδώ. Με όλα αυτά που μάζεψα, θα φύγω για πάντα από την Νίκη. Φοβάμαι όμως πως το ίδιο ισχύει και για σένα».

«Τι..τι εννοείς;» τον ρώτησε με αγωνία ο Γιώργος, κάνοντας δύο βήματα πίσω.

«Νομίζεις αλήθεια πως ανακάλυψες το κρησφύγετο μου και θα φύγεις ζωντανός;» του απάντησε γελώντας ο ληστής. «Θα πεθάνεις, αγοράκι, αφού βέβαια πρώτα μου πεις τι είναι αυτός ο Σταυρός που βρήκες στο πάτωμα» και βγάζοντας ένα μεγάλο γυαλιστερό μαχαίρι, άρχισε να προχωρά αργά προς το μέρος του.

Ο Γιώργος πάγωσε. Έπρεπε κάτι να κάνει και γρήγορα μάλιστα. Κοιτώντας το μεγάλο μαχαίρι του ληστή, που όλο και πλησίαζε, άρχισε να ψάχνει γρήγορα τις τσέπες της ζώνης του. Το χέρι του έπιασε το μαύρο ραβδί, που ο Ζιν του είχε πει να το χρησιμοποιήσει μόνο αν βρεθεί σε μεγάλη ανάγκη. Και να που ήταν μεγάλη ανάγκη! Με μια γρήγορη κίνηση το έβγαλε και το έστρεψε στον ληστή.

«Κ..κάνε πίσω!» του φώναξε. «Α..αλλιώς... αλλιώς θα πάθεις μεγάλο κακό».

«ΧΑΧΑΧΑΧΑ!» γέλασε δυνατά αυτός. «Τι θα μου κάνεις με αυτό το ραβδί, μάγια;» και βγάζοντας μια κραυγή, όρμησε καταπάνω του!

Το αγόρι δεν περίμενε άλλο. Πάτησε ένα κουμπί που υπήρχε πάνω στο ραβδί, και αυτό μεμιάς πέταξε μια γυαλιστερή κόκκινη σκόνη, που έπεσε στο πρόσωπό του ληστή και τον τύφλωσε.

«Μα... τι... μου...», άρχισε να γρυλίζει αυτός, πιάνοντας τα μάτια του. «ΤΙ ΜΟΥ ΕΡΙΞΕΣ;», ούρλιαξε και άρχισε να γυρίζει γύρω-γύρω, χωρίς να ξέρει τι να κάνει.

Βλέποντάς τον έτσι, ο Γιώργος δεν έχασε χρόνο. Άνοιξε και πάλι το μεγάλο σεντούκι, ψάχνοντας σαν τρελός να βρει το σεντούκι της μητέρας του, ενώ ο ληστής σταμάτησε σε μια γωνιά του δωματίου και έτριβε τα μάτια του.

Μόλις βρήκε το σεντούκι, ο Γιώργος πήγε να το πάρει και να τρέξει γρήγορα προς την έξοδο, όμως ήταν ήδη πολύ αργά. Ο ληστής είχε συνέλθει και του έκλεισε το δρόμο. Τα μάτια του ήταν κατακόκκινα και έδειχνε πολύ αγριεμένος.

«Πολύ καλά» φώναξε. «Δεν είσαι όσο αδύναμος δείχνεις, αλλά παίξαμε αρκετά, δεν νομίζεις; Κάνε την προσευχή σου αγοράκι» και άρχισε και πάλι να περπατάει προς το μέρος του με το μαχαίρι.

Αυτή την φορά όμως ο Γιώργος ήταν έτοιμος. Έβγαλε τρεις *μπάλες κόλλας* από την ζώνη του και άρχισε να του τις πετάει. Η πρώτη αστόχησε, η δεύτερη όμως έσκασε πάνω στο μαχαίρι του ληστή, το οποίο άρχισε αμέσως να καλύπτεται από κόλλα.

«ΤΙ ΕΙΝΑΙ ΑΥΤΟ; ΤΙ ΕΚΑΝΕΣ;» ούρλιαξε αυτός και πέταξε το μαχαίρι κάτω τρομαγμένος, βλέποντάς το να τυλίγεται γρήγορα από μια μεγάλη, γλοιώδη φούσκα.

«Αυτό ήταν το αγαπημένο μου μαχαίρι!», ξανάπε και ορμώντας πάνω στο αγόρι, το άρπαξε από τους ώμους και το έριξε κάτω!

«Τέλος τα παιχνίδια», τού είπε και πατώντας τα χέρια του Γιώργου με τα γόνατά του, άρχισε να του σφίγγει το λαιμό με όλη του την δύναμη.

Ο Γιώργος πάλευε, αγωνίζονταν, κούναγε τα πόδια του αλλά ότι και να έκανε ήταν μάταιο. Ο ληστής ήταν δυνατότερος από αυτόν. Δεν μπορούσε να πάρει ανάσα, ζαλίζονταν και πραγματικά ένιωθε πως αυτό θα ήταν το τέλος του... Ο ληστής τον έσφιγγε γερά... έχανε τις αισθήσεις του... και τότε, σαν από θαύμα, τού φάνηκε πως είδε δύο αγγέλους να αρπάζουν από τα χέρια τον ληστή και να τον σηκώνουν. Ο λαιμός του αγοριού ελευθερώθηκε και μόλις συνήλθε, είδε πως οι άγγελοι έμοιαζαν όλο και περισσότερο με... τσιγγάνους; Ναι, ήταν οι τσιγγάνοι από έξω!

«Αφήστε με, αφήστε με ανόητοι!» άρχισε να φωνάζει ο ληστής, καθώς αυτοί τον κόλλησαν σε ένα τοίχο.

«Ποιος είσαι εσύ; Τι γυρεύεις στα μέρη μας;» τον ρώτησε ο ένας από τους τσιγγάνους.

«Και ποιος είναι αυτός μαζί σου;» είπε ο άλλος και του έδειξε τον Γιώργο, που προσπαθούσε να σηκωθεί από κάτω.

«Είμαι αστυνομικός!» φώναξε ο ληστής. «Και αυτό το παιδί είναι ο κλέφτης που όλοι ψάχνουνε να βρούνε».

«Ναι, καλά», τον ειρωνεύτηκαν οι δύο τσιγγάνοι. «Δεν είχες καμία δουλειά να έρθεις στα λημέρια μας! Έτσι και αλλιώς θα αποφασίσει για εσάς η κα Κλεοπάτρα. Μιχάλη,

Η Χρυσή Νίκη

πιάσε το αγόρι... ε! πού πήγε;» είπε, κοιτώντας το έδαφος που πριν από λίγο ήταν ο Γιώργος.
«Έφυγε!», φώναξε αυτός. «Γρήγορα, τις σφυρίχτρες!» και ο καθένας τους έβγαλε από την τσέπη του μια μικρή ασημένια σφυρίχτρα και σφύριξε δυνατά.
«ΦΡΡΡΡΡΡΡΡΡΡΡΡΡΡΡΡΡΡΡΡΡΡ!»
Ο διαπεραστικός τους ήχος αντήχησε σε όλο το «Σπίτι του Τρόμου» σαν δυνατό ξυπνητήρι.
Κάπου εκεί, ανάμεσα στους μεγάλους του διαδρόμους ήταν ο Γιώργος, που έτρεχε όσο πιο γρήγορα μπορούσε. Με τρόμο άκουσε τον ήχο της σφυρίχτρας. Είχε καταφέρει να το σκάσει πριν, όταν οι δύο τσιγγάνοι γύρισαν για λίγο να μιλήσουν στον ληστή, δίνοντάς του την ευκαιρία που ζητούσε. Πώς όμως στο καλό ήξεραν ότι ήταν εδώ;
«Ο φακός!», σκέφτηκε, καθώς έφτανε στο τέλος του διαδρόμου. «Είδαν τον φακό του ληστή!» και σταμάτησε να πάρει μια ανάσα. Βέβαια! Τόση ώρα που πάλευαν, δεν κατάλαβε πως τα γέλια και οι χαρές είχαν σταματήσει.
Οι σφυρίχτρες μετά από λίγο σταμάτησαν. Τίποτα όμως δεν είχε τελειώσει. Δυνατά βήματα άρχισαν να ακούγονται από παντού. Φωνές, φώτα και κάποιες αχνές σκιές άρχισαν να ξεπροβάλλουν από την άκρη του διαδρόμου, εκεί που είχε σκοπό να πάει σε λίγο. Έρχονταν και άλλοι τσιγγάνοι και μάλιστα πολλοί! Ο Γιώργος δεν είχε άλλη επιλογή. Γύρισε από εκεί που ήρθε και άρχισε και πάλι να τρέχει.
«Νάτος! Πιάστε τον!» φώναξαν οι τσιγγάνοι, μόλις τον είδαν από μακριά και έριξαν πάνω του το φως των φακών τους. Τι να έκανε τώρα; Πού να πήγαινε; Όχι βέβαια πίσω, γιατί βρίσκονταν οι άλλοι δύο τσιγγάνοι. Και τα παράθυρα; Αυτά ήταν κλειστά με γερά κάγκελα, που μέχρι να τα έκοβε με το «*φακό-λέιζερ*», θα τον έπιαναν.

Κοίταζε γύρω του με αγωνία. Και τότε, ανάμεσα σε δύο ξωτικά, πρόσεξε κάτι που έμοιαζε με σωλήνες. Ήταν μια παλιά βοηθητική σκάλα. Όρμησε πάνω της γρήγορα και άρχισε να την ανεβαίνει.

Η σκάλα έβγαζε σε μια καταπακτή, που άνοιξε εύκολα και σε λίγο βρέθηκε πάνω στη μεγάλη σκεπή του κτιρίου. Από πίσω του άκουσε τους τσιγγάνους που βρήκαν και αυτοί την σκάλα και ένας-ένας ανέβαιναν γρήγορα. Κοίταξε γύρω του. Παντού υπήρχαν κεραμίδια και οι παλιές καμινάδες του εργοστασίου.

«Κάπου, κάτι θα υπάρχει για να κατέβω», είπε και άρχισε να τρέχει πάνω στη σκεπή. Όταν έφθασε στο τέλος της, σταμάτησε και κοίταξε κάτω. Το ύψος τον έκανε να ζαλιστεί και δεν φαινόταν να υπάρχει πουθενά ούτε μια σκάλα να κατέβει.

«Μόνο αν πετάξεις, θα γλυτώσεις από εμάς μικρέ!», του φώναξε από μακριά ο πρώτος από τους τσιγγάνους που βγήκε από την καταπακτή.

Τα λόγια του άντρα γέμισαν τον Γιώργο με αγωνία. Δύο κεραμίδια ξεκόλλησαν από τα πόδια του και έπεσαν κάτω με θόρυβο.

«Να πετάξω... αν είχα φτερά... ή έστω ένα σχοινί» μουρμούρισε. «Σχοινί... Αυτό είναι! Η βαλλίστρα! Ναι, αυτό είναι!» και χωρίς να χάσει χρόνο, έβγαλε την βαλλίστρα που κουβαλούσε τόση ώρα μαζί του και σημάδεψε το καρουζέλ, που βρισκόταν απέναντι. Έπειτα γύρισε το διακόπτη στο «Σ», πάτησε την σκανδάλη και «ΠΟΥΦ!» ένα μακρύ σχοινί πετάχτηκε στην απέναντι πλευρά και τυλίχτηκε γύρω από το κεντρικό κοντάρι της τέντας. Στην συνέχεια, έδεσε γρήγορα την άλλη άκρη γύρω από μια παλιά καμινάδα και πιάνοντας γερά το σχοινί, άρχισε να γλιστρά προς το καρουζέλ.

Οι τσιγγάνοι, που σταμάτησαν για λίγο σαστισμένοι από τον θόρυβο της βαλλίστρας, μόλις κατάλαβαν τι έγινε, έτρεξαν κατά πάνω του. Όμως ο Γιώργος είχε ήδη προχωρήσει αρκετά.

«Γύρισε πίσω μικρέ, αλλιώς θα κόψω το σχοινί!» του φώναξε ένας από αυτούς και βγάζοντας ένα κοφτερό μαχαίρι άρχισε να το κόβει όσο πιο γρήγορα μπορούσε.

«Κανείς δεν ξεφεύγει από εμάς! Γύρνα πίσω τώρα!», φώναξαν κάποιοι άλλοι, όμως ο Γιώργος προχωρούσε γρήγορα, αποφασισμένος να φτάσει στο τέρμα. Τα χέρια του πόναγαν πολύ και δεν κοίταζε κάτω, γιατί φοβόταν ότι θα έπεφτε και θα έσπαγε όλα του τα κόκαλα.

Κόντευε να φτάσει στο καρουζέλ. Σε λίγο θα πάταγε στην μεγάλη τέντα, όταν! η βαλλίστρα λύθηκε από τον ώμο του και έπεσε κάτω!

«ΟΧΙ!» φώναξε με αγανάκτηση το αγόρι, βλέποντας το όμορφο όπλο να χάνεται στο σκοτάδι. Παρόλα αυτά όμως, έπρεπε να συνεχίσει.

Σε λίγο, πατώντας σταθερά πάνω στην τέντα του καρουζέλ, κοίταξε το «Σπίτι του Τρόμου». Οι τσιγγάνοι είχαν φύγει από την σκεπή, δεν θα αργούσαν όμως να φτάσουν στο μέρος που βρισκόταν. Και η βαλλίστρα; Χάθηκε για πάντα;

«Όχι», σκέφτηκε. Θα γυρνούσε να την πάρει άλλη φορά. Αυτό που είχε σημασία τώρα ήταν να φύγει από εδώ και να πήγαινε γρήγορα στην αστυνομία.

Γλιστρώντας ως την άκρη της τέντας, έβγαλε γρήγορα το *σχοινί της αράχνης* και το έδεσε σε ένα γερό σίδερο και γύρω από την μέση του. Έπειτα, παίρνοντας μια βαθιά ανάσα, πήδηξε.

«Ελπίζω ο Ζιν να ξέρει τι λέει, αλλιώς είμαι χαμένος», σκέφτηκε καθώς έβλεπε το έδαφος να έρχεται γρήγορα καταπάνω του. Την κατάλληλη όμως στιγμή, το σχοινί τεντώθηκε και τον άφησε απαλά στο χώμα χωρίς να πονέσει καθόλου.

«Υπέροχο!» είπε καθώς το ξέδενε. «Αυτός ο πατέρας του Ζιν είναι ιδιοφυΐα. Μόλις γυρίσω πίσω, θα...» Η χαρά του όμως κόπηκε απότομα, όταν από το βάθος του Λούνα Παρκ, είδε και πάλι δύο τσιγγάνους να τρέχουν καταπάνω του. Και να, φάνηκαν άλλοι δύο στα δεξιά. Και τέσσερις στα αριστερά. Και από πίσω του! Έρχονταν από όλες τις μεριές! Ότι και να έκανε πια, ήταν μάταιο. Είχε παγιδευτεί. Δύο τσιγγάνοι πετάχτηκαν πίσω από τα αλογάκια του καρουζέλ, τον άρπαξαν από τα χέρια και άρχισαν να τον τραβάν με το ζόρι.

«Αφήστε με, πού με πάτε;» φώναξε το αγόρι, κοιτώντας τους τσιγγάνους, που έδειχναν αρκετά θυμωμένοι.

«Μας κούρασες μέχρι να σε πιάσουμε μικρέ μπελά», είπε ο ένας από αυτούς, αλλά στο τέλος τα καταφέραμε. Εσύ και ο φίλος σου θα δείτε την κα Κλεοπάτρα. Αυτή θα μας πει τι θα κάνουμε με εσάς».

«Ναι», συνέχισε ο άλλος τσιγγάνος, «για να δούμε αν θα σε ελευθερώσουμε ή αν....»

«Αν τι;» τον διέκοψε ο Γιώργος.

«Αν θα βρεθείς στον πάτο της θάλασσας!» απάντησε αυτός και οι δύο τσιγγάνοι γέλασαν δυνατά.

Από εκείνη την στιγμή ο Γιώργος σταμάτησε να μιλάει. Η πρώτη του αποστολή σαν «Μαύρος Λύκος» κινδύνευε να καταλήξει σε αποτυχία, για αυτό έπρεπε να σκεφτεί κάτι που θα τον έσωζε... Τι μπορούσε όμως να κάνει;

Οι τσιγγάνοι λοιπόν, αφού τον έβγαλαν από το Λούνα Παρκ, τον οδήγησαν στον καταυλισμό τους. Ένας φαρδύς χωμάτινος δρόμος περνούσε μπροστά από όλες τις σκηνές τους και οδηγούσε σε μια παλιά ξύλινη άμαξα. Δεξιά και αριστερά του δρόμου είχαν μαζευτεί πολλοί τσιγγάνοι, ντυμένοι με πολύχρωμα ρούχα και μαντήλια στα μαλλιά. Άλλοι κοιτούσαν περίεργα, άλλοι κορόιδευαν και κάποια παιδιά έβγαζαν δειλά το κεφάλι τους πίσω από τις μητέρες τους. Όλοι αναρωτιόταν ποιο ήταν αυτό το παράξενο μασκαρεμένο αγόρι που είχαν πιάσει. Ευτυχώς όμως για το Γιώργο, κανένας δεν είχε σκεφτεί να του βγάλει την μάσκα-ακόμα τουλάχιστον.

Φτάνοντας μπροστά στην άμαξα, το αγόρι διάβασε μια πολύχρωμη ταμπέλα που υπήρχε στο πλάι της, η οποία, με μεγάλα φωτεινά γράμματα, έλεγε:

ΜΑΝΤΑΜ ΚΛΕΟΠΑΤΡΑ
~ΜΕΝΤΙΟΥΜ~
ΕΙΔΙΚΗ ΣΤΟ ΔΙΑΒΑΣΜΑ ΤΟΥ ΧΕΡΙΟΥ

«Προχώρα!» του φώναξε ο ένας τσιγγάνος και τον έσπρωξε με δύναμη στα σκαλοπάτια της άμαξας. Όταν τα ανέβηκαν και μπήκαν όλοι μέσα, το πρώτο πράγμα που είδε ο Γιώργος ήταν τα δεκάδες αναμμένα κεριά που υπήρχαν παντού. Δεξιά του υπήρχε ένα παλιό κρεβάτι και απέναντι ένας ροζ καναπές με μια μεγάλη άσπρη γάτα, που κοιμόταν πάνω του ήσυχη.

Στην μέση όμως της άμαξας, πίσω από ένα μικρό στρόγγυλο τραπέζι, βρισκόταν ένας άνθρωπος σκεπασμένος με ένα μεγάλο μαντήλι, που μουρμούριζε κάτι περίεργα λόγια. Και λίγο πιο πέρα, σε μια καρέκλα ήταν δεμένος και φιμωμένος ο κος Ανδρέας, φορώντας ακόμη την κουκούλα του.

«Κάθισε εδώ!» του φώναξε ο ένας από τους τσιγγάνους και τον έδεσε σε μια καρέκλα, δίπλα στο κο Ανδρέα. Ύστερα, πλησίασε αθόρυβα τον άνθρωπο με το μαντήλι και είπε:

«Κα Κλεοπάτρα, όποτε είστε έτοιμη» και έκανε τέσσερα βήματα πίσω.

Το βαθύ μουρμουρητό σταμάτησε και ο άνθρωπος σήκωσε το μαντήλι, που τόση ώρα έκρυβε το πρόσωπό του. Μπροστά τους εμφανίστηκε μια ηλικιωμένη γυναίκα με γκρίζα μαλλιά, ντυμένη με ένα ωραίο μεταξωτό κόκκινο φόρεμα και πολλά κοσμήματα.

«Λοιπόν, λοιπόν, τι έχουμε εδώ;» είπε με μια βαθιά και αργή φωνή, κουνώντας ρυθμικά στο τραπέζι τα, γεμάτα δαχτυλίδια, δάχτυλά της.

«Τους βρήκαμε να παλεύουν στο παλιό Λούνα Παρκ, κυρία», είπε ο πρώτος τσιγγάνος. «Είναι οι ληστές που ψάχνει η Νίκη και το «Σπίτι του Τρόμου» ήταν η κρυψώνα τους. Βρήκαμε μάλιστα και τα κλεμμένα. Ορίστε!» και της έδειξε το σεντούκι του ληστή που βρισκόταν ανοιχτό σε μια γωνιά.

«Καλά, καλά», απάντησε η γυναίκα και πλησίασε τον ληστή, κοιτώντας τον προσεκτικά. Αυτός έσκυψε το κεφάλι του και κοίταξε αλλού.

«Ώστε έκλεβες, ε; Και νόμιζες ότι δεν θα σε πιάναμε, σωστά;»

«Άφησέ με να φύγω, γριά! Δεν ξέρεις τι λες».

«Δεν ξέρω τι λέω; Και αυτό εκεί τι είναι;» του είπε, δείχνοντάς του το σεντούκι. «Βγάλτε του την κουκούλα να δούμε το πρόσωπό του!»

Μόλις ο ληστής άκουσε ότι θα τον ξεσκέπαζαν, άρχισε να κουνιέται και να χτυπιέται όσο πιο δυνατά μπορούσε.

«ΟΧΙ!ΟΧΙ!ΑΦΗΣΤΕ ΜΕ!ΟΧΙ!, φώναζε, καθώς οι δύο τσιγγάνοι τού έβγαζαν την κουκούλα. Ο Γιώργος, που τόση ώρα παρακολουθούσε με κομμένη την ανάσα, έστρεψε όλη του την προσοχή στον ληστή, αν και ήξερε ότι αυτός που θα έβλεπε στο τέλος ήταν ο κος Ανδρέας.

Αυτό όμως που είδε τον άφησε άφωνο. Γιατί κάτω από την κουκούλα δεν κρυβόταν ο κος Ανδρέας, όπως νόμιζε τόσο καιρό, αλλά ένας άνθρωπος που ήξερε καλά: ο κος Θωμάς! Ναι, ο τρομερός κλέφτης ήταν ο κος Θωμάς Μετρητόπουλος, αυτός ο «αγαθός» ανθρωπάκος που έμενε δίπλα τους και φρόντιζε τα λουλούδια του!

«Δεν σε ξέρω» είπε η γριά γυναίκα, «όμως σίγουρα το παιδί δίπλα σου θα σε ξέρει καλά. Για να σε δούμε νεαρ...», πήγε να πει, όμως σταμάτησε στην θέση της σιωπηλή.

Τα μικρά, κουρασμένα μάτια της άνοιξαν διάπλατα και πλησιάζοντας όσο πιο γρήγορα μπορούσε προς το αγόρι, φώναξε:

«ΑΥΤΟ ΕΙΝΑΙ ΑΔΥΝΑΤΟΝ! ΕΣΥ!;...ΕΔΩ!;..ΤΩΡΑ!;»

Ο καημένος ο Γιώργος, που είχε χάσει πια κάθε ελπίδα ότι θα γλύτωνε, δεν μπορούσε να εξηγήσει την συμπεριφορά της γριάς γυναίκας.

«Π..ποιός τον έπιασε;» ρώτησε ταραγμένη τους δύο τσιγγάνους, που τα είχαν και αυτοί χαμένα.

«Εγώ και ο Μιχάλης, κυρία. Τι συμβαίνει; Γιατί δεν του βγάζουμε και αυτού την κουκούλα; Αφού είναι κλέφτης».

«Ποιος κλέφτης ανόητε;», απάντησε αυτή, στρέφοντας χαρούμενη το βλέμμα της προς τον Γιώργο. «Αυτός είναι ο «Μαύρος Λύκος»!

Όλοι μέσα στην άμαξα κοίταξαν το αγόρι με απορία.

«Πριν από πολλά χρόνια», άρχισε να λέει η γυναίκα, «όταν ήμουν μια νέα κοπέλα, κάθε φορά που πήγαινα στην Νίκη, όλοι με φώναζαν διάφορα ονόματα και με κορόιδευαν, επειδή ήμουν τσιγγάνα. Και να ήταν μόνο αυτό... Ένα βράδυ όταν επέστρεφα σπίτι, μια συμμορία από αλήτες με στρίμωξαν σε μια γωνιά και άρχισαν να με βρίζουν και να μου πετάν πέτρες. Κόντευα να λιποθυμήσω από τον πόνο, όταν ξαφνικά εμφανίστηκε από το πουθενά ο «Μαύρος Λύκος» και με έσωσε. Από τότε του χρωστάω την ζωή μου. Και άλλα....πολλά....», συμπλήρωσε και τα μάτια της δάκρυσαν.

«Μα αυτό είναι ένα αγόρι κυρία!» την διέκοψε ο ένας από τους τσιγγάνους.

«Έχω μάτια και βλέπω Μιχάλη», του είπε αυτή σκουπίζοντάς τα. «Όμως αυτή ΕΙΝΑΙ η στολή του «Μαύρου Λύκου», άρα αυτός που την φοράει ΕΙΝΑΙ για μένα ο «Μαύρος Λύκος»! Εσείς καλύτερα να μου εξηγήσετε πώς αυτός εδώ ο ληστής μπαινόβγαινε κάτω από την μύτη σας στο Λούνα Παρκ. Αν δεν ήταν ο «Μαύρος Λύκος», που πάλεψε μαζί του για να τον ξεσκεπάσει, ποιος ξέρει για πόσο καιρό ακόμα θα σας κορόιδευε!» είπε αυστηρά και οι δύο τσιγγάνοι χαμήλωσαν το κεφάλι.

«Συγνώμη, «Μαύρε Λύκε», ξανάπε η γριά γυναίκα στον Γιώργο, που δεν πίστευε όσα άκουγε. «Είναι νέα παιδιά και δεν σε ξέρουν. Εγώ όμως σε περίμενα. Ήξερα ότι θα ξαναγύριζες, όπως μου είχες υποσχεθεί πριν χρόνια. Και τώρα, η Νίκη θα είναι για πάντα δική σου!».

Αν και δεν καταλάβαινε όσα του έλεγε, το αγόρι συμφωνούσε μαζί της, κουνώντας το κεφάλι του.

«Εμπρός λοιπόν, τι περιμένετε; Ξεδέστε τον!» διέταξε η γριά γυναίκα τους τσιγγάνους. Και όσο για σένα, παλιοκλέφτη», είπε τώρα στον κο Θωμά που είχε γίνει κόκκινος από τα νεύρα του, «θα έπρεπε να σε πετάξουμε στην θάλασσα, αλλά καλύτερα να σε αναλάβει η αστυνομία. Έτσι, όλοι θα μάθουν πως εμείς οι τσιγγάνοι σεβόμαστε τους νόμους και δεν είμαστε κακοί και κλέφτες, όπως κάποιοι νομίζουν».

Ο κος Θωμάς, μόλις άκουσε για αστυνομία, άρχισε να φωνάζει και να κουνιέται με ακόμα μεγαλύτερη δύναμη, ευτυχώς όμως ήταν δεμένος πολύ γερά.

«Τώρα ακολούθησέ με..σε παρακαλώ» είπε αυτή στο Γιώργο, μόλις οι τσιγγάνοι τον ελευθέρωσαν και έτριβε ακόμα τα πονεμένα του χέρια. Η πόρτα της άμαξας άνοιξε και η γριά γυναίκα τον οδήγησε στο κέντρο του καταυλισμού, εκεί που έκαιγε ακόμη η μεγάλη φωτιά από πριν. Στο πέρασμά της όλοι οι τσιγγάνοι άνοιγαν το δρόμο με σεβασμό, κοιτώντας περίεργα το αγόρι.

«Φίλοι μου!» φώναξε αυτή, σηκώνοντας τα χέρια της ψηλά. «Σήμερα είναι μια μεγάλη μέρα. Αυτό εδώ το αγόρι είναι ο «Μαύρος Λύκος», ένας καλός μου φίλος από τα παλιά!» και έδειξε τον Γιώργο, που έσκυψε με ντροπή το κεφάλι, βλέποντας όλα τα μάτια να στρέφονται πάνω του.

«Πριν από πολλά χρόνια», συνέχισε η γριά γυναίκα, «μου έσωσε την ζωή και τώρα, χάρις την βοήθειά του, πιάσαμε τον τρομερό κλέφτη της Νίκης που τόσο καιρό κρύβονταν στο Λούνα Παρκ, κάτω από την μύτη μας. Σε λίγο θα τον παραδώσουμε στην αστυνομία και όλοι αυτοί που τόσα χρόνια μας κοροϊδεύουν, θα χάσουν τα λόγια τους! «Μαύρε Λύκε», εκ μέρους όλων, σε ευχαριστώ!»

Στην αρχή, οι τσιγγάνοι κοίταξαν την γριά και τον Γιώργο αμίλητοι, σε λίγο όμως άρχισαν όλοι μαζί να μιλάνε, να γελάνε και στο τέλος άρχισαν να πλησιάζουν χαρούμενοι έναν έκπληκτο Γιώργο, σφίγγοντάς του τα χέρια με χαρά και να τον αγκαλιάζουν.

«Εμπρός λοιπόν!» ξανάπε αυτή. «Μην κάθεστε έτσι. Ας διασκεδάσουμε! Σήμερα οι ήρωες γελάν από ψηλά!» και ρίχνοντας ένα κούτσουρο στην φωτιά, χτύπησε δύο φορές με τα χέρια της παλαμάκια και άρχισε να παίζει μουσική.

«Σ' ευχαριστώ. Ειλικρινά, σ' ευχαριστώ πολύ..» της είπε ο Γιώργος, μόλις αραίωσε το πλήθος.

«Όχι, «Μαύρε Λύκε», τον διέκοψε αυτή. «ΕΓΩ σ' ευχαριστώ. Ήξερα πως μια μέρα θα ξαναγύριζες, το ένιωθα πως σύντομα κάτι καλό θα έφτανε στην πόρτα μου».

«Εγώ... κυρία... δεν είμαι ακριβώς...»

«Μη λες τίποτα!», είπε αυτή, κλείνοντας με το χέρι της το στόμα του. «Το ξέρω ότι δεν είσαι το ίδιο αγόρι που γνώρισα πριν από εξήντα χρόνια. Όμως στην ζωή μας τίποτα δεν είναι τυχαίο. Αυτό το ξέρω καλά. Και το ότι τώρα είσαι εδώ, φορώντας αυτή τη στολή, σημαίνει πως ήταν γραφτό να γίνει έτσι».

Το αγόρι χαμογέλασε και κοίταξε την φωτιά με τους κεφάτους τσιγγάνους που χόρευαν γύρω της. Τα λόγια της γριάς γυναίκας τον είχαν κάνει να νιώσει περίεργα...

«Και τώρα πάρε αυτό», ξανάπε αυτή και πιάνοντας του το χέρι, του έβαλε στην χούφτα ένα χρυσό νόμισμα με ένα ασημένιο δέντρο στην μέση. Αν κινδυνέψεις ποτέ, δείξε αυτό το νόμισμα σε κάποιον από μας και αυτός θα σε βοηθήσει. Μετά έκανε νόημα να πλησιάσει κοντά τους ένας γεροδεμένος τσιγγάνος, που τόση ώρα τους κοίταζε από μακριά.

«Αυτός είναι ο Νίκος. Θα σε βγάλει με ασφάλεια από εδώ. Νίκο, δείξε του τον μυστικό δρόμο που έχουμε για να μπαίνουμε εύκολα στην πόλη. Αντίο «Μαύρε Λύκε». Μια μέρα θα συναντηθούμε και πάλι. Είθε ο Θεός να σε προστατεύει πάντα..» του ευχήθηκε και μπήκε ανάμεσα στον κόσμο που χόρευε, ώσπου χάθηκε από τα μάτια του...

Μετά από λίγο, ο τσιγγάνος που είχε εντολές να τον βοηθήσει, του έδειξε ένα κρυφό μονοπάτι ανάμεσα σε κάτι δέντρα που δύσκολα θα έβρισκε μόνος του. Η ώρα είχε περάσει και ο Γιώργος διέσχισε γρήγορα το μονοπάτι, ώσπου φάνηκαν τα πρώτα σπίτια της πόλης του.

Ξαφνικά, ακούστηκαν δυνατές σειρήνες και τρία μεγάλα περιπολικά πέρασαν δίπλα του με μεγάλη ταχύτητα. Το αγόρι έτρεξε γρήγορα και κρύφτηκε πίσω από ένα δέντρο, βλέποντάς τα να πηγαίνουν στον καταυλισμό των τσιγγάνων, για να συλλάβουν τον κο Θωμά.

«Αύριο όλη η πόλη θα μιλάει για αυτό», σκέφτηκε και συνέχισε γρήγορα να περπατάει για το σπίτι του.

Τελικά, η πρώτη του αποστολή σαν «Μαύρος Λύκος», είχε στεφθεί με απόλυτη επιτυχία. Είχε καταφέρει όχι μόνο να βρει έναν παράξενο Χρυσό Σταυρό, αλλά και να ξεσκεπάσει τον «Χαρούμενο ληστή» που τόσο καιρό τώρα βασάνιζε την Νίκη! Και-ποιος θα το πίστευε-ήταν ο κος Θωμάς! Αυτή ήταν σίγουρα μια νύχτα που δεν θα ξέχναγε ποτέ στην ζωή του...

ΚΕΦΑΛΑΙΟ ΕΝΑΤΟ

ΟΙ «ΤΡΕΙΣ ΑΓΓΕΛΟΙ»

Την άλλη μέρα, τα νέα στην πόλη, ότι επιτέλους ο φοβερός ληστής είχε πιαστεί, διαδόθηκαν με την ταχύτητα του φωτός. Η κα Περδίκη, που ήταν σύζυγος ενός από τους αστυνομικούς που συνέλαβαν τον ληστή, το είπε στην κα Σούλα, που το είπε στην κα Τούλα, που το είπε στην κα Κούλα, που το είπε σε ολόκληρη την πόλη.

Έτσι, ως τις δώδεκα το μεσημέρι όλοι ήξεραν ότι ο κος Θωμάς Μετρητόπουλος, που έμενε στην οδό Κορομηλά 12, ήταν ο «Χαρούμενος Ληστής». Έξω από το σπίτι του είχε μαζευτεί πολύς κόσμος και δημοσιογράφοι, που περίμεναν την αστυνομία να έρθει για έρευνες.

Το ακόμα πιο συναρπαστικό όμως νέο που μάθαιναν σιγά-σιγά όλοι ήταν πως οι τσιγγάνοι λέγανε σε όλο τον κόσμο ότι αυτός που βρήκε τον ληστή και τους τον παρέδωσε ήταν ο «Μαύρος Λύκος».

Κάποιοι άρχισαν να κοροϊδεύουν, λέγοντας πως οι τσιγγάνοι το έβγαλαν από το μυαλό τους, για να τους δώσουν σημασία, οι περισσότεροι όμως ήταν πιο συγκρατημένοι. Βλέπετε, αυτό ήταν πολύ σοβαρό, μιας και στην Νίκη είχε χρόνια να ακουστεί κάτι για τον «Μαύρο Λύκο» και το τι είχε τελικά απογίνει.

Στο σχολείο πάλι όλα τα παιδιά ενδιαφερόταν περισσότερο να μάθουν για το ποιος ή τι είναι αυτός ο «Μαύρος Λύκος», παρά για τον ληστή. Στην αρχή ακούστηκε πως επρόκειτο για ένα μεγάλο ζώο που παλιά έβγαινε τις νύχτες από τους υπονόμους και κυνηγούσε τους ανθρώπους, αλλά αυτό το πίστεψε μόνο ο Χάρης Καμίτζης, γιατί έβλεπε πολλές ταινίες τρόμου. Όταν όμως μετά από λίγο μάθανε ότι επρόκειτο για κάποιον παλιό ήρωα της πόλης, ο οποίος μάλιστα μπορεί να ήταν και παιδί, όλοι βάλθηκαν να μάθουν ποιος είναι.

Κάποια παιδιά άρχισαν να λένε πως ο «Μαύρος Λύκος» είναι ο γιός του δημάρχου, γιατί *«φοράει πάντα μαύρα και έχει αυτό το περίεργο βλέμμα όταν σε κοιτάζει»*, ενώ λίγο πιο πέρα, μια παρέα κοριτσιών έλεγε ότι πρέπει να είναι κάποια από τις κοπέλες του σχολείου, γιατί όλα τα αγόρια είναι φοβητσιάρηδες. Τέλος, κάποιοι στο κυλικείο ήταν σίγουροι πως δεν ήταν ο «Μαύρος Λύκος» αυτός που είδαν οι τσιγγάνοι, αλλά ένα φάντασμα που βγήκε από τα δάση και έπιασε το ληστή. Ανάμεσα όμως σε όλα τα παιδιά, μόνο δύο γνωστά μας αγόρια ήξεραν την αλήθεια.

«Ο ΚΥΡΙΟΣ ΘΩΜΑΣ; Ο ΔΙΚΟΣ ΜΑΣ ΚΥΡΙΟΣ ΘΩΜΑΣ;» πετάχτηκε ο Ζιν σαν ελατήριο, όταν, καθισμένος κάτω από ένα δέντρο, άκουγε από τον Γιώργο τι έγινε χθες το βράδυ.

«Ναι, μην φωνάζεις όμως», τού είπε αυτός, δείχνοντας με το βλέμμα του την «Συμμορία των Φαντασμάτων» και τον Μάκη, που πλησίαζε μια παρέα κοριτσιών. «Δεν νομίζεις πως θα φανεί σε όλους παράξενο πώς έμαθα τόσα πολλά τόσο γρήγορα;»

«Μα.. δεν καταλαβαίνω. Αφού είπε ότι έκλεψαν και αυτόν. Λίγο πριν κλέψουν εσάς. Πως είναι δυνατόν να είναι αυτός ο ληστής;»

«Αυτό ήταν το κόλπο του», απάντησε ο Γιώργος. «Μας έκανε να νομίζουμε πως είναι και αυτός θύμα, ενώ στην πραγματικότητα έκλεβε ασταμάτητα. Και μάλιστα ήθελε να με σκοτώσει»

Και θα του έλεγε πως, αν δεν τον διέκοπταν κάποιες φωνές που ακούστηκαν από πίσω του. Γυρνώντας, είδε πως ο Μάκης ενοχλούσε ένα από τα κορίτσια, τραβώντας της με δύναμη την τσάντα. Προτού όμως προλάβει να κάνει κάτι κανείς, ανάμεσα από τα κορίτσια πετάχτηκε μια κοπέλα. Μια κοπέλα που ο Γιώργος θυμόταν καλά. Ήταν η ίδια που τον είχε σώσει, όταν η «Συμμορία των Φαντασμάτων» του είχε στήσει εκείνη την παγίδα με το σκύλο.

Η κοπέλα, με μια γρήγορη κίνηση, χτύπησε με δύναμη το χέρι του Μάκη, ο οποίος φωνάζοντας από τον πόνο, άφησε την τσάντα της άλλης κοπέλας ελεύθερη. Στην συνέχεια τον έσπρωξε τόσο δυνατά, που τον έριξε κάτω. Ήταν έτοιμη να του ξαναεπιτεθεί, αλλά μπήκε στην μέση ένας καθηγητής και τους χώρισε.

«Πω, πω αδερφάκι μου» έκανε ο Ζιν, κοιτώντας την από μακριά. «Δεν θα ήθελα ποτέ να βρεθώ στον δρόμο της!».

«Ξέρεις ποια είναι;» τον ρώτησε ο Γιώργος με ψεύτικη αδιαφορία, ενώ από μέσα του ενδιαφερόταν πολύ να μάθει το όνομά της.

«Την λένε Δάφνη Μακρεμβολίτη. Είμαστε στην τάξη μαζί. Πολύ έξυπνη, πολύ όμορφη και πολύ, μα πολύ πλούσια. Θυμάσαι το καλοκαίρι που η κα Κούλα μας έλεγε για κάποιον πλούσιο που αγόρασε το «Σπίτι των Ρόδων»; Ε, αυτή είναι η κόρη του!».

«Και πώς δεν την είδα ποτέ στα διαλλείματα;»

«Στην αρχή καθόταν όλο μέσα, τώρα όμως έκανε παρέες και μάλιστα είναι η αρχηγός των κοριτσιών όλου του σχολείου. Είναι δηλαδή μια φαντασμένη...»

Ο Γιώργος όμως δεν του απάντησε τίποτα. Ήθελε πολύ να του πει πως το καλοκαίρι αυτή τον έσωσε με το αμάξι της, όμως για την ώρα προτίμησε να το κρατήσει για τον εαυτό του. Στην συνέχεια τα δύο παιδιά συμφώνησαν να συναντηθούν το απόγευμα για να διαβάσουν μαζί το γράμμα του Ηλιανού που βρήκε στο «Σπίτι του Τρόμου».

Αργότερα, όταν ο Γιώργος γύριζε στο σπίτι από το σχολείο, πέρασε δίπλα του ένα περιπολικό, που έτρεχε με μεγάλη ταχύτητα. Φτάνοντας στην γειτονιά του, το είδε σταματημένο μπροστά στο σπίτι του κου Θωμά, που πλέον είχε γίνει διάσημο. Πέντε αστυνομικοί βγήκαν αμέσως από το αμάξι, φωνάζοντας στον κόσμο που είχε μαζευτεί εκεί να ανοίξει δρόμο.

«Περιμένουν τον αρχηγό τους» είπε μια γυναίκα, που είχε σύζυγο τροχονόμο. «Θέλει προσωπικά αυτός να ψάξει το σπίτι. Α! νάτος έρχεται!»

Και τότε, μπροστά στα έκπληκτα μάτια όλων και ιδίως του Γιώργου, εμφανίστηκε ο κος Ανδρέας! Φαινόταν εκνευρισμένος και το πρόσωπό του είχε γίνει κόκκινο σαν το παντζάρι. Σε λίγο, τον πλησίασε ένας αστυνομικός χαιρετώντας τον και του έδωσε ένα χαρτί, που μάλλον ήταν η πρωινή αναφορά.

«Ο άντρας μου μού είπε», συνέχισε η γυναίκα, «ότι ο κος Ανδρέας είχε νοικιάσει σε αυτή την γειτονιά, γιατί είχε φτάσει στα ίχνη του ληστή. Και θα τον έπιανε, αυτό είναι αλήθεια, αν δεν τον προλάβαινε ο «Μαύρος Λύκος». Για αυτό είναι τόσο θυμωμένος. Μάλιστα κάποιοι τον άκουσαν να λέει πως θα βρει και θα ξεσκεπάσει αυτόν που ντύνεται «Μαύρος Λύκος» και του χαλάει τα σχέδια...»

Ο Γιώργος, που ένιωθε ήδη άσχημα γιατί είχε υποψιαστεί τον κο Ανδρέα ως κλέφτη, μόλις άκουσε ότι τώρα κυνηγούσε αυτόν, πάγωσε στην θέση του.

Ο κος Ανδρέας λοιπόν, αφού διάβασε την αναφορά, άρχισε να περπατάει ανάμεσα στον κόσμο αργά, με ύφος αυστηρό, δίχως να κοιτάζει κανέναν. Όταν έφτασε δίπλα στον Γιώργο, κοντοστάθηκε, και του έριξε ένα αυστηρό βλέμμα, σαν να του έλεγε: «Ξέρω ποιος είσαι». Στην συνέχεια, μπήκε στο σπίτι του κου Θωμά μαζί με τρεις αστυνομικούς, ενώ οι άλλοι δύο προσπαθούσαν να βγάλουν την κα Κούλα και τις φίλες της από τον κήπο.

Αργότερα, στο μεσημεριανό τραπέζι, η μητέρα του Γιώργου και η Ελεονόρα, δεν σταματούσαν να μιλάνε για το γείτονά τους.

«Ποιος θα το φαντάζονταν», έλεγε συνέχεια η μητέρα του, καθώς τους μοίραζε ένα ξεροψημένο κοτόπουλο με πατάτες, που μόλις είχε βγάλει από τον φούρνο. «Και φαινόταν τόσο καλός άνθρωπος. Η κα Κούλα μου είπε, πως όταν στην αστυνομία τον ρώτησαν γιατί έκλεβε, απάντησε πως δεν άντεχε οι άλλοι να έχουν όμορφα πράγματα, γιατί ήθελε να τα έχει όλα αυτός. Ευτυχώς εμείς πήραμε πίσω το χρυσό σεντούκι και αυτό έχει σημασία».

«Δηλαδή μαμά», την διέκοψε χαρούμενος ο Γιώργος. «Αυτό σημαίνει ότι θα μείνουμε τελικά στην Νίκη;».

«Φοβάμαι πως όχι, Γιώργο. Βλέπεις, ο κος Θωμάς κράτησε μόνο το σεντούκι και ξόδεψε όλα μας τα χρήματα. Θα ήθελα όμως πολύ να έβρισκα αυτόν τον.. «Μαύρο Λύκο» και να τον ευχαριστούσα. Αναρωτιέμαι ποιος να είναι...» και κάθισε στο τραπέζι και αυτή τρώγοντας από το πιάτο της.

Το αγόρι ήθελε τόσο πολύ να της πει ότι αυτή τη στιγμή μίλαγε μαζί του, όμως κάτι τέτοιο θα ήταν μεγάλο λάθος. Έτσι, συνέχισε να μασουλάει το φαγητό του.

«Πάντως», πετάχτηκε η Ελεονόρα, «αυτός ο «Μαύρος Λύκος» θα πρέπει να είναι πανέξυπνος. Δηλαδή ότι δεν είσαι εσύ Γιώργο».

«Τουλάχιστον εγώ δεν μασάω τσίχλα σαν κατσίκα όλη την ημέρα», της απάντησε αυτός, όμως και οι δύο τους σταμάτησαν όταν η μητέρα τους, τους σέρβιρε λαχταριστά εκλαίρ, που μόλις τα είχε βουτήξει στην σοκολάτα, μαζί με ένα ποτήρι γάλα.

Το απόγευμα βρήκε τον Γιώργο να διαβάζει τα μαθήματά του, όμως το μυαλό του ήταν στο Χρυσό Σταυρό και στο γράμμα, που ήθελε τόσο πολύ να ανοίξει. Έτσι, αφού τα τελείωσε γρηγορότερα από ότι συνήθως, έτρεξε αμέσως στον φίλο του, όπως είχαν συμφωνήσει.

«Επιτέλους ήρθες!» του είπε ο Ζιν, ανοίγοντάς την πόρτα. «Από την αγωνία μου για το γράμμα, διάβασα τρεις φορές όλα τα μαθήματα από την αρχή μόνο και μόνο για να μην το σκέφτομαι. Τέταρτο, σωστά;

«Σωστά», τού απάντησε ο Γιώργος, καθώς έμπαιναν στο δωμάτιο. «Και πέρασα τόσα πολλά για αυτό! Έλα, άνοιξέ το εσύ, γιατί χάρη σε σένα το βρήκα πάλι» και βγάζοντάς το από το μπουφάν του, του το έδωσε.

«Αυτό δεν μου αρέσει», είπε το αγόρι, καθώς άνοιγε το γράμμα, που είχε γίνει πράσινο από την υγρασία. «Ωχ, κοί-

τα. Το φοβόμουν αυτό. Το μισό έχει σχεδόν σβηστεί. Τόσα χρόνια εκεί μέσα, ευτυχώς που δεν καταστράφηκε τελείως» και με αργή φωνή άρχισε να διαβάζει:
 Όλα τελειώνουν, για κοίτα να δεις
 Ένα κλειδί μόνο σου έμεινε να βρεις
 Και τώρα ετοιμάσου, κρατήσου καλά
 Στο μέρος που θα γράψω συνέβησαν πολλά
 Στην εκκλησία του Αι-Γιώργη θα πας, ναι, την παλιά
 Τρεις Άγγελοι~~~~~~~~~~~ πετάνε μακριά
 Κάτι τους λείπει, τι; Κάτι πολύ Ιερό
 Ελπίζω να έχεις λιγάκι έστω μυαλό
 Μη~~~~~~~~~~~~~, θέλω να πας εκεί
 Δέκα μέρες προτού φτάσει των Χριστουγέννων η γιορτή
 Μα πρόσεχε καλά,~~~~~~~~~Μεγάλη~~~~~~~~~~
 ~~~~~κακό κρυμμένο~~~~~~~~~~~~~~~
 παραμονεύει~~~~~~~~~~~~~~~~~~~~~

ΓΙΩΡΓΟΣ ΗΛΙΑΝΟΣ

«Εύκολος φαίνεται», είπε πρώτος ο Γιώργος. «*Δέκα μέρες προτού φτάσει των Χριστουγέννων η γιορτή*», δηλαδή στις Δεκαπέντε Δεκεμβρίου. Ωραία! Αυτό το βρήκαμε. Τώρα το μόνο που δεν ξέρουμε είναι πού βρίσκεται η εκκλησία του Αι-Γιώργη, που έχει το κλειδί. Πρέπει να είναι καμιά παλιά εκκλησία κάπου εδώ κοντά, έτσι δεν είναι; Εσύ τι λες Ζιν; Ε, τι έπαθες; Γιατί δεν μιλάς;» ρώτησε με απορία τον φίλο του, που καθόταν στο κρεβάτι χωρίς να βγάζει λέξη.

«Γιώργο», του είπε αυτός χαμηλόφωνα μετά από λίγο, «έχεις μόνο μερικούς μήνες στην Νίκη και δεν τα ξέρεις όλα. Η Νίκη δεν έχει εκκλησία του Αι-Γιώργη...»

«Τι; Και τότε πού θα ψάξουμε;»

«Περίμενε. Είπα ότι δεν υπάρχει εκκλησία του Αι-Γιώργη μ-έ-σ-α στην Νίκη, όχι έξω από αυτήν».

«Έξω; Πού δηλαδή;»

«Στο ανατολικό δάσος. Βλέπεις, πριν από πολλά χρόνια, η Νίκη ήταν χτισμένη πιο κοντά στα μεγάλα βουνά και όχι τόσο κοντά στην θάλασσα. Οι κάτοικοί της λοιπόν, αποφάσισαν να χτίσουν μια εκκλησία στο κέντρο της πόλης, μέσα στο ανατολικό δάσος, που τότε δεν ήταν και τόσο μεγάλο.

«Αυτή ήταν η εκκλησία του Αι-Γιώργη;»

«Ναι, αλλά άκου την ιστορία. Η ζωή ήταν ωραία, μια μέρα όμως έγινε ένας τρομερός σεισμός. Τεράστια κομμάτια βράχων έπεσαν από τα βουνά και η γη άνοιξε στα δύο. Όλοι έπαθαν μεγάλες ζημιές, αλλά τις χειρότερες έπαθε η περιοχή που βρισκόταν η εκκλησία. Οι κάτοικοι, φοβισμένοι μην ξανά πάθουν τα ίδια, άφησαν τα παλιά τους σπίτια στα βουνά και έχτισαν άλλα, πιο γερά, δίπλα στην θάλασσα, αυτά που βλέπουμε σήμερα».

Ο Γιώργος άκουγε την ιστορία με προσοχή. Μόλις τελείωσε, του είπε:

«Αυτό είναι όλο; Δεν λέω, θα είναι δύσκολο να φτάσω, αλλά...»

«Και αυτό δεν είναι το χειρότερο», συνέχισε ο Ζιν. «Στο μεγάλο πόλεμο, πριν από εξήντα και χρόνια, εκεί πάνω σκοτώθηκαν πολλοί άνθρωποι και θάφτηκαν, χωρίς να τους έχει διαβάσει παπάς. Και ξέρεις τι σημαίνει αυτό. Ότι οι ψυχές τους είναι ακόμη εκεί και περπατούν. Ότι είναι φαντάσματα!»

«Έλα τώρα, Ζιν», του είπε χαμογελώντας ο Γιώργος. «Αλήθεια πιστεύεις ότι εκεί θα υπάρχουν φαντάσματα; Εσύ που έχεις διαβάσει τόσα; Το ίδιο πίστευα και εγώ για τον Ηλιανό και δεν είδα τίποτα όταν πήγα σπίτι του».

«Μπορεί να έχω διαβάσει πολλά», του απάντησε αυτός σοβαρά, «αλλά αυτό που ξέρω με βεβαιότητα είναι πως κανείς δεν μπορεί να τα εξηγήσει όλα. Πολύ έξυπνος αυτός ο Ηλιανός! Ήθελε να κρύψει το τρίτο κλειδί στο πιο τρομακτικό μέρος στην Νίκη και τα κατάφερε», είπε και ξάπλωσε στο κρεβάτι του, κοιτώντας το ταβάνι.

Στο δωμάτιο τώρα δεν μιλούσε κανείς. Και τα δύο αγόρια ένιωθαν λες και είχαν μιλήσει για κάτι απαγορευμένο και πως από στιγμή σε στιγμή κάτι φοβερό θα γινόταν.

«Θα πάω!» φώναξε μετά από λίγο ο Γιώργος και σηκώθηκε όρθιος.

«Τι;», τον ρώτησε ο Ζιν και σηκώθηκε όρθιος και αυτός. «Είσαι σίγουρος;».

«Ναι, θα πάω! Τι σόι «Μαύρος Λύκος» θα ήμουν αν φοβόμουν το κάθε τι;»

«Φυσικά θα πας νύχτα. Με τον κο Ανδρέα να θέλει να σε πιάσει, θα πρέπει να είσαι αόρατος».

«Το ξέρω» είπε το αγόρι σκεφτικό. «Και πάνω που νομίζαμε ότι γλυτώσαμε από τον Μάκη. Γιατί άραγε δεν μας κυνηγάει πια;».

«Που να ξέρω;», έκανε ο Ζιν σηκώνοντας του ώμους του. «Μάλλον κατάλαβε ότι είμαστε πιο έξυπνοι για αυτόν. Ε, δεν χαίρεσαι; Έλα όμως τώρα, δεν λύσαμε όλο τον γρίφο. Οι ««*Τρεις Άγγελοι*» που πετάνε μακριά» θα είναι μάλλον κάποια τοιχογραφία στην Εκκλησία. Και αυτό το *πολύ Ιερό* που τους λείπει, θα πρέπει να έχει σχέση με το δεύτερο κλειδί. Αλήθεια, το έφερες μαζί σου;»

«Δυστυχώς δεν βρήκα τίποτα τέτοιο. Το μόνο που είχε το χρηματοκιβώτιο ήταν αυτός ο Χρυσός Σταυρός», είπε και τον έβγαλε από το μπουφάν του.

«Μα αυτό δεν είναι κλειδί» έκανε σκεφτικός ο Ζιν, κοιτώντας τον Σταυρό. «Εκτός αν...ίσως αν...γιατί όχι...αν και βέβαια...ή μήπως...ναι, αυτό είναι!»

«Μα τι μουρμουράς τόση ώρα, θα μου πεις;»
«Γιώργο, νομίζω ότι αυτό είναι το δεύτερο κλειδί!»
«Τι; Γιατί το λες αυτό;»
«Ο Σταυρός είναι κάτι το Ιερό. Και για θυμήσου τι λέει το γράμμα: *Κάτι τους λείπει, τι; Κάτι πολύ Ιερό*». Άρα ο Σταυρός έχει σίγουρα κάποια σχέση με τους αγγέλους».
«Κατάλαβα. Και αυτό το *«κακό κρυμμένο που παραμονεύει»*;».
«Χμμ» είναι μισοσβησμένο και δεν φαίνεται καλά, είπε ο Ζιν, κρατώντας το γράμμα στο φως. «Μάλλον το έγραψε ο Ηλιανός για να μας τρομάξει ή όντως κάτι κακό σε περιμένει εκεί, ίσως κάποια παγίδα...»
«Παγίδα; Τι είδους παγίδα;» έκανε με αγωνία ο Γιώργος, που όσο λύνανε τον γρίφο, τόσο πιο δύσκολο του φαινόταν να βρει το τρίτο κλειδί.
«Δεν ξέρω Γιώργο. Ε-σ-ύ είσαι τώρα ο «Μαύρος Λύκος» και εσύ θα το ανακαλύψεις, αν θέλεις ακόμα να πας...»
«Ναι, θέλω», του απάντησε πεισματικά αυτός. «Τα χρήματα μας τελειώνουν και αν δεν βρω τον θησαυρό, θα πρέπει να φύγουμε για πάντα από την Νίκη, οπότε ναι, θέλω να πάω, ακόμα και αν συναντήσω χίλια φαντάσματα και παγίδες εκεί πάνω!»
«Τότε», είπε ο Ζιν, που θαύμασε το θάρρος και την επιμονή του φίλου του, «το μόνο που έχουμε να κάνουμε είναι να περιμένουμε. Ο Δεκέμβριος ακόμα αργεί και μέχρι τότε έχουμε πολύ καιρό για να προετοιμαστούμε όσο καλύτερα μπορούμε..»
Λένε ότι ο καιρός περνάει γρήγορα, όταν δεν θέλεις να περάσει και αργά, όταν περιμένεις κάτι πολύ. Για τον Γιώργο όμως συνέβαιναν και τα δύο μαζί. Ήθελε να έρθει γρήγορα ο Δεκέμβριος για να βρει το τρίτο και τελευταίο

κλειδί του θησαυρού, αλλά από την άλλη δεν βιαζόταν καθόλου. Ανατρίχιαζε και μόνο στην ιδέα τι τον περίμενε εκεί πάνω. Και θα έπρεπε να λύσει και τον γρίφο μόνος του. Και αν τον κυνηγούσε ο κος Ανδρέας; Ακόμα δεν είχε φύγει από την γειτονιά, αν και ο κλέφτης είχε πιαστεί εδώ και καιρό. Πολλές φορές μάλιστα τον έβλεπε από το παράθυρο του δωματίου του να καπνίζει στο μπαλκόνι ή να κάνει ότι διαβάζει εφημερίδα, κοιτώντας τους περαστικούς. Τον τελευταίο καιρό μάλιστα, λες και ήξερε κάτι, είχε στρέψει το βλέμμα του στο σπίτι τους.

Η κα Κούλα, που τίποτα δεν της ξεφεύγει, τον είχε δει να σκαλίζει το πεζοδρόμιο μπροστά από το σπίτι τους σαν να έψαχνε κάτι και αμέσως το είπε στην μητέρα του Γιώργου. Αυτή όμως την καθησύχασε, λέγοντάς της ότι έτσι κάνουν οι αστυνομικοί σε περιοχές που έγινε μια ληστεία.

Κάτι όμως δεν πήγαινε καλά. Και ο Γιώργος το ένιωθε εδώ και καιρό μέσα του. Ταυτόχρονα, με την βοήθεια του Ζιν προετοιμαζόταν όσο καλύτερα μπορούσε.

Οι μέρες πέρασαν γρήγορα και ήρθε ο Δεκέμβριος. Το κρύο έγινε τσουχτερό και οι πρώτες νιφάδες του χιονιού έκαναν την εμφάνισή τους. Όλοι φορέσανε τα ζεστά παλτά τους, τους σκούφους και τα γάντια τους και παντού έβλεπε κανείς ανθρώπους με κόκκινα μάγουλα και μύτες να περπατάνε μέσα στην παγωνιά. Οι προετοιμασίες για τα Χριστούγεννα είχαν ήδη ξεκινήσει και όλα τα παιδιά περίμεναν πως και πως να κλείσουν τα σχολεία για τις γιορτές.

Κάθε χρόνο, σε κάθε σπίτι, αυλή και πολυκατοικία της Νίκης, οι κάτοικοι συνήθιζαν να βάζουν ένα μεγάλο ή μικρό άγαλμα αγγέλου, το οποίο στα χέρια του κράταγε ένα φαναράκι, που άναβε το βράδυ. Στην κεντρική πλατεία της πόλης στήνονταν ένα μεγάλο χριστουγεννιάτικο δέντρο και στα κλαδιά του κρέμαγαν στολίδια φτιαγμένα από σοκολάτα, ειδική παραγγελιά από το ζαχαροπλαστείο «Σοκολατένιος Κύκνος», τα οποία μοίραζαν στα παιδιά μετά τις γιορτές.

Όλα αυτά στον Γιώργο φαινόταν λες και είχε μπει μέσα σε ένα βιβλίο παραμυθιών. Πολύχρωμα φώτα, στολισμένες βιτρίνες και η μυρωδιά της βανίλιας που απλώθηκε παντού, τον έκαναν να αναφωνήσει με χαρά: «Είναι φανταστικά!», καθώς περπατούσαν ένα χειμωνιάτικο απόγευμα με τον φίλο του στην πόλη.

«Το ξέρω», είπε ο Ζιν. «Και κάπου διάβασα ότι αυτοί οι άγγελοι που βλέπουμε παντού συμβολίζουν τους αγγέλους που κατέβηκαν στην γη όταν γεννήθηκε ο Χριστός. Περίμενε να νυχτώσει. Θα είναι σαν όνειρο. Αλήθεια, εσείς γιατί δεν βάλατε έναν; Ο κόσμος έχει αρχίσει να σχολιάζει και ξέρεις πώς είναι».

«Το είπα στην μητέρα μου», απάντησε αυτός κοιτώντας χαμηλά, «αλλά αυτή την περίοδο έχει πολύ δουλειά στο ζαχαροπλαστείο και δεν προλαβαίνει. Παρόλα αυτά, είδες το ημερολόγιο; Σήμερα έχουμε Δέκα Δεκεμβρίου. Η μέρα για το τρίτο κλειδί πλησιάζει».

«Ναι, το είδα και δυστυχώς δεν βρήκα τίποτα για τους «Τρεις Αγγέλους» και τι σχέση έχει ο χρυσός Σταυρός... Ει, με προσέχεις;» παραπονέθηκε στον φίλο του, που έμοιαζε να κοιτάζει έντονα κάτι.

«Μου φάνηκε ότι είδα κάποιον να μας παρακολουθεί και μόλις με κατάλαβε, κρύφτηκε. Να, βλέπεις, εκεί, ανάμεσα στις δύο πολυκατοικίες».

Ο Ζιν έριξε μια ματιά, αλλά το μόνο που είδε ήταν μια γάτα που έψαχνε στα σκουπίδια.

«Ιδέα σου θα είναι», έκανε αδιάφορα. «Και άλλωστε ποιος να είναι; Ο Μάκης ούτε καν ασχολείται μαζί μας και ο κος Ανδρέας λείπει από την πόλη εδώ και μια εβδομάδα- έτσι τουλάχιστον άκουσα να λέει η κα Κούλα».

«Ξεχνάς εκείνο τον μυστηριώδη τύπο που με βοήθησε τότε, στην Έπαυλη του Ηλιανού; Ακόμα δεν μάθαμε ούτε ποιος ήταν, ούτε γιατί με βοήθησε».

«Και έτσι να είναι, γιατί να θέλει το κακό σου; Αφού σε βοήθησε μια φορά, μπορεί να θέλει να σε ξανά βοηθήσει».

«Ίσως έχεις δίκιο Ζιν..», του απάντησε το αγόρι. «Ίσως έχεις δίκιο..» και ρίχνοντας μια τελευταία ματιά πίσω του, συνέχισαν να προχωράνε.

Δεκαπέντε Δεκεμβρίου. Ο Γιώργος ξύπνησε έχοντας έναν πόνο στο στομάχι, που λίγο αργότερα πέρασε. Σηκώθηκε βαριεστημένα από το κρεβάτι του και κοίταξε έξω. Όλη η πόλη ήταν στρωμένη με ένα παχύ, λευκό χιόνι που στον αγουροξυπνημένο φίλο μας θύμιζε εκείνη την υπέροχη σαντιγί που έφτιαχνε συχνά για τα γλυκά η μητέρα του.

«Υπέροχα..», μουρμούρισε ειρωνικά. «Σήμερα βρήκε να χιονίσει, που θα πάω για το τρίτο κλειδί..» και κοίταξε τέσσερα σπουργίτια που έψαχναν για τροφή στο παράθυρό του.

Λίγο αργότερα, σε ένα διάλλειμα του σχολείου, τα δύο αγόρια, κολλημένα πάνω σε ένα καλοριφέρ, συζήταγαν για την σημερινή βραδιά. Ο Ζιν του έλεγε για το ανατολικό δάσος ότι ήξερε, ενώ ο Γιώργος μασούλαγε με όρεξη μια μπουγάτσα με κρέμα.

«..και να θυμάσαι, αν γίνει κάτι έχεις το δαχτυλίδι κινδύνου με το κόκκινο πετράδι που σου έδωσα. Όλα σου τα όπλα είναι έτοιμα, εκτός από την βαλλίστρα που έχασες στο παλιό Λούνα Παρκ. Αλήθεια, δεν θα πας να την πάρεις; Αφού οι τσιγγάνοι είναι φίλοι σου πια».

«Είναι φίλοι του «Μαύρου Λύκου», όχι δικοί μου», του απάντησε ο Γιώργος. «Και δεν νομίζω πως θα την βρω εύκολα με τόσο χιόνι που έπεσε. Άσε που μπορεί να την έχουν πάρει κιόλας. Θα περάσω το απόγευμα να πάρω τα όπλα, εντάξει;».

«Εντάξει. Αλήθεια, πώς αισθάνεσαι; Εγώ έχω ήδη πολύ αγωνία».

«Νόμιζα ότι θα έτρεμα από τον φόβο μου, αλλά το μόνο που νιώθω είναι κάτι παράξενο στο στομάχι, σαν κάποιος να με γαργαλάει. Πιστεύω πως όλα θα πάνε καλά» είπε και δάγκωσε άλλη μια φορά την μπουγάτσα του.

«Ωχ, κοίτα ποιος έρχεται», είπε ο Ζιν. «Είναι αυτή η φαντασμένη, η Δάφνη Μακρεμβολίτη. Άκουσα πως φέτος τα Χριστούγεννα θα πάει με την οικογένειά της στην Νέα Υόρκη. Τι τυχεροί που είναι μερικοί!».

Η κοπέλα περπάταγε αργά, σαν βασίλισσα και δίπλα της είχε δύο κορίτσια που της έλεγαν κάτι ασταμάτητα. Μόλις έφτασε στα δύο αγόρια, προς μεγάλη έκπληξη του Ζιν, σταμάτησε, κοίταξε τον Γιώργο και του χαμογέλασε. Έπειτα συνέχισε τον δρόμο της.

«Είδες Ζιν;», του είπε αυτός. «Τελικά δεν είναι τόσο φαντασμένη. Μου χαμογέλασε».

«Ε και βέβαια σου χαμογέλασε χαζέ», απάντησε γελώντας τώρα αυτός. «Αφού είσαι γεμάτος με μπουγάτσα! Χα, χα, χα...»

Η μέρα πέρασε γρήγορα και η νύχτα απλώθηκε πάνω από την κατάλευκη πόλη. Τα φαναράκια των αγγέλων άναψαν και όλοι οι δρόμοι, ακόμα και η γειτονιά με τα εγκαταλελειμμένα σπίτια, έλαμπαν γιορτινά.

Καθισμένος στον καναπέ του σαλονιού του, ο Γιώργος έκανε πως παρακολουθούσε ακόμα ένα χαζό σίριαλ στην τηλεόραση, στην πραγματικότητα όμως περίμενε πότε θα πήγαινε για ύπνο η αδερφή του. Και πραγματικά, γύρω στις δέκα, η Ελεονόρα πέταξε την τσίχλα της και κλείδωσε την πόρτα του δωματίου της. Αυτό ήταν το «καληνύχτα» της Ελεονόρας.

Μετά από λίγο, ο Γιώργος έκλεισε την τηλεόραση και αυτός και πήγε στο δωμάτιό του, περιμένοντάς την αδερφή του να κοιμηθεί. Είχε τελειώσει τα μαθήματά του από νωρίς, η μητέρα του θα δούλευε στο ζαχαροπλαστείο ως αργά και πριν από λίγο είχαν πει στις ειδήσεις πως τα σχολεία θα έμεναν κλειστά αύριο λόγω χιονιού. Όλα φαινόταν να είναι με το μέρος του, εκτός από το πυκνό χιόνι που έπεφτε έξω ασταμάτητα.

Αφού λοιπόν πέρασαν είκοσι λεπτά, άρχισε να ετοιμάζεται. Φόρεσε δύο μάλλινα μπλουζάκια για να τον κρατούν ζεστό και από πάνω έβαλε την στολή του «Μαύρου Λύκου» και την μάσκα. Γύρω από την μέση του έδεσε την ζώνη με τα όπλα, μαζί με τον Χρυσό Σταυρό και τέλος, αντί για παπούτσια, φόρεσε τις *«μπότες του σκαντζόχοιρου»*, που είχε φτιάξει ειδικά για τον καιρό ο πατέρας του Ζιν.

Οι *«μπότες του σκαντζόχοιρου»*, έμοιαζαν με συνηθισμένες μπότες, χτυπώντας όμως τα τακούνια δύο φορές στο έδαφος, πεταγόταν από τις σόλες μυτερά καρφιά και έτσι μπορούσε κανείς να περπατήσει ακόμα και πάνω σε παγωμένα σκαλοπάτια.

Η ώρα είχε πάει δέκα και μισή και ήταν έτοιμος. Στο σπίτι δεν ακουγόταν τίποτα, παρά μόνο το δυνατό ροχαλητό της αδερφής του, σημάδι ότι κοιμόταν βαθιά. Έκλεισε το φως, έβαλε πάλι ένα μαξιλάρι κάτω από την κουβέρτα του για να νομίζουν ότι κοιμάται, χαιρέτισε την Αλίκη, που κοιμόταν μέσα στο κοχύλι της γυάλας της και άνοιξε το παράθυρο. Ο παγωμένος αέρας όρμησε με δύναμη στο δωμάτιό του. Πολύ προσεκτικά, βγήκε έξω και κατέβηκε την σκάλα. Όταν έφτασε κάτω, χτύπησε δύο φορές τις *«μπότες του σκαντζόχοιρου»* στο έδαφος. Τα καρφιά πετάχτηκαν αμέσως και το αγόρι ξεκίνησε για το ανατολικό δάσος. Αυτή την φορά δεν θα χρειαζόταν να διασχίσει όλη την πόλη, όπως έκανε άλλες φορές, μιας και το δάσος ξεκίναγε λίγο πιο πέρα από το σπίτι του.

Περπατώντας αργά, γιατί το χιόνι τού έφτανε σχεδόν μέχρι το γόνατο, πέρασε πίσω από τα σπίτια της γειτονιάς του, πήδηξε έναν παλιό μεταλλικό φράκτη και μετά από λίγο, είδε από μακριά τα πρώτα δέντρα του Ανατολικού δάσους. Πανύψηλα έλατα και μεγάλα πεύκα, γεμάτα χιόνι, έστεκαν το ένα δίπλα στο άλλο σαν να του έκλειναν το δρόμο...

Για μια ακόμη φορά, φόρεσε τα *«μάτια της κουκουβάγιας»* και μπήκε μέσα στο δάσος. Εδώ δρόμος δεν υπήρχε, για αυτό έπρεπε να είναι πολύ προσεκτικός. Έτσι, έβγαλε το σπρέι που περιείχε το *«αίμα της σαλαμάνδρας»*, αυτό το υγρό που έλαμπε στο σκοτάδι και άρχισε να ρίχνει λίγο πάνω σε κάθε δέντρο.

Συνέχισε λοιπόν να περπατάει για ώρα, προχωρώντας όλο και πιο βαθιά, χωρίς να ξέρει αν ήταν στον σωστό δρόμο ή όχι.

Ο Ζιν τού είχε πει ότι ο δρόμος για την παλιά πόλη και την Εκκλησία δεν υπήρχε πια και έτσι θα έπρεπε να την έβρισκε μόνος του.

Αν την έβρισκε... Και αν χανόταν; Το *«αίμα της σαλαμάνδρας»* κάποτε θα τελείωνε. Και τότε έπρεπε να γύριζε πίσω ή να συνέχιζε να προχωράει; Και αν στο δρόμο συναντούσε κανένα... φάντασμα; Όχι, όχι αυτό δεν ήθελε καν να το σκεφτεί! Έπρεπε να προχωράει, ακόμα και αν ένιω-

Η Χρυσή Νίκη

θε διαρκώς πως χιλιάδες μάτια άνοιγαν από παντού και τον κοιτούσαν... Και τα δέντρα έμοιαζαν ατελείωτα, το ένα έδινε στην θέση του στο άλλο... επιτέλους πότε τελείωναν; Πού είναι η παλιά πόλη;

Μετά από ώρα, το έδαφος έγινε απότομο, κατηφορικό και στη συνέχεια ίσιωσε πάλι, ώσπου τα δέντρα επιτέλους άρχισαν να αραιώνουν... Άρχισε να περπατάει όσο πιο γρήγορα μπορούσε, σχεδόν έτρεχε, αδιαφορώντας αν θα τραβούσε την προσοχή όλων των φαντασμάτων του δάσους.

Όταν επιτέλους πέρασε και το τελευταίο δέντρο, σταμάτησε λαχανιασμένος να πάρει μια ανάσα και να ελέγξει την περιοχή. Βγάζοντας τα «*μάτια της κουκουβάγιας*» είδε ότι μπροστά του απλώνονταν μια μεγάλη πεδιάδα γεμάτη με παλιά, εγκαταλελειμμένα σπίτια, σκεπασμένα με χιόνι.

Είχε φτάσει στον προορισμό του. Είχε φτάσει στην παλιά πόλη της Νίκης.

Τα παλιά σπίτια, άλλα μικρά και άλλα μεγάλα, προχωρούσαν κατά μήκος της πεδιάδας, σταματώντας στους πρόποδες ενός μεγάλου βουνού. Ο Γιώργος μπήκε στην πόλη και καθώς προχώραγε ανάμεσά στα σπίτια, πρόσεξε πως πολλά από αυτά είχαν τις πόρτες και τα παράθυρά τους ανοιχτά, σημάδι πως οι κάτοικοί τους τα εγκατέλειψαν γρήγορα.

Με την φαντασία του άρχισε να βλέπει ανθρώπους που πήγαιναν στις δουλειές τους, γυναίκες που πότιζαν τα τριαντάφυλλά των κήπων τους και παιδιά, που έπαιζαν εκεί που τώρα βασίλευε η ερημιά, εκεί που ήταν μόνο αυτός...

Κοίταξε το ρολόι του. Η ώρα είχε πάει δώδεκα και μισή.

«Τέλεια...» μουρμούρισε. «Η ώρα που βγαίνουν τα φαντάσματα!» και κοίταξε τον σκοτεινό δρόμο που απλωνόταν μπροστά του.

«Καλά θα κάνω να βρω την Εκκλησία με τους «Τρεις Αγγέλους» και να φεύγω γρήγορα από εδώ», σκέφτηκε. «Το μέρος αυτό με ανατριχιάζει» και συνέχισε να προχωράει όλο και πιο γρήγορα.

Και τότε, σαν γίγαντες που στεκόταν όρθιοι και τον περίμεναν, έκαναν την εμφάνισή τους οι μεγάλοι βράχοι που του είχε πει ο Ζιν. Ήταν σκορπισμένοι παντού και δίπλα τους ο Γιώργος ένιωθε σαν μυρμήγκι.

Ένας από αυτούς είχε μπει μέσα σε ένα σπίτι, αφού πρώτα είχε γκρεμίσει το μισό. Άλλος πιο κάτω, είχε σταματήσει στην μέση του δρόμου, μέσα σε μια μεγάλη τρύπα, ενώ ο μεγαλύτερος από όλους, είχε γκρεμίσει δύο σπίτια μαζί και είχε χωθεί ανάμεσά τους, καθισμένος στον θρόνο του σαν βασιλιάς.

Όσο προχώραγε το αγόρι, έβλεπε παντού τρύπες, γκρεμισμένους τοίχους, πεσμένους φράχτες και τα περισσότερα σπίτια δεν είχαν καν σκεπή. Τώρα είδε τους ανθρώπους, που πριν ζούσαν χαρούμενοι, να τρέχουν τρομαγμένοι, η γη να κουνιέται και τα βράχια να έρχονται από παντού.

«Τι καταστροφή! Τι τρομερή καταστροφή...» ψέλλισε με δέος, καθώς πέρναγε ανάμεσά τους. «Απορώ αν γλύτωσε η Εκκλησία, αφού...»

Προτού όμως προλάβει να πει αυτό που ήθελε, μπροστά στα μάτια του εμφανίστηκε η παλιά Εκκλησία του Αι-Γιώργη. Ήταν χτισμένη πάνω σε ένα ύψωμα και έδειχνε ακόμη πανέμορφη.

«Επιτέλους!», φώναξε χαρούμενος και έτρεξε κοντά της.

Η Εκκλησία δεν ήταν ιδιαίτερα μεγάλη, είχε όμως ωραία, ψηλά παράθυρα και μια φαρδιά ξύλινη πόρτα που έμεινε μισάνοιχτη. Πάνω στην σκεπή της στεκόταν ακόμα όρθιος ένας μεγάλος Σταυρός και ακριβώς δίπλα της υπήρχε ένα ψηλό καμπαναριό, κατάλευκο από το χιόνι, όπως ήταν και όλη η Εκκλησία. Το μέρος που ήταν χτισμένη, όχι μόνο την προφύλαξε από τους μεγάλους βράχους, αλλά της έδινε και μια μοναδική θέα στο δάσος.

Όταν λοιπόν ο Γιώργος έφτασε μπροστά της, την κοίταξε για λίγη ώρα προσεκτικά. Έπειτα, άρχισε να περπατάει γύρω της, προσπαθώντας να βρει τους «Τρεις Αγγέλους». Ο Ζιν του είχε πει πως οι Άγγελοι θα ήταν ή κάποια ζωγραφιά πάνω στον τοίχο ή κάποιο άγαλμα κοντά της. Όμως όσο και αν έψαξε με προσοχή, δεν μπόρεσε να βρει τίποτε. Έτσι, αποφάσισε να κοιτάξει και μέσα. Πέρασε την πόρτα, ξαναφόρεσε τα «*μάτια της κουκουβάγιας*» και κοίταζε κάθε μεριά προσεκτικά.

Οι Εικόνες του Χριστού, της Παναγίας και πολλών Αγίων ήταν ακόμη εκεί, όπως και τα καθίσματα των πιστών, τα μανουάλια με κάποια σβησμένα κεριά, όμως οι «Τρεις Άγγελοι» δεν ήταν ούτε εδώ. Απογοητευμένος, βγήκε από την Εκκλησία και την κοίταξε με απορία.

«Δεν μπορεί» είπε μετά από λίγο. «Κάπου εδώ θα είναι. Πρέπει να σκεφτώ... μμμ... Τι άλλο έλεγε το γράμμα; Α ναι! Ότι «*πετάνε μακριά*». Μήπως εννοεί κάποιο ψηλό σημείο; Ίσως την σκεπή της...» και κάνοντας μερικά βήματα πίσω, την κοίταξε με προσοχή. Το βλέμμα του ξαφνικά έπεσε στο καμπαναριό. Το ψηλό, όμορφο καμπαναριό ήταν το μοναδικό μέρος που δεν είχε ψάξει. Και γιατί να μην ήταν εκεί το κλειδί; Στην κορυφή του, εκεί που ήταν οι καμπάνες, θα ήταν το ιδανικό μέρος ο Ηλιανός να έκρυβε κάτι. Ναι, εκεί έπρεπε να είναι...

Μεμιάς, όρμησε σε μια παλιά σιδερένια σκάλα που ανέβαινε ψηλά, ως την κορυφή του καμπαναριού και όταν έφτασε πάνω, άρχισε να ψάχνει προσεκτικά κάθε γωνιά και κάθε λεπτομέρεια, όμως -καημένε Γιώργο!- το μόνο που βρήκε ήταν κάτι παλιές φωλιές πουλιών από το καλοκαίρι, σκεπασμένες με χιόνι. Και φυσικά, ούτε έναν άγγελο.

«Δεν καταλαβαίνω! Δεν καταλαβαίνω!» έλεγε και ξανάλεγε γυρίζοντας γύρω από τις καμπάνες απογοητευμένος. «Έκανα όλα όσα έλεγε το γράμμα, βρήκα την Εκκλησία, όμως πού είναι οι «Τρεις Άγγελοι»; Το ξέρω, είμαι τόσο κοντά στο τρίτο κλειδί, τόσο κοντά...» και κάθισε σε ένα πεζούλι, κοιτάζοντας τον ουρανό, που ήταν ακόμα γεμάτος με σύννεφα.

Το χιόνι, που πριν έπεφτε πυκνό, τώρα κόντευε να σταματήσει, όμως βλέποντας την ώρα να περνάει, άρχισε να τον κυριεύει η απελπισία. Άραγε είχαν όλα τελειώσει; Μήπως ο Ηλιανός εννοούσε άλλη Εκκλησία; Ή μήπως ο Γιώργος έπρεπε τελικά να τα παρατήσει; Όλα ήταν πιθανά.

Κοίταξε σκεφτικός για ώρα τον ουρανό, ώσπου το χιόνι σταμάτησε τελείως. Ύστερα σηκώθηκε αργά, καθαρίζοντας την στολή του από τα χιόνια και με βλέμμα γεμάτο οργή, φώναξε:

«Όχι, δεν τα παρατάω! Το ακούς, Ηλιανέ; Δεν θα φύγω από εδώ αν δεν βρω το τρίτο κλειδί, σου αρέσει δεν σου αρέσει! Τώρα εγώ είμαι ο «Μαύρος Λύκος» και ποτέ δεν θα αποτύχω, το ακούς; ΠΟΤΕ!»

Και η φωνή του έγινε ηχώ και ταξίδεψε σε όλη την παλιά πόλη που απλωνόταν μπροστά του. Ύστερα γύρισε πίσω σαν άνεμος, που φύσηξε με δύναμη στο καμπαναριό κάνοντας τις καμπάνες να χτυπήσουν για ώρα.

Τα σύννεφα που έκρυβαν τον ουρανό, άρχισαν σιγά-σιγά να ανοίγουν, αφήνοντας τις ακτίνες του φεγγαριού να χυθούν από ψηλά και να φωτίσουν όλη την παλιά πόλη και το δάσος, μέχρι τα μεγάλα βουνά.

Και κάπου εκεί, ανάμεσα σε ένα άνοιγμα των δέντρων, ο Γιώργος είδε αυτό που τόση ώρα έψαχνε: Τους «Τρεις Αγγέλους». Για την ακρίβεια, ήταν τρία μεγάλα αγάλματα αγγέλων με τα φτερά τους ανοιχτά, λες και ήταν έτοιμοι να πετάξουν. Ήταν σαν κάποιος να άκουσε το παράπονό του και του έδειχνε πού έπρεπε να πάει...

«Οι «Τρεις Άγγελοι»! φώναξε χαρούμενο το αγόρι, κοιτώντας τους από μακριά. «Μα... πώς...γιατί... Α, ώστε αυτό ήθελε ο Ηλιανός να κάνω... Να ανέβω ε-γ-ώ ψηλά για να τους δω... και... μα τι κάθομαι και λέω; Ας πάω γρήγορα εκεί!» και κατεβαίνοντας από το καμπαναριό, πέρασε τρέχοντας σχεδόν μέσα από την παλιά πόλη και μπήκε πάλι στο δάσος, από την μεριά όμως που οδηγούσε στους αγγέλους.

Σε λίγο, με την βοήθεια των *«ματιών της κουκουβάγιας»*, βρέθηκε στο άνοιγμα των δέντρων, που είχε δει από το καμπαναριό και εκεί, σε ένα ύψωμα, είδε από μακριά το άγαλμα των αγγέλων, που τού φαινόταν τεράστιο. Το μόνο που τον εμπόδιζε να προχωρήσει, ήταν ένα χωράφι γεμάτο θάμνους και βράχια, που υπήρχε μπροστά του.

«Τώρα δεν σταματάω με τίποτα» είπε, μπαίνοντας στους θάμνους, «ακόμα και αν έρθουν να με πιάσουν όλα τα φαντάσματα της περιοχής!»

Στο πέρασμά του, τα κλαδιά των θάμνων λύγιζαν και τα πόδια του βούλιαζαν στο απάτητο χιόνι όλο και πιο βαθιά. Κοίταζε τους «Τρεις Αγγέλους» με λαχτάρα. Σε λίγο, θα σκαρφάλωνε το ύψωμα, θα βρισκόταν μπροστά τους, το τρίτο κλειδί θα γινόταν δικό του και... ξαφνικά σταμάτησε. Από κάπου ακουγόταν κάτι, που είχε ακούσει πολλές φορές στην ζωή του.

Κάποιος ήταν πίσω του και έκλαιγε...

ΚΕΦΑΛΑΙΟ ΔΕΚΑΤΟ

ΡΟΔΟΥΛΑ

Ο Γιώργος πάγωσε στην θέση του.

«Αυτό είναι αδύνατον», σκέφτηκε, δεν θα άκουσε καλά. Ποιος άλλος, εκτός από αυτόν, βρισκόταν τώρα εδώ πάνω;

«Κάτι πρέπει να κάνω», μουρμούρισε, ανασαίνοντας γρήγορα. «Δεν μπορώ να κάθομαι έτσι» και πολύ αργά, γύρισε προς την πλευρά που ακουγόταν τα κλάματα.

«Θεέ μου, ας είναι ότι θέλει εκτός από φάντασμα. Μόνο αυτό να μην είναι», είπε και κοίταξε. Ανάμεσα στα δέντρα που πέρασε πριν, στεκόταν ένα μικρό κορίτσι και έκλαιγε. Είχε όμορφα ξανθά μαλλιά και τα μόνα ρούχα που φόραγε ήταν μια μικρή φούστα, μια ζακέτα και ένα ζευγάρι παπούτσια λερωμένα από το χιόνι. Έδειχνε πως φοβόταν και κρύωνε πολύ.

Ο Γιώργος βγήκε γρήγορα από τους θάμνους και την πλησίασε.

«Ποια είσαι;» την ρώτησε γεμάτος απορία και έκπληξη.
«Πώς βρέθηκες εδώ;»
«Με λένε Ροδούλα», τού απάντησε το κορίτσι, σκουπίζοντας τα μάτια της. «Παίζαμε κρυφτό το απόγευμα με τις φίλες μου και εγώ μπήκα στο δάσος. Μετά θέλησα να βγω, μα χάθηκα...και...και...πήγα πιο βαθιά...» και βάζοντας τα χέρια στο πρόσωπό της, άρχισε και πάλι να κλαίει.

«Έλα, μη κλαις Ροδούλα» την παρηγόρησε ο Γιώργος, προσπαθώντας να την ηρεμήσει. «Μείνε μαζί μου και σε λίγο θα βγούμε από το δάσος. Τώρα όμως θέλω να με περιμένεις εκεί που είσαι. Υπάρχει κάτι που πρέπει να κάνω πρώτα» και μπήκε ξανά στους θάμνους, προχωρώντας προς τους αγγέλους.

«ΣΤΑΜΑΤΑ!» φώναξε ξαφνικά με τρόμο το κορίτσι. «Πού πας; Δεν ξέρεις για την παγίδα που κρύβουν οι θάμνοι;»

«Παγίδα; Ποιά... παγίδα;» έκανε τρομαγμένο το αγόρι.

«Θέλεις να πας στους «Τρεις Αγγέλους», έτσι; Έλα μαζί μου» και του έκανε νόημα να την ακολουθήσει. Το αγόρι έριξε άλλη μια ματιά στους θάμνους, που έδειχναν ακίνδυνοι, αλλά και στη Ροδούλα, που άρχισε να πηγαίνει γύρω από το χωράφι. Σίγουρα ο δρόμος μέσα από τους θάμνους έδειχνε πιο σύντομος, όμως το κορίτσι έδειχνε να ξέρει κάτι παραπάνω, για αυτό αποφάσισε να την ακολουθήσει.

«Εδώ είμαστε», του είπε μετά από λίγο αυτή, όταν έφτασαν μπροστά στο άγαλμα. «Και να η παγίδα που σου έλεγα» και του έδειξε με το δάχτυλό της το χωράφι.

Ο Γιώργος κοίταξε προς το μέρος πού του έδειχνε το κορίτσι. Και τότε, με τρόμο είδε έναν μεγάλο γκρεμό, που ξεκινούσε από εκεί που τελείωναν οι θάμνοι, και έφτανε μέχρι το ύψωμα των αγγέλων. Έμοιαζε με σχισμή, σαν κάποιος να είχε πάρει ένα τεράστιο μαχαίρι και να είχε κάνει ένα μεγάλο, βαθύ κόψιμο στην γη. Αυτό λοιπόν ήταν το «*κακό κρυμμένο*», που έγραφε ο Ηλιανός στο γράμμα του. Πράγματι, από μακριά δεν φαινόταν καθόλου και με την φόρα που είχε πάρει το αγόρι για να φτάσει στο άγαλμα, θα έπεφτε σίγουρα μέσα. Ευτυχώς που βρέθηκε η Ροδούλα...

«Θα περίμενα να είσαι πιο προσεκτικός «Μαύρε Λύκε», του είπε μετά από λίγο αυτή.

«Ξέρεις ποιος είμαι;»

«Όλοι στην Νίκη σε ξέρουν. Έλα όμως τώρα, πήγαινε στους αγγέλους. Κρυώνω και πεινάω πολύ. Θέλω να φύγουμε γρήγορα από εδώ» και στάθηκε λίγο πιο πέρα.

Ο Γιώργος συμφώνησε και πλησίασε το μεγάλο άγαλμα, κοιτώντας το με προσοχή.

Οι «Τρεις Άγγελοι» στεκόταν όρθιοι με ανοιγμένα τα φτερά τους πάνω σε μια χοντρή μαρμάρινη βάση. Ήταν ντυμένοι με μακριούς, λευκούς χιτώνες και φορούσαν σανδάλια. Μπροστά τους είχαν μια λεπτή μαρμάρινη στήλη, πάνω στην οποία ο κάθε άγγελος είχε το δεξί του χέρι ακουμπισμένο. Τα όμορφα πρόσωπά τους είχαν ένα ήρεμο, γλυκό βλέμμα, που σε έκανε να τους κοιτάς για ώρα.

Ο Γιώργος πλησίασε την βάση και καθαρίζοντας το χιόνι που υπήρχε εκεί, διάβασε μια επιγραφή που με μεγάλα γράμματα, έλεγε:

ΜΝΗΜΗ ΓΙΑ ΤΑ ΘΥΜΑΤΑ ΤΟΥ ΣΕΙΣΜΟΥ.
ΑΣ ΑΝΑΠΑΥΣΕΙ Ο ΘΕΟΣ ΤΙΣ ΨΥΧΕΣ ΤΟΥΣ
ΟΙΚΟΓΕΝΕΙΑ ΗΛΙΑΝΟΥ.

Τώρα πια ήταν απολύτως σίγουρος ότι το τρίτο κλειδί, το τελευταίο κλειδί για τον θησαυρό ήταν κάπου εδώ κοντά.

«Χμμ.. για να δούμε», μουρμούρισε, κοιτώντας τους Αγγέλους. «Ο γρίφος λέει ότι τους λείπει κάτι Ιερό, δηλαδή αυτός ο Σταυρός με την μυτερή βάση, όπως είπε και ο Ζιν. Όμως πώς στο καλό θα τους τον δώσω, αφού είναι αγάλματα;» και ξεδένοντας τον Σταυρό από την ζώνη του, έμεινε για λίγο σκεφτικός.

«Πήγαινε κοντά τους!» του φώναξε η Ροδούλα.

«Τι; Τι εννοείς κοντά τους;»

«Ανέβα πάνω και δώσε τους τον Σταυρό. Εμπρός λοιπόν, τι περιμένεις;»

Ο Γιώργος κοίταξε με απορία το κορίτσι. Στην συνέχεια σκαρφάλωσε την βάση και στάθηκε μπροστά στους «Τρεις Αγγέλους». Ήταν τόσο όμορφοι από κοντά... και πανύψηλοι. Τα ήρεμα πρόσωπά τους τον κοίταζαν στα μάτια, λες και ήθελαν κάτι να του πουν. Αρκεί και αυτός να άκουγε... Αρκεί να έπιανε την στήλη που είχε μπροστά του, όπως έκαναν και αυτοί. Ίσως... ίσως αυτό ήταν η λύση...

Σήκωσε λοιπόν το δεξί του χέρι, ακούμπησε την στήλη και έκλεισε τα μάτια. Τίποτα. Μα για στάσου. Τι είναι αυτό; Κάτω από το χιόνι, ψηλάφισε κάτι που έμοιαζε... έμοιαζε με σχισμή! Ναι, ήταν μια βαθιά, λεπτή σχισμή από την οποία λίγα πράγματα μπορούσαν να περάσουν, όπως ένα κομμάτι χαρτί ή... ή ένα μαχαίρι! Όπως η μυτερή άκρη του χρυσού Σταυρού που κρατούσε! Ναι, αυτό πρέπει να ήταν!

Με χέρια που σχεδόν έτρεμαν από την αγωνία, σήκωσε τον Σταυρό ψηλά και τον κάρφωσε με δύναμη στην σχισμή. Ένας δυνατός θόρυβος ακούστηκε από κάτω και τότε η μαρμάρινη στήλη-ΧΟΥΟΥΟΥΟΥΝΚ!-άνοιξε ξαφνικά στο πλάι με ένα δυνατό θόρυβο!

Γεμάτος χαρά ανακατεμένη με φόβο, ο Γιώργος έβαλε μέσα το χέρι του. Στη αρχή δεν μπορούσε να βρει τίποτα, μετά όμως από λίγο έπιασε κάτι που έμοιαζε με ραβδί και το τράβηξε έξω.

Η Χρυσή Νίκη

Ήταν ένα μακρύ, σιδερένιο ραβδί, που φαινόταν πολύ παλιό και στην κορυφή του είχε σκαλισμένο ένα χρυσό κεφάλι λιονταριού με το στόμα του ανοιχτό. Μαζί με το ραβδί, βρήκε και άλλο ένα γράμμα του Ηλιανού, που έβαλε σε μια από τις τσέπες της ζώνης του. Ίσα που πρόλαβε να τα πάρει, γιατί το άνοιγμα έκλεισε και πάλι απότομα.

Οι «Τρεις Άγγελοι» τώρα του φαινόταν πως χαμογελούσαν και πηδώντας από το άγαλμα με το ραβδί, πλησίασε την Ροδούλα.

«Ροδούλα, βρήκα αυτό που ήθελα και αυτό χάρη σε εσένα. Σ' ευχαριστώ πολύ. Πώς ήξερες ότι... μα τι σου συμβαίνει; Εσύ τρέμεις».

Το κορίτσι τον κοίταξε φοβισμένο και με τρεμάμενη φωνή τού είπε:

«Κάποιος έρχεται. Και είναι πολύ κακός».

«Τι;»

«Έλα από 'δω! Ξέρω ένα μέρος από όπου θα τον δούμε χωρίς να μας καταλάβει. Έλα!» και τον τράβηξε από το χέρι. Τρέχοντας πίσω από ένα μεγάλο θάμνο κοντά στο άγαλμα, κρύφτηκαν ο ένας δίπλα στο άλλο και περίμεναν. Κοιτώντας μέσα από τα κλαδιά, ο Γιώργος σκέφτηκε πως είχε κάνει περίπου το ίδιο και το καλοκαίρι, τότε που είχε σκαρφαλώσει στον πλάτανο για να κρυφτεί από την «Συμμορία των Φαντασμάτων».

«Τον βλέπεις;» της είπε μετά από λίγο.

«Σσσσστ! Θα μας ακούσει!» είπε το κορίτσι ψιθυριστά και του έδειξε τα δέντρα, κλείνοντάς του το στόμα με το άλλο χέρι.

Και κάπου εκεί, μέσα στο σκοτάδι, ο Γιώργος είδε έναν πανύψηλο άντρα που κοίταζε το χιόνι με προσοχή. Στην συνέχεια ακολούθησε τα ίχνη που είχαν αφήσει τα δύο παιδιά περνώντας γρήγορα από μπροστά τους, ώσπου έφθασε στους «Τρεις Αγγέλους».

Την προσοχή του τράβηξε ο Χρυσός Σταυρός, που έλαμπε από ψηλά και ανεβαίνοντας στο άγαλμα για να τον εξετάσει, επιτέλους φάνηκε το πρόσωπό του.

«Ο κος Ανδρέας!» είπε ψιθυριστά ο Γιώργος στο κορίτσι. «Μα δεν καταλαβαίνω. Αφού ο Ζιν είχε πει ότι έλειπε από την πόλη και...» Η Ροδούλα όμως τού έκανε πάλι νόημα να σταματήσει και περίμεναν να δουν τι θα συμβεί.

Ο κος Ανδρέας λοιπόν, αφού έλεγξε για αρκετή ώρα το άγαλμα και τον Σταυρό, φάνηκε να απογοητεύεται, μιας και τα ίχνη που ακολούθησε, είχαν μπερδευτεί με τα δικά του. Γεμάτος οργή, στάθηκε μπροστά από τους «Τρεις Αγγέλους» και άρχισε να φωνάζει:

«Μαύρε Λύκε»! Ξέρω ότι είσαι κάπου εδώ! Βγες έξω! Σε διατάζει ο νόμος!»

Φυσικά, δεν πήρε καμία απάντηση.

«Βγες έξω!» φώναξε πάλι, ακόμη πιο δυνατά. «Θα σε πιάσω, ότι και αν κάνεις!»

Ο Γιώργος κοίταξε την Ροδούλα, που μαζεύτηκε δίπλα του και έκλεισε τα αυτιά της. Ότι και να γινόταν, δεν έπρεπε με τίποτα να τους πιάσει... Ξαφνικά όμως την προσοχή όλων τράβηξε μια κραυγή που ακούστηκε μέσα από τα δέντρα! Κάποια κλαδιά κουνήθηκαν, έπεσαν πολλά χιόνια και κάτι.. ή.. κάποιος φάνηκε να τρέχει από μακριά.

«ΣΕ ΕΠΙΑΣΑ!» φώναξε γεμάτος χαρά ο κος Ανδρέας και όρμησε τρέχοντας στο σημείο που έπεσαν τα χιόνια. Από την τσέπη του έβγαλε έναν ασύρματο και άρχισε να φωνάζει και να δίνει διαταγές. Ο Γιώργος και η Ροδούλα κοιτούσαν απορημένοι, χωρίς να λένε τίποτα. Μετά από λίγο, από μακριά ακούστηκαν κραυγές και δυνατοί πυροβολισμοί. Ο τόπος γέμισε με φωνές άλλων ανθρώπων, αστυνομικών, που ο κος Ανδρέας μάλλον είχε καλέσει με τον ασύρματο. Οι φωνές ακούγονταν για ώρα, μετά όλο και λιγότερο, ώσπου στο τέλος τα πάντα σταμάτησαν. Τι να έγινε άραγε;

Αφού πέρασε λίγη ώρα, τα δύο παιδιά βγήκαν προσεκτικά από το σημείο που κρύβονταν και από δέντρο σε δέντρο έφθασαν στο σημείο που ακούστηκαν οι φωνές και οι πυροβολισμοί. Δεν υπήρχε πια κανείς, παρά μονάχα πολύ ανακατωμένο και βρώμικο χιόνι.

«Έφυγαν» έκανε με ανακούφιση ο Γιώργος. «Ποιος ξέρει τι να έγινε άραγε...»

«Και ούτε θέλω να μάθω», απάντησε το κορίτσι. «Σου είπα, είναι κακός άνθρωπος. Ευτυχώς τώρα έφυγε, όμως πρέπει να τον προσέχεις «Μαύρε Λύκε». Θέλει να σε πιάσει».

Ο Γιώργος χαμογέλασε. Τι παράξενο κορίτσι που ήταν. Και πόσο τον βοήθησε. Όταν θα επέστρεφαν πίσω, θα της αγόραζε την πιο μεγάλη σοκολάτα που θα μπορούσε να κρατήσει.

«Λοιπόν, Ροδούλα», της είπε φιλικά, «ώρα να πηγαίνουμε. Όμως πριν φύγουμε, θέλω να μου πεις κάτι. Πώς ήξερες ότι υπήρχε αυτός ο γκρεμός εκεί; Πώς ήξερες από πού να πας στους «Τρεις Αγγέλους»; Και το κυριότερο: Πώς ήξερες να λύσεις τον γρίφο;».

«Μα «Μαύρε Λύκε», του απάντησε αυτή, «όλοι ξέρουν για τον γκρεμό. Πολύ παλιά, μετά τον μεγάλο σεισμό, πολλά παιδιά που χάνονταν στο δάσος, πέφτανε μέσα του. Γι' αυτό και απαγόρευσαν την είσοδο. Όσο για τον δρόμο και τους «Τρεις Αγγέλους», δεν θυμάσαι; Εδώ ήσουν και την άλλη φορά, όταν πήγαμε μαζί. Μην με κοροϊδεύεις».

«Την..άλλη φορά; Ποια..ά-λ-λ-η φορά;» τη ρώτησε ταραγμένος αυτός.
«Την... ε... δεν... δεν... θυμάμαι καλά», έκανε η Ροδούλα, πιάνοντας το μέτωπό της. «Με... με πονάει το κεφάλι μου» και κλείνοντας τα μάτια της, έκανε δύο βήματα πίσω.
«Ροδούλα, Ροδούλα είσαι καλά;», την ρώτησε ο Γιώργος, απλώνοντας το χέρι του για να την βοηθήσει.
«Η μαμά μου! Άκου! Με φωνάζει η μαμά μου! Δεν την ακούς;» φώναξε αυτή και κοίταξε γύρω της.
«Εγώ δεν ακούω τίποτα», απάντησε και κοίταξε και αυτός γύρω του τα δέντρα.
«Έρχομαι! Έρχομαι μαμά!», ξαναφώναξε το κορίτσι και έτρεξε μέσα στο δάσος, προτού προλάβει ο Γιώργος να την σταματήσει.
«Ροδούλα, στάσου! Ροδούλα! Ροδούλα!» της φώναξε το αγόρι και έτρεξε πίσω της. Όμως το κορίτσι είχε προχωρήσει πολύ και γρήγορα χάθηκε από τα μάτια του.
Η παλιά πόλη και τα δέντρα γέμισαν από τις φωνές του αγοριού που έτρεχε μέσα στο χιόνι, φωνάζοντάς την όσο πιο δυνατά μπορούσε... Και ο παγωμένος άνεμος πήρε το όνομα της και το σκόρπισε παντού...
«Ροδούλα.. Ροδούλα.. Ροδούλα».
Την φώναξε για ώρα, ώσπου στο τέλος τα παράτησε. Κοίταξε πάλι το ρολόι του. Η ώρα είχε περάσει και ήταν πολύ κουρασμένος για να συνεχίσει. Έπρεπε να γυρίσει πίσω. Με το φακό του, φώτισε τα δέντρα που είχε ψεκάσει με το «αίμα της σαλαμάνδρας» και βρήκε εύκολα το δρόμο της επιστροφής.
«Ποιος ξέρει», σκεφτόταν, καθώς προχωρούσε στο δάσος. 'Ίσως τελικά κάτι να άκουσε και να βρήκε την μητέρα της. Ελπίζω μόνο να είναι καλά..»

Όταν έφτασε στο σπίτι, μετά από αρκετή ώρα, είδε με ανακούφιση ότι η μητέρα του δεν είχε ακόμα γυρίσει. Η Αλίκη, μόλις τον είδε να μπαίνει, από την χαρά της κόλλησε πάνω στην γυάλα και άρχισε να κουνάει ζωηρά της ουρά της.

Άλλαξε γρήγορα και ξάπλωσε να κοιμηθεί. Στον ύπνο του είδε την Ροδούλα. Δεν κρύωνε πια, μα φόραγε ένα όμορφο λευκό φόρεμα και με τα ξανθά της μαλλιά, έμοιαζε με άγγελο. Τον χαιρέτισε και έτρεξε στην αγκαλιά μιας γυναίκας, που μάλλον ήταν η μητέρα της.

Ύστερα γύρισε και του χαμογέλασε...

ΚΕΦΑΛΑΙΟ ΕΝΔΕΚΑΤΟ

ΤΟ ΔΩΡΟ

Όταν ξημέρωσε η επόμενη ημέρα, βρήκε τον Γιώργο στο κρεβάτι του να χαμογελάει. Σε μια καρέκλα, απέναντί του, είχε ακουμπισμένο το ραβδί με το χρυσό κεφάλι λιονταριού που βρήκε χθες το βράδυ και το κοίταζε. Μετά από λίγο, αφού σηκώθηκε, έφαγε κάτι στα γρήγορα και μιας και σήμερα τα σχολεία ήταν κλειστά, έτρεξε στο σπίτι του Ζιν. Όταν έφτασε εκεί, τον βρήκε χωμένο μέσα σε δεκάδες βιβλία.

«Καλά», του φώναξε με τα χέρια πίσω από την πλάτη, «μια μέρα δεν έχουμε σχολείο και κάθισες να διαβάσεις;».

«Είχα τόση αγωνία για το τι έκανες χθες, που έψαξα σε όλα τα βιβλία του σπιτιού για την ημερομηνία που μας έγραφε στο γράμμα ο Ηλιανός», απάντησε αυτός.

«Η Δεκάτη Πέμπτη Δεκεμβρίου; Και; Βρήκες τίποτα;».

«Τίποτα», απάντησε μουτρωμένος ο Ζιν. «Θυμώνω τόσο πολύ όταν συμβαίνει αυτό... Μα άσε με εμένα. Πες μου λοιπόν τι συνέβη χθες; Σε βλέπω χαρούμενο. Δηλαδή βρήκες το κλειδί;».

Και τότε ο Γιώργος, με ένα μεγάλο χαμόγελο, έβγαλε πίσω από την πλάτη του το ραβδί και το γράμμα του Ηλιανού, και τα άφησε πάνω στο κρεβάτι του.

«Ένα ραβδί..», ψέλλισε σκεφτικό το αγόρι, παίρνοντας το στα χέρια του.«Ένα ραβδί;», ξανάπε πιο ζωηρά αυτή την φορά. «Αυτό είναι το τελευταίο κλειδί; Τι παράξενο. Και τι να σημαίνει άραγε αυτό το κεφάλι λιονταριού που έχει στην κορυφή του; Ω, σίγουρα δεν είναι συνηθισμένο, για αυτό... μα τι κάθομαι και λέω; Έλα λοιπόν Γιώργο, μίλα! Πες τα μου όλα. Ήταν εύκολος ο γρίφος; Τι έγινε εκεί πάνω;»

«Όχι ιδιαίτερα, αλλά είχα βοήθεια», του απάντησε αυτός και του είπε όλη την ιστορία, πως έφτασε στην παλιά πόλη, βρήκε την Εκκλησία, τους «Τρεις Αγγέλους», την Ροδούλα και πως παραλίγο θα τους έπιανε ο κος Ανδρέας.

«Ο κος Ανδρέας!;» τον διέκοψε ο Ζιν. «Μα.. η κα Κούλα είπε πως έλειπε από την πόλη. Και εγώ ο ίδιος τον είδα να βάζει τις βαλίτσες του στο αμάξι και να φεύγει».

«Και όμως ήταν εκεί. Και ίσως να μας έπιανε, αν...αν δεν κυνηγούσε κάποιον άλλο στα δέντρα. Ποιος λες να ήταν;».

«Πού να ξέρω;» είπε σηκώνοντας τους ώμους ο φίλος του. «Σίγουρα χθες το βράδυ ήσασταν πολλοί στο ανατολικό δάσος. Πάντως ο κος Ανδρέας... χμμ... μα ναι, ναι. Κατάλαβα τι έκανε. Χαχα! Μα ποιος νομίζει ότι είναι;».

«Θα μου πεις και εμένα;».

«Είναι πολύ απλό, Γιώργο. Έκανε στα ψέματα ότι φεύγει από την πόλη. Ήξερε ότι η κα Κούλα, σαν κουτσομπόλα που είναι, θα το έλεγε σε όλους. Ύστερα κρύφτηκε και περίμενε, κάπου, κάπως να εμφανιστεί ο «Μαύρος Λύκος».

Για καλή του τύχη, χθες το βράδυ μάλλον σε είδε να μπαίνεις στο Ανατολικό δάσος και σε ακολούθησε. Και απ' ότι φαίνεται δεν ήταν μόνο αυτός. Γιατί μπορεί ο άλλος που ο κος Ανδρέας τον πέρασε για «Μαύρο Λύκο», να ήταν εκείνος ο μυστηριώδης τύπος που σε βοήθησε το καλοκαίρι στην Έπαυλη του Ηλιανού. Πάντως είσαι πολύ τυχερός που γλύτωσες».

«Μάλλον έχεις δίκιο, Ζιν», του απάντησε αυτός. «Και νομίζω ότι ο κος Ανδρέας είναι ο μεγαλύτερος μου εχθρός, του «Μαύρου Λύκου» δηλαδή. Πάντως το «κακό κρυμμένο», που έγραφε το γράμμα του Ηλιανού, ήταν αυτός ο φοβερός γκρεμός. Η Ροδούλα μου είπε πως πολλά παιδιά είχανε πέσει εκεί μέσα παλιά... η Ροδούλα... τι να απέγινε άραγε... και δεν πρόλαβα καν να μάθω πού μένει... ξέρεις, με βοήθησε τόσο πολύ... και μάλιστα μού είπε ότι με ήξερε από παλιά... τι να εννοούσε άραγε;».

«Εμένα πάντως κάτι μου θυμίζει αυτό το όνομα...σαν κάπου να το διάβασα χθες...για στάσου!» είπε ο Ζιν και του έφερε ένα βιβλίο που είχε πεσμένο στο πάτωμα. Το άνοιξε και του έδειξε μια παλιά ασπρόμαυρη φωτογραφία από ένα μικρό κορίτσι ανάμεσα σε πολλά άλλα.

«Αυτή είναι η Ροδούλα;», τον ρώτησε.

Ο Γιώργος αναγνώρισε αμέσως το μικρό κορίτσι που χαμογελούσε στην φωτογραφία ντροπαλά.

«Ναι...» έκανε έκπληκτος. «Μα... πώς... πού... τι είναι αυτό το βιβλίο;»

«Γιώργο μην τρομάξεις με αυτό που θα σου πω, μα η Ροδούλα ήταν το πρώτο παιδί που εξαφανίστηκε στο Ανατολικό δάσος... πριν από ογδόντα χρόνια!»

«ΤΙ; ΟΓΔΟΝΤΑ ΧΡΟΝΙΑ;», φώναξε το αγόρι. «ΑΥΤΟ ΕΙΝΑΙ ΑΔΥΝΑΤΟΝ! ΑΦΟΥ ΤΗΣ ΜΙΛΟΥΣΑ ΧΘΕΣ. ΚΑΝΕΙΣ ΛΑ-

ΘΟΣ!». Και ξανακοίταξε την φωτογραφία για άλλη μια φορά. Πράγματι, ήταν η Ροδούλα. Το αγόρι τα έχασε και δεν ήξερε τι να πει. Ούτε ο Ζιν μιλούσε, παρά μόνο τον κοίταζε ήρεμος.

«Δ..δηλαδή», είπε μετά από λίγο ο Γιώργος, «θ..θέλεις να πεις...ότι χθες όλο το βράδυ... μιλούσα με ένα.. φάντασμα;».

«Ποτέ δεν την βρήκαν Γιώργο», του απάντησε ο Ζιν.

«Και ύστερα εσύ δεν είπες ότι χάθηκε ξαφνικά;».

«Ναι, αλλά...».

«Να, τα λέει όλα εδώ, στο «ΒΙΒΛΙΟ ΑΓΝΟΟΥΜΕΝΩΝ ΝΙΚΗΣ». Η Ροδούλα Ευγενιανού, ήταν το πρώτο παιδί που χάθηκε στο Ανατολικό δάσος στις...».

Ο Ζιν σταμάτησε και κοίταξε το βιβλίο με ανοιχτό το στόμα.

«Στις... στις... Δεκαπέντε Δεκεμβρίου! Γιώργο! Η ημερομηνία που ήθελε ο Ηλιανός να πας εκεί πάνω! Ή-θ-ε-λ-ε να συναντήσεις την Ροδούλα! Και λογικά θα την είχε συναντήσει και αυτός! Για αυτό σου είπε το κορίτσι ότι έχετε ξ-α-ν-α-σ-υ-ν-α-ν-τ-η-θ-ε-ί!».

«Έτσι εξηγείται και που ήξερε τόσα πολλά..», συμπλήρωσε και ο Γιώργος και κάθισε σε μια καρέκλα να συνέλθει.

«Απίστευτο! Ένα φάντασμα! Και δεν θα με πιστέψει κανείς!».

«Σε πιστεύω εγώ Γιώργο. Και έπειτα πώς κάνεις έτσι; Ε, είδες ένα φάντασμα, και; Ο παππούς μου στην Κίνα έλεγε ότι είχε δει τουλάχιστον δεκαπέντε σε όλη του την ζωή. Έλα όμως ας μην χάνουμε άλλο χρόνο. Επιτέλους έχουμε στα χέρια μας το επόμενο γράμμα για το θησαυρό. Έλα λοιπόν, άνοιξέ το! Σου αξίζει!».

Το αγόρι, χωρίς να έχει συνέλθει ακόμα εντελώς, πήρε μηχανικά στα χέρια του το γράμμα και ανοίγοντάς το, άρχισε να διαβάζει:

Μπράβο και πάλι μπράβο, γενναίος είσαι γιατί
Στα χέρια σου άξια πήρες το τρίτο το κλειδί
Στο θησαυρό, στα πλούτη πλησίασες πολύ
Πού τα χω εγώ κρυμμένα; Μάθε λοιπόν εσύ
Τα χιόνια ξαρά σαρ λιώσουν και η Άροιξη φανεί
«Μαύρος Λύκος» και πάλι γίνε και πάρε το ραβδί
Το σπίτι των Γάλλων ψάξε, ναι, εκεί είναι ο θησαυρός
Όταν το περιστέρι φτάσει, πάνε, γίνε ήρωας σωστός
Χρυσάφι πολύ θα πιάσεις, μη χάνεις άλλο καιρό
Μα αν λείπει κάτι απ' όλα, δεν φταίω εγώ για αυτό
Παρά μόνο η καρδιά μου, που το' χει μυστικό
ΓΙΩΡΓΟΣ ΗΛΙΑΝΟΣ

«Ωωχ!», έκανε μουτρωμένος. «Και άλλος γρίφος. Τόσους και τόσους λύσαμε... Θα μπορούσε τουλάχιστον στο τελευταίο του γράμμα να μας έλεγε ακριβώς πού είναι ο θησαυρός».

«Εεεε, μην κάνεις έτσι Γιώργο», του είπε ο Ζιν, αρπάζοντας το γράμμα από τα χέρια του. «Θα τον λύσουμε, όπως λύσαμε και τους άλλους. Άλλωστε μην ξεχνάς πως εγώ είμαι εδώ, το μυαλό της ομάδας. Για να δούμε... Ορίστε! «Όταν το περιστέρι φτάσει». Ασφαλώς αναφέρεται στην «Ημέρα του Περιστεριού», την ημέρα απελευθέρωσης της Νίκης στις Δέκα Απριλίου».

«Και γιατί την ονόμασαν έτσι;», τον ρώτησε αυτός, βλέποντάς τον να πιάνει ένα ημερολόγιο στα χέρια του και να το ξεφυλλίζει.

«Επειδή», τού απάντησε ο Ζιν, καθώς γύριζε τις σελίδες, «όταν η πόλη ελευθερώθηκε, γέμισε με δεκάδες περιστέρια. Οι κάτοικοι το θεώρησαν θαύμα και ονόμασαν αυτή την μέρα έτσι προς τιμή τους. Α! Νάτο! Δέκα Απριλίου πέφτει Κυριακή. Αυτή είναι η μέρα που πρέπει να πας!».

«Ωραία. Και αυτό που λέει ότι: «*Μα αν λείπει κάτι απ' όλα, δεν φταίω εγώ για αυτό, παρά μόνο η καρδιά μου, που το' χει μυστικό»;*».

«Ε, μάλλον θα εννοεί κάποιο αγαπημένο του αντικείμενο, δηλαδή κανένα χρυσό στυλό ή κάτι τέτοιο... Αυτό ήταν! Τον έλυσα τον γρίφο και μάλιστα πολύ πιο γρήγορα από τις άλλες φορές», είπε περήφανα και χαμογέλασε.

«Μια στιγμή, «μυαλό της ομάδας». Δεν νομίζεις πως ξέχασες κάτι; Πού είναι ο θησαυρός; Και το «*Σπίτι των Γάλλων*» που λέει να ψάξουμε τι ακριβώς είναι;».

«Ε... ναι... αυτό...» έκανε σκεφτικός ο Ζιν και γρήγορα η χαρά εξαφανίστηκε από το πρόσωπό του. «Ο θησαυρός είναι εκεί, στο «*Σπίτι των Γάλλων*».

«Και πού είναι αυτό;», τον ξαναρώτησε ο Γιώργος, που διασκέδαζε, βλέποντας τον φίλο του να έχει χάσει τελείως τα λόγια του.

«Δε.. δεν ξέρω», ψέλλισε αμήχανα ο Ζιν και κάθισε πάνω σε μια κολώνα από βιβλία. «Αλλά θα το βρω!» φώναξε και πετάχτηκε όρθιος σαν ελατήριο. «Θα διαβάσω όλα τα βιβλία του σπιτιού και θα ψάξω και στην βιβλιοθήκη, ακόμα και αν χρειαστεί να χάσω τις διακοπές των Χριστουγέννων. Να είσαι σίγουρος για αυτό!».

«Είμαι. Άλλωστε έχουμε χρόνο μέχρι τις Δέκα Απριλίου. Και ύστερα μην ξεχνάς ότι έχω χάσει και την βαλλίστρα και δεν θα ήθελα με τίποτα να ξαναπάω στο σπίτι του Ηλιανού να δω αν έχει άλλη εκεί».

«Για ποιο λόγο;» τον ρώτησε ο Ζιν, καθώς άνοιγε ένα βιβλίο με τον τίτλο «*Παλαιά Σπίτια της Νίκης*».

«Γιατί ο δρόμος θα έχει σίγουρα σκεπαστεί από χιόνια, χώρια που μπορεί να παραμονεύει και ο Μάκης ή -δεν θέλω καν να το σκεφτώ- ο κος Ανδρέας... Εεε, με ακούς;».

Ο Ζιν όμως είχε πέσει με τα μούτρα στο διάβασμα και δεν άκουγε πια τον φίλο του. Ήθελε τόσο πολύ να βρει το «*Σπίτι των Γάλλων*», όχι μόνο για τον θησαυρό, αλλά γιατί ο Γιώργος ήταν ο φίλος του, ο μόνος που του είχε φερθεί καλά, όταν τα υπόλοιπα παιδιά στην Νίκη τον αγνοούσαν ή τον κορόιδευαν. Έτσι και ο Γιώργος, χωρίς να πει τίποτε άλλο, έφυγε αθόρυβα από το δωμάτιό του, αφήνοντάς τον να διαβάσει.

Οι μέρες πέρασαν γρήγορα, ώσπου επιτέλους έφτασαν οι γιορτές των Χριστουγέννων. Τα σχολεία έκλεισαν και οι στολισμένες βιτρίνες των καταστημάτων, έλαμπαν σαν τεράστιοι πολύχρωμοι πίνακες. Οι δρόμοι της Νίκης γέμισαν με ανθρώπους που κουβαλούσαν δώρα και έκαναν ψώνια της τελευταίας στιγμής.

Δεκάδες παιδιά, ανάμεσα τους και ο μικρός Σάκης της κυρίας Κούλας, είχαν κολλήσει μπροστά στην βιτρίνα του μεγαλύτερου καταστήματος παιχνιδιών της πόλης, «*Τα Μυστικά Παιχνίδια*», κοιτάζοντας με πεινασμένα μάτια τα καινούργια βιντεοπαιχνίδια που είχε μόλις βάλει στην βιτρίνα του. Κάτω στο μεγάλο λιμάνι, κάθε μικρό και μεγάλο καράβι είχε στολιστεί με πολλά λαμπερά φωτάκια και παντού όλοι εύχονταν «Καλά Χριστούγεννα» και «Καλές ειδήσεις», εννοώντας φυσικά τα κουτσομπολιά.

Για τον Γιώργο, όλα έδειχναν πως αυτά θα ήταν τα καλύτερα Χριστούγεννα της ζωής του. Επιτέλους, μετά από αρκετό καιρό, θα τα περνούσε σε κανονικό σπίτι και όχι στο αμάξι ή σε παράξενους συγγενείς, που συνήθως τους πήγαινε η μητέρα του. Και δεν ήταν μόνο αυτό. Η Ελεονόρα είχε ήδη φύγει από χθες για να περάσει τις γιορτές στην Αθήνα, στην θεία τους την Αργυρώ, μιας και όπως έλεγε η ίδια όταν έφευγε, «στην Νίκη δεν υπάρχει τίποτα να *κάνεις τώρα με το κρύο».* Το καλύτερο όμως από όλα ήταν ότι η μητέρα του είχε καλέσει τον Ζιν και τον πατέρα του να περάσουν όλοι μαζί την παραμονή των Χριστουγέννων.

Το βράδυ λοιπόν της παραμονής έφτασε και η κα Μαρία με τον Γιώργο τους υποδέχτηκαν με χαρά και τους οδήγησαν στο σαλόνι, όπου αντάλλαξαν ευχές και δώρα. Ο κ. Λι έκανε δώρο στην μητέρα του Γιώργου τον *«φίλο της τούρτας»*, ένα παράξενο μηχάνημα που έμοιαζε με ροζ μπότα. Από κάτω είχε πολλές μικρές ρόδες για να γυρίζει γύρω από την τούρτα και δύο μικρά χεράκια, με τα οποία την διακοσμούσε και μάλιστα έβαζε και κερασάκια.

Η κα Μαρία πάλι του έκανε δώρο το *«κατσαβιδόσφυρο-η νέα γενιά»*, ένα αρκετά ακριβό και χρήσιμο εργαλείο που είδε στην τηλεόραση και το παρήγγειλε αμέσως.

Ο Γιώργος χάρισε στον Ζιν έναν σουγιά ίδιο με τον δικό του και αυτός του έδωσε ένα αστυνομικό μυθιστόρημα με τον τίτλο: «Ο ΝΤΕΤΕΚΤΙΒ ΜΟΥΣΤΑΚΗΣ ΕΝΑΝΤΙΟΝ ΤΟΥ ΑΟΡΑΤΟΥ ΚΛΕΦΤΗ». Όταν ο πατέρας του τον ρώτησε γιατί αυτό, ο Ζιν κοίταξε χαμογελώντας τον Γιώργο και είπε: «Ξέρει αυτός».

Αργότερα, αφού κάθισαν όλοι μαζί στο γιορτινό τραπέζι, έτρωγαν με όρεξη ένα μεγάλο κομμάτι γαλοπούλα μαζί με αχνιστό πουρέ. Ο μόνος που έδειχνε να μην τρώει καθόλου ήταν ο Ζιν.

«Όλα καλά Ζιν, αγόρι μου; Έχει κάτι το φαγητό;» τον ρώτησε η μητέρα του Γιώργου.

«Συγχωρήστε τον γιό μου κα Μαρία», απάντησε ο κος Λι. «Εδώ και μέρες ψάχνει να βρει κάτι στα βιβλία και όταν δεν το βρίσκει, του κόβεται η όρεξη. Να φανταστείτε, μια φορά έψαχνε πληροφορίες για ένα σπάνιο πουλί και επειδή δεν έβρισκε τίποτα, έμεινε ολόκληρη μέρα νηστικός, ώσπου τελικά κατάλαβε ότι το πουλί αυτό ήταν της μυθολογίας!».

Όλοι γέλασαν, εκτός από τον Ζιν, που κοκκίνισε ολόκληρος και πιάνοντας το πιρούνι του, άρχισε γρήγορα να τρώει το φαγητό του. Δεν ήθελε με τίποτα να προσβάλλει την μητέρα του Γιώργου που είχε μπει σε τόσο κόπο για αυτούς.

«Και τώρα ώρα για γλυκό. Ε, νομίζω μικρέ μου Ζιν, πως ούτε και εσύ θα μπορέσεις να αντισταθείς», είπε μετά από λίγο χαμογελώντας του η κα Μαρία και αφού μάζεψε ότι απέμεινε από την γαλοπούλα, έφερε τα γλυκά.

Και τι υπέροχα γλυκά ήταν αυτά: σοκολατένια καρυδόπιτα, εκμέκ κανταΐφι γαρνιρισμένο με αμύγδαλα, ένα μπολ γεμάτο με σοκολατένια τρουφάκια και για το τέλος, ένα κάτασπρο από σαντιγί χριστουγεννιάτικο δέντρο γεμιστό με σοκολάτα και μικρά σου. Στην κορυφή του μάλιστα είχε ένα άστρο, φτιαγμένο από καραμέλα.

Ο Γιώργος και ο κος Λι τα κοιτούσαν με το στόμα ανοιχτό. Μέχρι και ο ίδιος ο Ζιν ξέχασε για λίγο το *«Σπίτι των Γάλλων»* και τα κοιτούσε κατάπληκτος.

«Μα..μα κα Μαρία, πώς θα μπορέσουμε να τα φάμε όλα αυτά;» ρώτησε μετά από λίγο ο κος Λι.

«Φάτε όσο θέλετε και ότι περισσέψει θα σας το δώσω για το σπίτι. Α! δεν ακούω κουβέντα. Του χρόνου μπορεί να μην είμαστε στη Νίκη, για αυτό θέλω να με θυμάστε από κάτι».

«Τελικά είναι αλήθεια;», ρώτησε αυτός ξανά, βάζοντας στο στόμα του ένα κομμάτι καρυδόπιτα. «Θα φύγετε από την Νίκη;».

«Φοβάμαι πως ναι», απάντησε η κα Μαρία, κοιτώντας τον Γιώργο και τον Ζιν, που είχαν πέσει με τα μούτρα στα γλυκά. «Βλέπετε, όταν μας έκλεψε το σεντούκι ο κος Θωμάς, σπατάλησε όλα μας τα χρήματα. Το μόνο που θα μας έκανε να μείνουμε εδώ θα ήταν αν κερδίζαμε στο λαχείο ή -ξέρω εγώ;- αν βρίσκαμε έναν χαμένο θησαυρό..» και έβαλε μερικά σοκολατένια τρουφάκια στο πιάτο της.

Ακούγοντας την λέξη «θησαυρός», τα δύο αγόρια σταμάτησαν να τρώνε και κοίταξαν την κα Μαρία με έκπληξη.

«Ε, τι πάθατε;», ρώτησε παραξενεμένη αυτή. «Εγώ απλώς αστειεύομ...»

«ΜΠΟΥΜ! ΚΡΑΤΣ! ΚΑΜΠΑΜ!»

Οι δυνατοί θόρυβοι που ακούστηκαν ξαφνικά από πάνω, τούς έκαναν όλους να πεταχτούν και να κοιτάξουν την εσωτερική σκάλα.

«Θεέ μου!», έκανε τρομαγμένη η κα Μαρία. «Τι ήταν αυτό;»

«Από το δωμάτιό μου ακούστηκε! Θα πάω να δω!» φώναξε ο Γιώργος και πριν προλάβει κανείς να τον σταματήσει, ανέβηκε γρήγορα πάνω. Περπάτησε όσο πιο αθόρυβα μπορούσε, χωρίς να ανάψει κανένα φως, μέχρι που έφτασε έξω από την πόρτα του δωματίου του.

Από τη χαραμάδα της ένιωσε να βγαίνει ένα παγωμένο αεράκι. Μέσα δεν ακουγόταν τίποτα. Έπιασε το χερούλι της πόρτας, πήρε μια βαθιά ανάσα και την άνοιξε σιγάσιγά. Όλο το δωμάτιό ήταν παγωμένο και με έκπληξη είδε πως το παράθυρό του ήταν διάπλατα ανοιχτό. Τα πάντα φαίνονταν φυσιολογικά, εκτός από ένα μεγάλο κουτί με παιχνίδια που είχαν σκορπιστεί παντού.

«Αυτό έκανε τόσο θόρυβο; Μα ποιος...». Πριν προλάβει όμως να πει οτιδήποτε άλλο, είδε κάτι που τον άφησε με το στόμα ανοιχτό. Πάνω στο κρεβάτι του ήταν ακουμπισμένο ένα μεγάλο δώρο! Το δώρο ήταν τυλιγμένο σε ένα

αστραφτερό ασημένιο περιτύλιγμα και δεμένο με μια τεράστια κόκκινη κορδέλα, σε σχήμα φιόγκου.
«Δεν το πιστεύω!», είπε, παίρνοντάς το στα χέρια του.
«Ποιος; Πως;».
«Γιώργο τι έγινε; Είσαι καλά;» ακούστηκε από μακριά η φωνή της μητέρας του.
«Ναι μητέρα. Δεν ήταν τίποτα. Απλά ξέχασα το παράθυρο ανοιχτό και ο αέρας έριξε κάτω κάτι πράγματα. Θα τα μαζέψω και...».
«ΚΛΑΝΓΚ!»
Ο ήχος που ακούστηκε έξω από το παράθυρο σήμαινε ένα πράγμα: Όποιος του είχε αφήσει αυτό το δώρο ήταν ακόμη εκεί!
«ΚΛΑΝΓΚ, ΚΛΑΝΓΚ, ΚΛΑΝΓΚ».
Ο θόρυβος ακούστηκε ξανά. Κάποιος κατέβαινε την μικρή σκάλα, που και ο ίδιος είχε κατέβει τόσες φορές. Γρήγορα έτρεξε στο παράθυρο και κοίταξε έξω. Και τότε, ακριβώς στην μέση του κήπου, είδε τον μυστηριώδη τύπο, αυτόν που τον βοήθησε το καλοκαίρι να τον κοιτάζει. Αυτή την φορά φορούσε έναν λευκό μανδύα με μια μεγάλη άσπρη κουκούλα και έκρυβε το πρόσωπό του.
«Στάσου!», του φώναξε ο Γιώργος. «Ποιος είσαι;».
Ο τύπος όμως δεν του απάντησε, παρά μόνο τον χαιρέτισε με μια υπόκλιση και πηδώντας τον φράχτη του κήπου, άρχισε να τρέχει.
«Όχι! Αυτή την φορά δεν ξεφεύγεις!», είπε με πείσμα το αγόρι και σκαρφαλώνοντας στο περβάζι, πήδηξε από το παράθυρο.
Το χιόνι, αν και πυκνό, δεν τον προστάτεψε και πέφτοντας κάτω, ένιωσε όλο του το σώμα να πονάει. Γρήγορα όμως συνήλθε και πατώντας γερά στα πόδια του, άρχισε να κυνηγάει τον μυστηριώδη τύπο.

Αυτός, μόλις κατάλαβε ότι τον ακολουθούσε, άρχισε να τρέχει όσο πιο γρήγορα μπορούσε, όμως ο Γιώργος ήταν αποφασισμένος να τον πιάσει.

Κατέβηκαν μια μεγάλη κατηφόρα, μετά άλλη μια, πέρασαν δίπλα από το παλιό ρολόι και έστριψαν στην γειτονιά των ψαράδων.

Το χιόνι γλίστραγε πολύ, αλλά ο Γιώργος πλησίαζε όλο και περισσότερο...ακόμα λίγο και θα τον έπιανε...ακόμα λίγο και τότε, θα έβλεπε επιτέλους το πρόσωπό του..

Μα ο μυστηριώδης τύπος ήξερε να κρύβεται καλά και σε μια στιγμή έστριψε σε ένα στενό και εξαφανίστηκε. Μάταια το αγόρι, λαχανιασμένο και κατακόκκινο από το κρύο, έψαχνε για σημάδια του τύπου στο χιόνι. Ήταν σαν να τον κατάπιε η γη.

«ΠΟΙΟΣ ΕΙΣΑΙ;» φώναξε δυνατά στο δρόμο. «ΤΙ ΘΕΛΕΙΣ ΑΠΟ ΜΕΝΑ;» χωρίς όμως να πάρει καμία απάντηση. Το μόνο που ακουγόταν γύρω του ήταν ο αέρας που σφύριζε στις στέγες των σπιτιών και κάποια παιδιά από μακριά, που έψελναν τα κάλαντα...

Ποιος ήταν τελικά αυτός ο μυστηριώδης άνθρωπος; Γιατί τον βοηθούσε; Και αυτό το δώρο πάλι τι είναι;

«Το δώρο!», έκανε τρομαγμένος. «Μπορεί κάποιος να το δει!» και άρχισε γρήγορα να τρέχει πάλι πίσω.

Στην επιστροφή, κάποιοι περαστικοί γύρισαν και κοίταξαν με περιέργεια το αγόρι, που έτρεχε στο δρόμο σαν τρελό, φορώντας τα καλά του.

Φτάνοντας σπίτι, ανέβηκε γρήγορα την σκάλα και μπήκε στο δωμάτιό του. Ευτυχώς το δώρο ήταν ακόμη εκεί.

«Γιώργο, πού είσαι επιτέλους; Γιατί δεν μιλάς; Τόση ώρα σε φωνάζω!» ακούστηκε ξαφνικά η φωνή της μητέρας του έξω από την πόρτα.

Η Χρυσή Νίκη

«Έρχομαι! Έρχομαι μητέρα!», της είπε αυτός και τινάζοντας τα χιόνια από πάνω του, κατέβηκε κάτω, κρύβοντας τα χέρια του στις τσέπες του παντελονιού του, γιατί είχαν κοκκινίσει από το κρύο. Αργότερα, όταν έφυγαν όλοι και έμεινε μόνος του με το δώρο, κλείδωσε την πόρτα του δωματίου του και το άνοιξε προσεκτικά.

Και τι έκπληξη πήρε! Μέσα ήταν η βαλλίστρα που είχε χάσει πριν μήνες, μαζί με ένα λευκό τριαντάφυλλο!

«Η βαλλίστρα; Η ΒΑΛΛΙΣΤΡΑ;» φώναξε ο Ζιν, όταν ο Γιώργος πήγε από το σπίτι του την επόμενη μέρα να του πει τα ευχάριστα νέα.

«Μα..πως; Γιατί; Ω Γιώργο, είσαι πολύ τυχερός! Πρέπει οπωσδήποτε να μάθεις ποιος είναι αυτός που σε βοηθάει!».

«Ναι...ίσως...», απάντησε διστακτικά το αγόρι. «Όμως πάλι..δεν ξέρω...δηλαδή...θέλω να πω...εντάξει την πρώτη φορά... με βοήθησε να ξεφύγω από τον Μάκη... τώρα όμως μου έφερε την βαλλίστρα σπίτι... που σημαίνει Ζιν, ότι ξ-έ-ρ-ε-ι ότι είμαι ο «Μαύρος Λύκος»... άρα με είχε ακολουθήσει εκείνο το βράδυ στο Λούνα Παρκ... και ποιος ξέρει πού αλλού...»

«Ακόμα και έτσι να είναι», τού απάντησε ο Ζιν, «δεν πρέπει να φοβόμαστε. Αυτό σημαίνει ότι είναι με το μέρος μας. Ας το αφήσουμε όμως αυτό για την ώρα. Έλα λοιπόν, πάρε και εσύ ένα βιβλίο και ξεκίνα να ψάχνεις. Η νέα χρονιά σε λίγο ξεκινάει και ακόμα δεν βρήκαμε ποιο στο καλό ήταν το «*Σπίτι των Γάλλων*» και του έδωσε ένα βιβλίο με τον τίτλο: «Η ΠΟΛΗ ΤΗΣ ΝΙΚΗΣ: ΤΟΤΕ ΚΑΙ ΤΩΡΑ».

Ο Γιώργος άνοιξε απρόθυμα το βιβλίο, όμως το μυαλό του ήταν στον μυστηριώδη τύπο. Ποιος ήταν επιτέλους; Και πώς ήξερε τόσα πολλά; Δηλαδή ήξερε το σπίτι του, τον ακολουθούσε στις περιπέτειές του, Θεέ μου, ήξερε ακόμα και ότι ή-τ-α-ν ο «Μαύρος Λύκος»! Και αν τα έκανε όλα αυτά για τον θησαυρό; Όχι, όχι, αυτό δεν ήθελε να το σκέφτεται καν. Του έφτανε ήδη ο κος Ανδρέας και ο Μάκης. Ένας ακόμη εχθρός, που μάλιστα ήξερε τόσα πολλά για αυτόν, ήταν παραπάνω από αρκετός...

Και έτσι, πέρασαν οι γιορτές των Χριστουγέννων. Τα σχολεία άνοιξαν πάλι και τα παιδιά επέστρεψαν στα θρανία τους, συζητώντας για τις γιορτές και πόσα δώρα πήρε το καθένα. Μετά από λίγες μέρες όμως όλοι άρχισαν να μιλάνε πάλι για τον «Μαύρο Λύκο» και αν τον είδε κανένας να τριγυρίζει στην πόλη.

«Μα αφού σας λέω», έλεγε και ξανάλεγε ο Μάρκος Μεσαρίτης με σιγουριά, «φέτος τις γιορτές τις πέρασε μαζί μας. Η μητέρα μου μάλιστα του έψησε και αρνάκι στον φούρνο, που είναι το αγαπημένο του».

«Μάρκο, είσαι ψεύτης, ένας μεγάλος ψεύτης», τον διέκοψε η Μάρθα Ραδηνού, ανιψιά της κας Κούλας. «Εγώ και οι φίλες μου τον είδαμε παραμονή πρωτοχρονιάς που είχε ανέβει στην ταράτσα μιας πολυκατοικίας και ούρλιαζε στο φεγγάρι. Μάλιστα είχε αληθινά δόντια, σαν λύκος! Έτσι δεν είναι κορίτσια;» έκανε προς τις φίλες της που συμφώνησαν, ενώ ένα άλλο αγόρι παραπέρα έλεγε πως τον είδε να βοηθάει τον Άγιο Βασίλη που μοίραζε τα δώρα!

Τα μόνα παιδιά που περπατούσαν χωρίς να λένε τίποτα ήταν οι δύο μας φίλοι. Που και που, ακούγοντας κάθε τόσο και μια τρελή ιστορία που έλεγαν οι συμμαθητές τους, κοίταζαν ο ένας τον άλλον και χαμογελούσαν. Η αλήθεια όμως ήταν πως ο Ιανουάριος κόντευε να τελειώσει και ακόμα δεν είχαν βρει ποιο από όλα τα σπίτια της Νίκης ήταν το «*Σπίτι των Γάλλων*», που έγραφε ο Ηλιανός στο γράμμα του.

Ο Ιανουάριος έδωσε τη θέση του στον Φεβρουάριο και αυτός με τη σειρά του στον Μάρτιο. Τα βαριά σύννεφα του χειμώνα άρχισαν επιτέλους να φεύγουν και ο ήλιος έστειλε δειλά-δειλά τις πρώτες του χρυσές ακτίνες στην πόλη.

«Δεν μπορώ να καταλάβω. Σου λέω δεν μπορώ!» φώναξε αγανακτισμένος ο Ζιν, καθώς έβγαινε μια μέρα με τον Γιώργο από ένα μαγαζί που πούλαγε ζεστό κακάο. «Έχω διαβάσει του κόσμου τα βιβλία, έχω πάει χιλιάδες φορές στην βιβλιοθήκη και όμως ακόμα δεν βρήκα ΤΙΠΟΤΑ!».

«Σστ!», του έκανε αυτός. «Η κα Κούλα με τον Σάκη. Θα μας ακούσουν!» και ο Ζιν έσκυψε απότομα το κεφάλι.

Η γυναίκα πέρασε από μπροστά τους κοιτώντας τους με ένα διαπεραστικό βλέμμα. Έπειτα, μπήκε γρήγορα σε ένα μαγαζί που πουλούσε κιάλια, ενώ ο μικρός Σάκης γύρισε και τους έκανε μια γκριμάτσα.

«Μικρέ καλικάντζαρε!», είπε χαμηλόφωνα ο Ζιν. «Μια μέρα θα ήθελα...»

«Έλα τώρα Ζιν» τον διέκοψε ο Γιώργος. «Δεν έχουμε καιρό για τέτοια. Πρέπει να σκεφτούμε κάτι άλλο. Μας έχει μείνει μόνο ένας μήνας και μην ξεχνάς ότι αύριο με το σχολείο θα πάμε επίσκεψη στο μουσείο».

«Ναι, το ξέρω», έκανε αυτός συγκαταβατικά. «Ίσως εκεί μάθουμε κάτι ενδιαφέρον, αν βέβαια υπάρχει κάτι που δεν το ξέρω ήδη» και μουτρωμένος, κλώτσησε μια πέτρα με δύναμη.

Την άλλη μέρα, η κεντρική αίθουσα του μεγαλοπρεπούς μουσείου της Νίκης γέμισε με παιδιά που φώναζαν, έτρεχαν και έπαιζαν μεταξύ τους. Αυτή την φορά όλοι συζητούσαν για ένα μεγάλο μαύρο μυστηριώδες αμάξι που έκανε χθες την εμφάνισή του στην πόλη και όπως ήταν φυσικό είχε αναστατώσει τους πάντες.

Όλοι συμφωνούσαν πως κάποιος μεγάλος σταρ του εξωτερικού είχε έρθει μυστικά στην πόλη τους για διακοπές και ευτυχώς για τον Γιώργο, είχαν αφήσει τον «Μαύρο Λύκο» στην ησυχία του.

«Το είδες Γιώργο;» τον ρώτησε ο Ζιν, καθώς περπάταγαν ανάμεσα στις κολώνες του μουσείου.

«Όχι», τού απάντησε αυτός, «άκουσα όμως την κα Κούλα να λέει στην μητέρα μου ότι πρέπει να είναι κάποιος πολύ πλούσιος άνθρωπος, γιατί το αμάξι οδηγούσε ένας σοφέρ.»

«Και είπαν ποιος είναι;»

«Όχι, γιατί έχει αυτά τα ειδικά τζάμια, που μπορείς να βλέπεις μόνο από μέσα και όχι από έξω, αλλά...».

«Παιδιά!» τον διέκοψε ο διευθυντής του σχολείου, χτυπώντας δυνατά τα χέρια του. «Ελάτε όλοι εδώ παιδιά! Και κάντε ησυχία! Ο διευθυντής του μουσείου, ο κος Αγησίλαος Σκούρτης, θα σας μιλήσει για κάτι πολύ σημαντικό. Μάκη! Έλα εδώ! Άλλη μια φορά να αγγίξεις το άγαλμα αυτό και θα σε αποβάλλω!».

Σε λίγο, ένας χοντρούλης κύριος, μετρίου αναστήματος, εμφανίστηκε πίσω από τον διευθυντή. Είχε δύο στρόγγυλα μπλε ματάκια, χοντρή μυτούλα, μικρό μαύρο μουστάκι και έμοιαζε με φώκια. Στάθηκε χαμογελαστός δίπλα στον διευθυντή και περίμενε τα παιδιά να κάνουν ησυχία. Όταν όλα ηρέμησαν, άρχισε να μιλάει:

«Παιδιά, καλωσορίσατε στο μουσείο της Νίκης. Εδώ θα δείτε πολλά όμορφα πράγματα που οι επισκέπτες μας θαυμάζουν για χρόνια, όμως εγώ θέλω να σας μιλήσω για ένα από αυτά. Κοιτάξτε όλοι αυτή την όμορφη λευκή κολώνα στο κέντρο της αίθουσας. Την βλέπετε; Ωραία. Ε, λοιπόν κάποτε εκεί πάνω ήταν τοποθετημένη η περίφημη «Χρυσή

Η Χρυσή Νίκη

Νίκη», ένα ολόχρυσο άγαλμα μιας γυναίκας με φτερά που στεφάνωνε τους νικητές των Ολυμπιακών Αγώνων. Ήταν το πιο πολύτιμο έκθεμα του μουσείου και μάλιστα η ίδια μας η πόλη πήρε το όνομά της από αυτό».

«Και πού βρίσκεται τώρα;» φώναξε ένα παιδί, σηκώνοντας το χέρι του.

«Βλέπετε παιδιά», έκανε λυπημένος ο κος Αγησίλαος, «όταν οι Γερμανοί έφυγαν μετά τον πόλεμο από την Ελλάδα, την πήραν μαζί τους. Το πλοίο όμως που ανέβηκαν, βυθίστηκε κάπου μακριά και δυστυχώς, η «Χρυσή Νίκη», χάθηκε για πάντα».

«Αυτό θα το δούμε», είπε χαμηλόφωνα ο Γιώργος, κοιτώντας τον Ζιν με νόημα. Ποιος θα μπορούσε ποτέ να φανταστεί πως, ανάμεσα σε όλα τα παιδιά, υπήρχαν δύο αγόρια που ήξεραν ότι η «Χρυσή Νίκη» ήταν κρυμμένη κάπου στην πόλη και σίγουρα δεν βρισκόταν στον βυθό της θάλασσας.

«Αιώνες τώρα», συνέχισε ο διευθυντής, «χιλιάδες άνθρωποι έρχονταν από μακριά για να θαυμάσουν αυτό το άγαλμα. Αν επέστρεφε και πάλι στο μουσείο, όλη η χώρα-και οι τουρίστες-θα μίλαγαν για μας. Κρατάμε την θέση αυτή άδεια, γιατί ακόμα ελπίζουμε... Αλλά να μη σας κουράζω άλλο. Εμπρός, δείτε το μουσείο. Και φυσικά, μη ντραπείτε να με ρωτήσετε ότι θέλετε...» και αφού ευχαρίστησε θερμά τον διευθυντή του σχολείου, έφυγε.

«Πού πας;» ρώτησε ο Γιώργος τον Ζιν, βλέποντάς τον να περπατάει γρήγορα ανάμεσα στα άλλα παιδιά.

«Εκεί! Κοίτα!», τού είπε αυτός, δείχνοντάς του ένα μεγάλο δωμάτιο. «Η δεξιά πτέρυγα του μουσείου έχει έκθεση φωτογραφιών από παλιά σπίτια και μέρη της Νίκης. Ίσως βρούμε κάτι. Έλα!» και του έκανε νόημα να τον ακολουθήσει.

Μετά όμως από ένα μισάωρο και αφού είδαν πάνω από σαράντα ασπρόμαυρες φωτογραφίες σπιτιών, τα δύο παιδιά κάθισαν σε ένα παγκάκι να ξεκουραστούν.

«Τίποτα, τίποτα, τίποτα! Απολύτως τίποτα!» είπε απογοητευμένος ο Ζιν. «Δεν καταλαβαίνω Γιώργο. Διάβασα ένα σωρό βιβλία, είδαμε δεκάδες φωτογραφίες, μα κανένα από αυτά δεν ονομάζονταν «*Σπίτι των Γάλλων*». Δεν ξέρω... Ίσως..ίσως θα ήταν καλύτερα να τα παρατήσουμε..».

«ΠΟΤΕ!», του φώναξε ο Γιώργος και πετάχτηκε όρθιος. Δύο παιδιά πιο κάτω γύρισαν και τους κοίταξαν απορημένα.

«Ποτέ!», ξανάπε ψιθυριστά. «Ο «Μαύρος Λύκος» δεν τα παρατάει ποτέ! Θα δεις Ζιν. Μέχρι τις Δέκα Απριλίου που πρέπει να πάω, θα το έχουμε βρει. Ίσως να μην είναι καν σπίτι. Ίσως είναι κάτι μεγαλύτερο. Μια σπηλιά, ένα παλιό κατάστημα ή ξέρω 'γω; Κάτι τεράστιο, όπως αυτό εδώ το παράξενο κάστρο» και του έδειξε μια φωτογραφία από ένα παλιό κάστρο, που βρίσκονταν σχεδόν μέσα στη θάλασσα.

«Μήπως θέλουν τα παιδιά να με ρωτήσουν κάτι για το κάστρο της Νίκης;», ακούστηκε η φωνή του διευθυντή από πίσω τους.

«Να..ξέρετε κε Αγησίλαε», είπε με ένα μεγάλο χαμόγελο ο Γιώργος, «αναρωτιόμασταν γιατί δεν έχουμε δει ποτέ αυτό το κάστρο στην Νίκη. Είναι μήπως από άλλη χώρα;».

«Χα, χα,» έκανε γελώντας ο διευθυντής. «Όχι παιδιά μου. Αυτό είναι το κάστρο του βασιλιά Βιλεαρδουίνου. Δεν το έχετε δει ποτέ, γιατί είναι χτισμένο στην δεξιά πλευρά της πόλης, πίσω από τα μεγάλα βουνά. Αυτός που το έχτισε, ο Βιλεαρδουίνος δηλαδή, πολύ παλιά ήταν βασιλιάς όλης εδώ της περιοχής. Λέγεται μάλιστα ότι είχε τόσο πολύ χρυσάφι, που μια φορά την εβδομάδα κολυμπούσε σε αυτό. Μια μέρα όμως έγινε ένας φοβερός πόλεμος και αυτός έχασε τον θρόνο του. Έτσι αναγκάστηκε να φύγει, παίρνοντας μαζί του όλο το χρυσάφι».

«Ναι, την ξέρω την ιστορία», είπε ο Ζιν. «Γιατί όμως δεν μας πάει το σχολείο μια φορά εκδρομή σε αυτό;».

«Όχι μικρέ μου φίλε, όχι. Κανένας δεν πλησιάζει το κάστρο αυτό. Είναι, βλέπετε, γεμάτο παγίδες, φοβερές παγίδες που προστάτευαν το χρυσάφι εκείνου του βασιλιά. Όσοι πήγαν εκεί δεν γύρισαν ποτέ πίσω για να μας πουν τι είδαν. Έτσι λοιπόν, το «*Σπίτι των Γάλλων*», παραμένει ένα μυστήριο...».

«ΤΟ ΠΟΙΟ;» πετάχτηκαν μαζί φωνάζοντας τα δύο αγόρια.

«Ει, τι πάθατε;» τα ρώτησε έκπληκτος ο διευθυντής. «Έτσι έλεγαν το κάστρο τον παλιό καιρό, γιατί ο βασιλιάς του ήταν Γάλλος. Τώρα βέβαια κανείς δεν το λέει έτσι, γιατί...».

«Ευχαριστούμε πολύ κε Αγησίλαε! Σας ευχαριστούμε πολύ!» είπαν με μια φωνή τα δύο αγόρια και έφυγαν γρήγορα.

«Δεν το πιστεύω! Δεν το πιστεύω!», έλεγε και ξαναέλεγε ο Ζιν, κρατώντας το κεφάλι του με τα δύο του χέρια. «Ώστε το παλιό κάστρο της Νίκης ήταν το «*Σπίτι των Γάλλων*»! Τόσους μήνες διάβασμα και η απάντηση ήταν κάτω από την μύτη μου!»

«Ναι», συμπλήρωσε ο Γιώργος. «Τώρα ξέρουμε πού να πάμε. Μην ξεχνάς όμως ότι έχουμε λιγότερες από τριάντα μέρες για να προετοιμαστούμε. Και δεν είναι μόνο αυτό. Άκουσες τι είπε ο διευθυντής; Το κάστρο είναι γεμάτο παγίδες».

«Έχεις δίκιο», του απάντησε ο Ζιν, «όμως είμαστε τόσο κοντά. Είμαι σίγουρος ότι ο «Μαύρος Λύκος» δεν θα κάνει πίσω τώρα, έτσι δεν είναι;» και χαμογέλασε με νόημα στον Γιώργο, που χαμογέλασε και αυτός.

Επιτέλους, τα δύο παιδιά έλυσαν το γρίφο με το *«Σπίτι των Γάλλων»* και τώρα ήξεραν πού τελικά ο Ηλιανός έκρυψε τον θησαυρό του. Όλα έδειχναν πως πλησίαζαν στο τέλος αυτής της περιπέτειας και αυτό τους γέμιζε χαρά. Δεν θα ήταν όμως και τόσο χαρούμενοι, αν μάθαιναν ότι, πριν από λίγο, ένα γνωστό μας αγόρι, που για ώρα κρυφάκουγε πίσω από μια κολώνα με προσοχή, έτριβε τα χέρια του χαμογελώντας.

Η Χρυσή Νίκη

ΚΕΦΑΛΑΙΟ ΔΩΔΕΚΑΤΟ

Ο ΘΗΣΑΥΡΟΣ ΕΙΝΑΙ ΔΙΚΟΣ ΜΟΥ!

Δέκα Απριλίου. Η άνοιξη είχε μπει για τα καλά στην Νίκη. Τα χιόνια είχαν λιώσει σχεδόν όλα και ο αέρας γέμισε από τις ευωδιαστές μυρωδιές των ανθισμένων λουλουδιών και τα κελαηδίσματα των πουλιών. Οι ψαράδες επέστρεφαν από την θάλασσα με τις βάρκες τους γεμάτες με ψάρια, θυμίζοντας πια σε όλους πως το καλοκαίρι ήταν κοντά.

Σήμερα ήταν η ημέρα του Περιστεριού και, όπως κάθε χρόνο, η πόλη ετοιμάζονταν για την μεγάλη γιορτή. Όλοι, μετά την Κυριακάτικη λειτουργία στην Εκκλησία, έβγαζαν τις μεγάλες τους σημαίες και στόλιζαν τα μπαλκόνια και τους κήπους τους με πράσινες ανοιχτές κορδέλες, το χρώμα της φύσης και της ειρήνης. Η κεντρική πλατεία της πόλης γέμισε με δεκάδες χάρτινα περιστέρια που έφτιαχναν τα παιδιά του δημοτικού όλη την εβδομάδα.

Σε ένα σπίτι μόνο, δυο φίλοι προετοιμάζονταν για κάτι που θα άλλαζε για πάντα την ζωή τους.

«Λοιπόν Γιώργο», τού είπε πρώτος ο Ζιν, «σήμερα είναι η μεγάλη μέρα. Έχω όλα τα όπλα του «Μαύρου Λύκου» έτοιμα και καλογυαλισμένα στο δωμάτιό μου. Αποφάσισες πότε θα πας;».

«Ναι, το απόγευμα, που θα μαζεύονται όλοι στην πλατεία για την γιορτή. Αυτή είναι η πιο κατάλληλη στιγμή. Έτσι δεν θα με δει κανένας να φεύγω. Ευτυχώς η μητέρα μου θα λείπει όλη την μέρα, γιατί φτιάχνει σοκολατένια περιστέρια στο ζαχαροπλαστείο. Όσο για την Ελεονόρα, έχει φύγει από νωρίς και μάλλον θα γυρίσει αργά το βράδυ. Δεν είναι όμως αυτό που με ανησυχεί...», και άφησε έναν βαθύ αναστεναγμό.

«Αλλά;»

«Αναρωτιέμαι τι παγίδες κρύβει το κάστρο. Και αυτό που είπε ο κος Αγησίλαος, ότι δεν γύρισε κανείς από όσους πήγαν, πού το βάζεις;»

«Ξέρω ότι είναι επικίνδυνο. Όλα τα βιβλία γράφουνε για αυτό με τα χειρότερα λόγια. Και 'συ όμως μην ξεχνάς ότι κανένας από όσους μπήκαν στο κάστρο δεν είχε όπλα σαν τα δικά σου, ούτε έναν τόσο καλό και πανέξυπνο φίλο σαν εμένα», είπε και έκανε μια χαζή γκριμάτσα, λες και κέρδισε κάποιο βραβείο. «Άλλωστε», συμπλήρωσε, «υπάρχει κάποιος που μπήκε και βγήκε σώος από το κάστρο».

«Και ποιος ήταν αυτός παρακαλώ;»

«Μα ο Ηλιανός φυσικά. Πώς στο καλό έκρυψε εκεί τον θησαυρό του; Ας μην χασομερούμε άλλο όμως. Κοντεύει μεσημέρι και πρέπει να φύγω. Σε περιμένω το απόγευμα σπίτι μου, όπως είπαμε. Κουράγιο «Μαύρε Λύκε». Τα καταφέραμε σχεδόν!» και αφού φόρεσε το μπουφάν του, έφυγε γρήγορα, αφήνοντας τον Γιώργο να ετοιμαστεί με την ησυχία του.

Αργότερα, το ίδιο απόγευμα, ενώ η κεντρική πλατεία της Νίκης γέμιζε σιγά-σιγά με κόσμο που γελούσε, χόρευε και αγόραζε γλυκά και πολύχρωμα μπαλόνια, ένα θαρραλέο αγόρι άφηνε πίσω του την όμορφη πόλη. Μαζί του κουβαλούσε ένα σάκο που περιείχε την στολή του «Μαύρου Λύκου» μαζί με όλα του τα όπλα και το ραβδί. Επιπλέον, ο Ζιν του είχε δώσει τα *«νύχια του πάνθηρα»*, ένα ζευγάρι μαύρα δερμάτινα γάντια που έμοιαζαν συνηθισμένα, όμως δεν ήταν καθόλου. Γιατί αυτός που τα φορούσε, αν έσφιγγε με δύναμη τις γροθιές του, αμέσως πετάγονταν από τα γάντια μακριά κοφτερά νύχια που έκοβαν τα πάντα και γαντζώνονταν και στην πιο γλιστερή επιφάνεια.

Έτσι, αφού περπάτησε για αρκετή ώρα, έφτασε στους πρόποδες των πανύψηλων βουνών. Εκεί, πίσω από τον Ναυτικό Όμιλο Νίκης, ξεκίναγε ένας στενός δρόμος, που πέρναγε κάτω από το μεγάλο βράχο του Προφήτη Ηλία, δίπλα στην θάλασσα και από εκεί, σύμφωνα με τον Ζιν, έβγαζε στο κάστρο.

Καθώς πλησίαζε την θάλασσα, από μακριά, το αγόρι έριξε μια ματιά στον ήλιο που έδυε και έκανε το νερό να λάμπει σαν χρυσάφι. Ένα απαλό αεράκι, που φύσαγε από ώρα, του έκανε παρέα και του έδινε κουράγιο.

«Πώς έφτασα ως εδώ;» σκέφτηκε. «Όλα ξεκίνησαν από εκείνο το γράμμα που βρήκα σε εκείνο το βιβλίο. Και μετά ήρθε η Έπαυλη του Ηλιανού, ο θησαυρός, ο θρυλικός «Μαύρος Λύκος», τα τρία κλειδιά, ο μυστηριώδης τύπος, η Ροδούλα, ο Μάκης...».

«Ο Μάκης!», ψέλλισε και κοίταξε γύρω του. «Αν ήξερε πού πηγαίνω, θα ήταν ικανός να με ακολουθούσε και να μού έπαιρνε τον θησαυρό. Ή εκείνος ο τύπος με την κουκούλα. Ή ο κος Ανδρέας. Αλλά και πάλι, πώς θα μπορούσαν όλοι αυτοί να ξέρουν κάτι τέτοιο;» και ρίχνοντας μια τελευταία ματιά πίσω του, ξεφύσησε με ανακούφιση.

Το μόνο που υπήρχε ήταν κάτι ξεροί θάμνοι που κουνιόταν από τον αέρα και ο βράχος του Προφήτη Ηλία, που έκρυβε από τα μάτια του την Νίκη.

Έτσι, πίνοντας λίγο νερό από ένα μπουκαλάκι που είχε πάρει μαζί του, συνέχισε να ακολουθεί το μονοπάτι.

Μετά από λίγο, επιτέλους έφθασε στον προορισμό του. Μπροστά του υψώνονταν το μεγαλοπρεπές κάστρο του βασιλιά Βιλεαρδουίνου ή αλλιώς το *«Σπίτι των Γάλλων».*

Χτισμένο πάνω σε μια μεγάλη νησίδα μέσα στην θάλασσα, το κάστρο έδειχνε απίστευτο. Από παντού, το αγκάλιαζαν ψηλά, θεόρατα τείχη, που το έκαναν να μοιάζει απόρθητο. Από τις μισογκρεμισμένες επάλξεις του, κρεμόντουσαν μερικά ξεραμένα φυτά, σαν πλοκάμια, που κουνιόντουσαν πέρα-δώθε με κάθε φύσημα του ανέμου. Τέλος, από την στεριά ξεκίναγε ένα στενό πέτρινο μονοπάτι, που ανηφόριζε προς το κάστρο και σταμάταγε μπροστά σε μια φαρδιά πύλη, που έμοιαζε με μεγάλο στόμα, έτοιμο να τον καταπιεί.

«Ο Ηλιανός διάλεξε σίγουρα το καλύτερο μέρος για να κρύψει το θησαυρό του», μουρμούρισε το αγόρι, καθώς κοίταζε το κάστρο με δέος. Έπειτα έβγαλε την στολή του «Μαύρου Λύκου» από τον σάκο του και άρχισε να ντύνεται. Σε λίγο ήταν έτοιμος. Κρατώντας σφιχτά το δερμάτινο λουρί της βαλλίστρας του, άρχισε να ανηφορίζει το στενό μονοπάτι.

Καθώς ανέβαινε, η θάλασσα δίπλα του έσκαγε στα βράχια με δύναμη. Από πάνω του πέταγαν κάτι γλάροι βγάζο-

Η Χρυσή Νίκη

ντας δυνατές κραυγές, σαν να τον προειδοποιούσαν, σαν να του φώναζαν «γύρνα πίσω - γύρνα πίσω».

Όταν επιτέλους έφτασε μπροστά στο κάστρο, σταμάτησε και κοίταξε προσεκτικά την μεγάλη του πύλη. Η σιδερένια πόρτα της ήταν σηκωμένη ψηλά και κάτι παλιές, μισοσβησμένες πινακίδες με μεγάλα γράμματα έγραφαν:

«ΠΡΟ-ΟΧΗ! ΜΕ-ΑΛΟΣ ΚΙΝΔΥΝΟΣ!

ΜΕΙ-ΕΤΕ ΜΑΚΡΙΑ»

Με την βοήθεια τού *«φακού-λέιζερ»*, το αγόρι έκοψε εύκολα ένα παλιό συρματόπλεγμα που υπήρχε μπροστά και μπήκε μέσα.

Στο μεταξύ ο Ζιν, γεμάτος αγωνία για τον φίλο του, κάθονταν στο κρεβάτι του και περίμενε. Για να ηρεμήσει κάπως, έπαιζε με το *«πισωμπαλάκι»*, ένα ελαστικό μαγνητικό μπαλάκι που γύριζε πάντα στο χέρι αυτού που το πετούσε.

Ξαφνικά, από την γειτονιά του ακούστηκαν δυνατοί θόρυβοι και γέλια, γέλια που ήξερε καλά. Ήταν η «Συμμορία των Φαντασμάτων». Τι γύρευαν άραγε εδώ; Έτρεξε γρήγορα στο παράθυρό του και κοίταξε έξω προσεκτικά.

Τα τέσσερα αγόρια, καβάλα στα μηχανάκια τους, σταμάτησαν μπροστά στο σπίτι του Γιώργου. Αφού έριξαν μια γρήγορη ματιά, πήγαν λίγο πιο κάτω, στην πολυκατοικία που έμενε ο κος Ανδρέας και ο Μάκης, ο αρχηγός τους, έριξε ένα χαρτί στο γραμματοκιβώτιό του. Στην συνέχεια, γελώντας δυνατά και ουρλιάζοντας σαν τρελοί εξαφανίστηκαν.

«Τι γύρευαν άραγε τέτοια ώρα εδώ;» αναρωτήθηκε το αγόρι. «Και αυτό πάλι το χαρτί, που έριξε ο Μάκης στο γραμματοκιβώτιο, τι να είναι; Ω, σίγουρα κάτι ετοιμάζουν, αλλά τι; Γιώργο, ότι και να κάνεις τώρα βιάσου», είπε και έσφιξε το *«πισωμπαλάκι»* του ανήσυχος.

Μόλις λοιπόν ο Γιώργος πέρασε την πύλη του κάστρου, σταμάτησε και κοίταξε γύρω του γεμάτος θαυμασμό. Τα μεγάλα τείχη έκρυβαν μια ευρύχωρη πέτρινη αυλή γεμάτη φυτά, που έβγαιναν από το έδαφος. Σε μερικά σημεία, υπήρχαν μεγάλοι σωροί από πέτρες και χαλάσματα, που έπεφταν κατά καιρούς από τα τείχη. Λίγο πιο πέρα ξεκινούσε μια σειρά με μικρές κολώνες και αγάλματα λιονταριών, όσα ακόμη από αυτά στέκονταν όρθια. Αυτό όμως που έκανε περισσότερο εντύπωση στο αγόρι, ήταν το μεγάλο παλάτι που βρισκόταν στο κέντρο.

Το παλάτι ήταν φτιαγμένο από λευκές πέτρες και είχε δύο σειρές από κομψά παράθυρα και μικρά στρόγγυλα μπαλκόνια. Από την οροφή του ξεκινούσε ένας ορθογώνιος πύργος που έφτανε πολύ ψηλά, ξεπερνώντας σε ύψος ακόμα και τα τείχη του κάστρου.

Ο πύργος, μαζί με το παλάτι, έμοιασαν στα μάτια του αγοριού σαν μια μεγάλη λευκή τούρτα που στην μέση της είχε ένα χοντρό κερί, ακριβώς σαν αυτές που έκανε τόσο νόστιμες η μητέρα του.

«Εκεί είναι ο θησαυρός, είμαι σίγουρος!» είπε με μάτια γεμάτα από χαρά το αγόρι και έτρεξε γρήγορα προς το παλάτι. Πέρασε ανάμεσα από τα πέτρινα λιοντάρια, τρόμαξε μερικά περιστέρια, που ξεκουράζονταν πάνω τους και αφού ανέβηκε γρήγορα τα σκαλοπάτια της εισόδου, έσπρωξε με δύναμη μια μεγάλη ξύλινη πόρτα και μπήκε μέσα.

Το πρώτο δωμάτιο του παλατιού ήταν η αίθουσα του θρόνου. Σε μια γωνιά, το αγόρι είδε ένα μεγάλο τζάκι, που κάποτε έκαιγε μια δυνατή φωτιά και λίγο πιο πέρα ένα μισοσπασμένο ξύλινο τραπέζι, μεγαλύτερο, όπως σκέφτηκε και από το ίδιο του το δωμάτιο. Το φως έμπαινε από τα μεγάλα παράθυρα που υπήρχαν παντού και, κάνοντας μερικά βήματα, πρόσεξε πως το πάτωμα ήταν ζωγραφισμένο με όμορφα σχέδια από φυτά.

Ακριβώς απέναντι του, υπήρχαν δύο στενές πέτρινες σκάλες που ξεκινούσαν από δεξιά και αριστερά και προφανώς οδηγούσαν στους επάνω ορόφους του παλατιού. Ανάμεσά τους υπήρχε μια μεγάλη κλειστή σιδερένια πόρτα. Στους τοίχους κρέμονταν ακόμη κάτι μακριές, κουρελιασμένες κουρτίνες με τα οικόσημα του βασιλιά, που κουνιόταν αργά κάθε φορά που τις άγγιζε ο αέρας.

Αυτό όμως που τράβηξε περισσότερο από όλα την προσοχή του Γιώργου ήταν ο μαρμάρινος θρόνος, που έστεκε στην κορυφή μιας ψηλής, στρόγγυλης βάσης, ανάμεσα σε δύο παράθυρα. Από πάνω του κρέμονταν μια μεγάλη κόκκινη ασπίδα με έναν κίτρινο Σταυρό.

Όλα αυτά ήταν πολύ ωραία, σκέφτηκε, και σίγουρα ο Ζιν θα ήξερε κάτι παραπάνω να του πει, όμως.. πού να πήγαινε τώρα; Να ανέβαινε τις σκάλες ή να άνοιγε την σιδερένια πόρτα; Κάπου εδώ ξεκινούσαν οι παγίδες και έπρεπε να είναι πολύ προσεκτικός.

Πλησίασε την πόρτα. Από πάνω της φαινόταν πως υπήρχε κάτι σκαλισμένο στον τοίχο. Ήταν μια επιγραφή, γραμμένη στα γαλλικά, την γλώσσα του βασιλιά. Ευτυχώς στο σχολείο κάνανε γαλλικά δύο φορές την εβδομάδα και έτσι μπόρεσε εύκολα να την διαβάσει. Η επιγραφή έλεγε:

«SEULE LA PUCE ET L' AUDACE DE VIVRE»

«Μόνο οι έξυπνοι και οι τολμηροί θα ζήσουν; Δεν μου αρέσει καθόλου αυτό..» μουρμούρισε το αγόρι. Όπως και να είχε το πράγμα όμως, η ώρα περνούσε και έπρεπε να αποφάσιζε πού θα πήγαινε. Και διάλεξε την πόρτα. Με όλη του την δύναμη, την έσπρωξε και μπήκε στο δωμάτιο που έκρυβε πίσω της, αφήνοντάς την για σιγουριά ανοιχτή.

Μα, τι δωμάτιο ήταν αυτό; Δεν είχε τίποτα. Ούτε τζάκι, ούτε τραπέζια, ούτε καν μεγάλα παράθυρα. Μόνο ψηλούς, πέτρινους τοίχους και... και τι είναι αυτά εκεί στην γωνία; Μοιάζουν με... με σκελετούς! Ναι, είναι ανθρώπινοι σκελετοί! Άρα αυτό σήμαινε ότι αυτή ήταν η πρώτη παγίδα! Κοίταξε γύρω του το δωμάτιο φοβισμένος. Το μοναδικό φως που υπήρχε, έμπαινε από κάτι πολύ μικρά παράθυρα που υπήρχαν ψηλά. Και από την πόρτα που είχε μπει φυσικά. Μα τι είναι αυτός ο θόρυβος; Ένας μακρόσυρτος ήχος από αλυσίδες ακούστηκε ξαφνικά από παντού και η πόρτα πίσω του έκλεισε με ένα τρομερό θόρυβο, φυλακίζοντάς τον στο δωμάτιο!

«Όχι, δεν είναι δυνατόν!», φώναξε τρομαγμένο το αγόρι και έτρεξε στην μεριά της. Μάταια έψαξε να βρει τρόπο για να την ανοίξει, γιατί η πόρτα δεν είχε ούτε χερούλι, ούτε κάτι να κόψει με τον *«φακό-λέιζερ»*. Ήταν φτιαγμένη να ανοίγει μόνο από έξω και όχι από μέσα. Έπρεπε λοιπόν να βρει άλλο τρόπο να ξεφύγει.

Άρχισε γρήγορα να εξερευνά με αγωνία το δωμάτιο. Δεν υπήρχε καμία έξοδος. Παντού ψηλοί τοίχοι και αυτά τα παράθυρα που υπήρχαν ψηλά, ακόμα και να σκαρφάλωνε μέχρι εκεί, δεν θα χωρούσε με τίποτα να περάσει από μέσα τους.

Πλησίασε τους σκελετούς. Κάποιοι ήταν ξαπλωμένοι στο πάτωμα και κάποιοι κοίταζαν τα παράθυρα. Τώρα το κατάλαβε. Για αυτό κανένας από όσους έμπαιναν στο κάστρο δεν ξαναγύριζε ποτέ. Ποιος μπορούσε να σε ακούσει να φωνάζεις βοήθεια με αυτούς τους χοντρούς τοίχους;

Η αγωνία που ένιωθε πριν το αγόρι άρχισε να γίνεται πανικός. Ένιωθε τις δυνάμεις του να τον εγκαταλείπουν. Ακούμπησε κάπου την βαλλίστρα και το ραβδί και προσπάθησε να ηρεμήσει. Κοίταξε τους τοίχους, μετά το ταβάνι και τότε, στο μισοσκόταδο, είδε κάτι που δεν είχε προσέξει προηγουμένως: Στην οροφή του δωματίου, από μια χοντρή αλυσίδα, κρέμονταν ένας τεράστιος σιδερένιος πολυέλαιος.

«Γιατί τον κρέμασαν εκεί;», σκέφτηκε. «Αφού το δωμάτιο δεν έχει καθόλου έπιπλα... εκτός... εκτός αν είναι α-υ-τ-ό-ς που θα με βοηθήσει να βγω από εδώ μέσα. Να σκαρφάλωνα μέχρι εκεί είναι αδύνατο, αν όμως τον έριχνα κάτω; Ίσως κάτι γινόταν», και με μιας, πήρε γρήγορα την βαλλίστρα στα χέρια του και πάνω της έβαλε τον *«φακό-λέιζερ»*. Στην συνέχεια σημάδεψε την αλυσίδα που κρατούσε τον πολυέλαιο και πάτησε το κουμπί του λέιζερ. Και αυτό που έγινε στην συνέχεια, αν δεν το έβλεπε, δεν θα το πίστευε κανείς.

Ο μεγάλος πολυέλαιος άρχισε να τρέμει και να κουνιέται, καθώς η αλυσίδα που τον κράταγε σιγά- σιγά έλιωνε, ώσπου στο τέλος κόπηκε εντελώς. Και τότε, ο πολυέλαιος έπεσε με δύναμη στο πάτωμα, κάνοντας ένα δυνατό θόρυβο και σπάζοντάς το ολόκληρο! Ο Γιώργος, οι σκελετοί και πολλά τούβλα και σκόνη βρέθηκαν απότομα πάνω σε μια φαρδιά τσουλήθρα γλιστρώντας γρήγορα προς τα κάτω!

«ΑΑΑΑΑΑΑΑΑ!», φώναξε το αγόρι, κλείνοντας τα μάτια του, καθώς κατρακυλούσε χωρίς να ξέρει πού πηγαίνει.

Όταν τα άνοιξε πάλι, όλα είχαν τελειώσει. Ήταν ξαπλωμένος ανάμεσα σε πολλά τούβλα, ξύλα, σκόνη και πονούσε πολύ. Με πολύ κόπο σηκώθηκε και κοίταξε πάνω. Τι συνέβη; Το πάτωμα που πατούσε πριν, δεν υπήρχε πια. Το είχε κάνει κομμάτια ο πολυέλαιος. Μα, αυτός δεν ήθελε να συμβεί κάτι τέτοιο, εκτός... εκτός και αν έτσι έπρεπε να γίνει. Βέβαια. Αυτή ήταν η λύση της παγίδας. Ο μόνος τρόπος για να γλίτωνε κανείς, δεν ήταν να ανοίξει κάποια τρύπα στον τοίχο, αλλά να σπάσει όλο το πάτωμα. Και είχε δίκιο, γιατί στο βάθος μια δεύτερη πόρτα τον περίμενε να την ανοίξει.

Έτσι λοιπόν, αφού βρήκε την βαλλίστρα και το ραβδί στα χαλάσματα, προχώρησε στην επόμενη παγίδα. Έσπρωξε με δύναμη την σκουριασμένη πόρτα που υπήρχε μπροστά του και βρέθηκε μέσα σε ένα κατασκότεινο δωμάτιο, ακριβώς κάτω από τα θεμέλια του παλατιού.

Φορώντας γρήγορα τα «*μάτια της κουκουβάγιας*», είδε με έκπληξη πως το δωμάτιο που μπήκε, ήταν μια φαρδιά, στρόγγυλη αίθουσα που μύριζε μούχλα και υγρασία. Ολόγυρα στους τοίχους της υπήρχαν μεγάλα μαρμάρινα κεφάλια λιονταριών με τα στόματά τους ανοιχτά και ανάμεσά τους έστεκαν ακόμα δαδιά, που περίμεναν κάποιον να τα ανάψει. Τέλος, κάτω από κάθε κεφάλι λιονταριού υπήρχε κάτι που έμοιαζε με... μοχλό.

Το πιο παράξενο όμως από όλα ήταν ότι στο κέντρο της αίθουσας, πάνω σε μια κοντή κολώνα, υπήρχε το άγαλμα μιας γυναίκας που είχε τα χέρια της σηκωμένα ψηλά και κοίταζε το ταβάνι. Με την βοήθεια του «*φακού-λέιζερ*», ο Γιώργος άναψε όλα τα δαδιά. Το δωμάτιο φωτίστηκε ολόκληρο. Έπειτα, έβαλε γρήγορα κάποια τούβλα από τα χαλάσματα στη πόρτα μη τυχόν έκλεινε και αυτή και έριξε μια ματιά γύρω του.

Και πάλι δεν φαινόταν να υπάρχει έξοδος πουθενά. Και αυτό το άγαλμα... άραγε τι κοίταζε ψηλά; Στάθηκε λοιπόν δίπλα του και κοίταξε και αυτός. Και τότε, είδε, πως στην κορυφή της αίθουσας, υπήρχε κάτι που έμοιαζε με... μπαλκόνι; Και πίσω του υπήρχε μια πόρτα; Εκεί λοιπόν έπρεπε να πάει; Μα αυτό ήταν αδύνατον εκτός αν... εκτός αν αυτοί οι μοχλοί κάτω από τα λιοντάρια έκαναν κάτι.

«Και λάθος να κάνω», σκέφτηκε το αγόρι «η πόρτα πίσω μου θα μείνει ανοιχτή χάρις στα τούβλα που έβαλα» και γρήγορα κατέβασε με δύναμη τον μοχλό του μεσαίου λιονταριού.

Στην αρχή δεν έγινε τίποτα, μετά όμως από λίγο άρχισε να ακούγεται κάτι που έμοιαζε με... ψίθυρο. Ο ψίθυρος δυνάμωνε όλο και πιο πολύ, ώσπου τώρα ακουγόταν σαν καλπασμός πολλών αλόγων..
Κάτι πλησίαζε προς το μέρος του!... Και μάλιστα γρήγορα! Το αγόρι κοίταξε γύρω του με αγωνία. Τα κεφάλια των λιονταριών έμοιαζαν ζωντανά και του φαινόταν λες και θύμωσαν μαζί του, επειδή τόλμησε να τα ξυπνήσει. Η πόρτα, που πριν από λίγο είχε μπει, πήγε να κλείσει, αλλά ευτυχώς την συγκράτησαν τα τούβλα που υπήρχαν μπροστά της.

Και τότε ξαφνικά, από το στόμα του μεσαίου λιονταριού πετάχτηκε με δύναμη νερό και άρχισε να γεμίζει το δωμάτιο.

«Μμμμ..Θαλασσινό νερό» είπε δοκιμάζοντάς το, το αγόρι. «Αυτή λοιπόν είναι η δεύτερη παγίδα. Πάντως δεν πρέπει να ανησυχώ. Κάποιος από όλους τους μοχλούς θα είναι ο σωστός», και κατέβασε γρήγορα τον επόμενο.

Όμως και το άλλο λιοντάρι έβγαλε νερό. Και άλλο μοχλό. Και πάλι νερό. Γρήγορα έτρεξε στα υπόλοιπα λιοντάρια, κατεβάζοντας τους μοχλούς τους. Κανένας όμως δεν ήταν ο σωστός. Όπου και να κοιτούσε, όπου και να πήγαινε, το μόνο που έβλεπε ήταν νερό, που όρμησε με δύναμη στην αίθουσα, κλείνοντας μάλιστα και την πόρτα που μπήκε πριν.

Για άλλη μια φορά παγιδεύτηκε. Το νερό γρήγορα του έφτασε μέχρι το γόνατό. Τι να έκανε τώρα; Είχε κατεβάσει όλους τους μοχλούς και όμως δεν έγινε τίποτα.

«Δεν είναι δυνατόν», έλεγε και ξανάλεγε. «Κάπου, κάτι θα υπάρχει να κάνω» και γύριζε γύρω-γύρω στο δωμάτιο, κοιτώντας κάθε του γωνιά.

Σε λίγο, το νερό που ανέβαινε διαρκώς, τον έφτασε μέχρι την μέση και μετά μέχρι το λαιμό. Είχε ψάξει παντού, εκτός από το άγαλμα της γυναίκας που βρισκόταν στο κέντρο. Κολύμπησε μέχρι εκεί, αλλά πλέον ήταν αργά. Το νερό τον κάλυψε τελείως, έσβησε τα αναμμένα δαδιά και τον άφησε στο σκοτάδι να πνιγεί.

Την ίδια στιγμή ο Ζιν, άρχισε πραγματικά να ανησυχεί. Σε λίγο νύχτωνε και ο Γιώργος δεν έλεγε να φανεί. Άραγε τι παγίδες συνάντησε; Τα κατάφερε ή χάθηκε για πάντα; Όχι, όχι, δεν έπρεπε να σκέφτεται έτσι. Τι θα έλεγε στην μητέρα του Γιώργου; Ότι πήγε να βρει έναν θησαυρό και χάθηκε;

«Σκέψου κάτι άλλο Ζιν, κάτι άλλο» έλεγε και ξανάλεγε στον εαυτό του. «Το χαρτί που έριξε ο Μάκης στο γραμματοκιβώτιο του κου Ανδρέα! Τι να είναι; Υπάρχει περίπτωση αυτός ο αλήτης να ξέρει κάτι; Αποκλείεται. Πρέπει όμως να σιγουρευτώ. Μπορεί ο Γιώργος να κινδυνεύει...» και βγάζοντας από το συρτάρι του ένα αντικλείδι, ντύθηκε όπως-όπως και βγήκε από το σπίτι.

Πέρασε το δρόμο απέναντι και έτρεξε γρήγορα προς το σπίτι του κου Ανδρέα, κοιτώντας προσεκτικά μην τον δει κανείς. Ήταν έτοιμος να ανοίξει το γραμματοκιβώτιο, όταν είδε ένα αμάξι που πλησίαζε από μακριά. Ήταν ο κος Ανδρέας.

«Στο καλό!» είπε, σφίγγοντας τα χείλια του και κρύφτηκε γρήγορα.

Το αμάξι σε λίγο σταμάτησε. Ο κος Ανδρέας βγήκε από μέσα του μουτρωμένος και, κρατώντας στα χέρια του μια εφημερίδα, πλησίασε το γραμματοκιβώτιο. Κοιτώντας αδιάφορα τα άλλα γράμματα, ξεχώρισε ανάμεσά τους το χαρτί του Μάκη και το διάβασε γρήγορα. Τα μάτια του έλαμψαν από χαρά και ρίχνοντας βιαστικά μια ματιά τριγύρω, το έβαλε στη τσέπη του και έφυγε.

«Κάτι πολύ σοβαρό συμβαίνει», είπε ο Ζιν, κοιτώντας το αμάξι που έφευγε γρήγορα. «Και νομίζω πως αυτή την φορά τα πράγματα δεν θα είναι καθόλου εύκολα για τον «Μαύρο Λύκο»...».

Και όντως έτσι ήταν. Γιατί την ίδια στιγμή που συνέβαιναν αυτά, ο Γιώργος βρισκόταν σε πολύ δύσκολη θέση. Το παγωμένο νερό είχε γεμίσει σχεδόν όλο το δωμάτιο και με όλα αυτά που κουβαλούσε, του ήταν αδύνατο να κολυμπήσει μέχρι την επιφάνεια. Δεν μπορούσε να μιλήσει, δεν μπορούσε να αναπνεύσει και σίγουρα θα πνιγόταν.

Αυτό ήταν το τέλος του «Μαύρου Λύκου» λοιπόν; Όχι, δεν θα τα παρατούσε τόσο εύκολα. Άρχισε, με όση δύναμη είχε, να σπρώχνει και να κουνάει το άγαλμα της γυναίκας, σίγουρος πως εκεί κρυβόταν η σωτηρία του. Και με χαρά κατάλαβε πως τα χέρια του αγάλματος κουνιότανε, μπορούσαν να λυγίσουν! Πιάνοντάς τα λοιπόν γερά, τα κατέβασε κάτω και περίμενε. Σε λίγο, αυτό άρχισε να τρέμει, να κουνιέται και γύρω του άνοιξε μια μεγάλη τρύπα, η οποία άρχισε να ρουφάει αχόρταγα το νερό.

Ο Γιώργος δεν έβλεπε τίποτα, για αυτό αγκάλιασε το άγαλμα, νιώθοντας το νερό να γυρίζει γύρω του με μεγάλη ταχύτητα. Όμως δεν ήταν μόνο αυτό. Γιατί το άγαλμα άρχισε ξαφνικά να ανεβαίνει προς τα πάνω μαζί με το αγόρι! Ανέβαιναν.. ανέβαιναν..ανέβαιναν.. ώσπου τελικά βγήκαν από το νερό και μπόρεσε επιτέλους να πάρει ανάσα.

Όταν άνοιξε τα μάτια του, τρέμοντας ακόμη, είδε με έκπληξη ότι βρισκόταν ακριβώς απέναντι από την πόρτα με το μπαλκόνι! Τι είχε συμβεί; Το νερό λοιπόν, όταν όρμησε στην τρύπα, ενεργοποίησε ένα μηχανισμό που υπήρχε κάτω από την κολώνα του αγάλματος, η οποία άρχισε να σηκώνεται ψηλά, βγάζοντας έτσι από το νερό, και το άγαλμα αλλά και τον Γιώργο.

«Ώστε αυτή ήταν η λύση λοιπόν», μουρμούρισε τρέμοντας σχεδόν το αγόρι. «Έπρεπε να κατέβαζα τα χέρια του αγάλματος από την αρχή.. Ε, δεν πειράζει. Τουλάχιστον σώθηκα και αυτό έχει σημασία» συμπλήρωσε και έριξε μια ματιά κάτω.

Η αίθουσα που βρίσκονταν πριν, είχε σχεδόν αδειάσει, όμως τα λιοντάρια έβγαζαν ακόμη νερό. Το μόνο λοιπόν που μπορούσε να κάνει, ήταν να πάει στην πόρτα που βρισκόταν απέναντί του.

Με την βοήθεια της βαλλίστρας, σημάδεψε καλά και «ΠΟΥΦ!» ένα σχοινί πετάχτηκε και τυλίχτηκε γύρω από τα κάγκελα του μπαλκονιού. Έπειτα έδεσε γρήγορα την άλλη του άκρη στο άγαλμα και πολύ προσεκτικά έφτασε στη πόρτα. Εκεί βρήκε ακόμα έναν μοχλό, τον οποίο, χωρίς να το πολυσκεφτεί, κατέβασε γρήγορα. Από παντού ακούστηκαν δυνατοί ήχοι από πόρτες που έκλειναν με δύναμη και το νερό που έβγαινε από το στόμα των λιονταριών άρχισε να λιγοστεύει, ώσπου τελικά σταμάτησε.

«Ω πονηρέ βασιλιά!» φώναξε γεμάτος χαρά. «Είσαι πολύ έξυπνος, όμως ο «Μαύρος Λύκος» είναι εξυπνότερος από σένα!» και ανοίγοντας την πόρτα που βρισκόταν πίσω του, μπήκε στο επόμενο και τελευταίο δωμάτιο-παγίδα.

Και τι δωμάτιο ήταν αυτό! Καμία σχέση με τα προηγούμενα. Είχε λευκούς, μαρμάρινους τοίχους, όμορφα, μακρόστενα παράθυρα και την μεγάλη του οροφή κρατούσαν λεπτές, καλοσκαλισμένες κολώνες. Δεξιά και αριστερά του ξεκίναγαν δύο σειρές από πανοπλίες ιπποτών, που έφταναν μέχρι το τέλος του δωματίου. Εκεί, ολομόναχος, έστεκε ένας μεγάλος πέτρινος θρόνος, τουλάχιστον δέκα μέτρα ψηλός. Ήταν τόσο μεγάλος, που θα έλεγε κανείς ότι φτιάχτηκε για γίγαντα και όχι για άνθρωπο. Και τέλος, το πάτωμα ήταν φτιαγμένο από μικρά κεραμιδένια πλακάκια, που έφταναν μέχρι τον θρόνο.

Όλος ο χώρος έμοιαζε με την αίθουσα κάποιου μουσείου, όμως, αν το καλοσκεφτόταν κανείς, εκτός από τις πανοπλίες και τον θρόνο, ήταν ένα μεγάλο άδειο δωμάτιο. Και φυσικά, για άλλη μια φορά, δεν υπήρχε πόρτα πουθενά.

«Ίσως να υπάρχει κάποια πίσω από τις πανοπλίες», σκέφτηκε ο Γιώργος, αν και κάτι του έλεγε πως πρώτα έπρεπε να πλησιάσει τον μεγάλο θρόνο.

Προσεκτικά, πάτησε πάνω στα πλακάκια. Έκανε ένα βήμα, μετά ένα δεύτερο, κοιτώντας δεξιά και αριστερά, μη τυχόν και ενεργοποιήσει καμιά νέα παγίδα. Μέχρι εδώ όλα φαινόταν εντάξει. Έκανε μερικά βήματα ακόμη, φτάνοντας μέχρι το κέντρο του δωματίου, όταν ξαφνικά σταμάτησε.

Τι ήταν πάλι αυτός ο θόρυβος; Ακουγόταν σαν... πατατάκια, σαν τον θόρυβο που κάνουν τα δημητριακά το πρωί, όταν βάζει γάλα και ερχόταν από τα πόδια του! Κοίταξε γρήγορα κάτω και με έκπληξη είδε πως τα πλακάκια που πατούσε, άρχισαν να ραγίζουν! Με μιας, έτρεξε πίσω στην πόρτα που μπήκε πριν και κοίταξε το πάτωμα.

Ένα προς ένα, τα πλακάκια ράγιζαν γρήγορα και το ράγισμα απλώνονταν σε όλο το δωμάτιο, φτάνοντας ακόμα και κάτω από τις πανοπλίες των ιπποτών. Και μετά, με ένα τρομακτικό θόρυβο, όλο το πάτωμα κατέρρευσε, γεμίζοντας τον αέρα με ένα πυκνό σύννεφο σκόνης.

Όταν ο Γιώργος άνοιξε τα μάτια του, είδε πως τα πάντα είχαν γίνει μια τεράστια τρύπα. Το μόνο που στεκόταν ακόμη όρθιο, ήταν οι κολώνες στο πλάι και φυσικά ο μεγάλος θρόνος.

«Και αυτό πάλι τι είναι;», αναρωτήθηκε το αγόρι και κοίταξε μπροστά του.

Ήταν δυνατόν; Μπορεί το πάτωμα να είχε χαθεί, όμως από κάτω του, ξεπρόβαλλαν μια σειρά από κολώνες που μία-μία έφθαναν μέχρι το τέλος του δωματίου, εκεί που τον περίμενε ο μεγάλος θρόνος. Και δεν ήταν μόνο αυτό. Γιατί ξαφνικά ακούστηκαν πάλι από παντού ήχοι από αλυσίδες και η πόρτα πίσω του έκλεισε με δύναμη, αναγκάζοντάς τον να πηδήξει στην πρώτη κολώνα.

«ΟΥΦ!», έκανε το αγόρι, μόλις πήδηξε πάνω της. Με πολύ κόπο σηκώθηκε όρθιος και στάθηκε πάνω στην πλάκα της κορυφής της. Και τότε κατάλαβε, πως η παγίδα του δωματίου μόλις ξεκινούσε..

Η κολώνα που πάταγε τώρα φαινόταν γερή, όμως σε λίγο άρχισε να τρέμει και να κουνιέται. Και κοίτα τις άλλες κολώνες! Μία-μία άρχισαν να τρέμουν και να κουνιούνται και αυτές! Αν δεν έκανε κάτι τώρα, ήταν χαμένος!

Γρήγορα πήδηξε στην επόμενη, και στην επόμενη και στην επόμενη... Και η κάθε μια που πατούσε, μετά από λίγο έσπαζε σε κομμάτια και γκρεμιζόταν στο κενό, κάνοντας έναν τρομακτικό θόρυβο!

Και ο καημένος ο Γιώργος έτρεχε και πηδούσε γρήγορα στις κολώνες, χωρίς να διστάζει καθόλου, ώσπου τελικά έφτασε στην τελευταία, μπροστά από τον θρόνο. Αυτή έδειχνε να είναι η πιο γερή από όλες, όμως με το που πάτησε πάνω της το αγόρι, άρχισε να τρέμει και να χαμηλώνει, λες και αόρατα χέρια την τραβούσαν προς τα κάτω παίρνοντας μαζί της και τον Γιώργο!

Τι να έκανε τώρα; Το έδαφος σηκωνόταν γρήγορα μπροστά του και αυτός βουτούσε στο κενό. Την τελευταία στιγμή κατάλαβε ότι τόση ώρα φορούσε τα *νύχια του πάνθηρα*. Έσφιξε με δύναμη τις γροθιές του, τα νύχια πετάχτηκαν και με όση δύναμη είχε, πήδηξε από την κολώνα! «ΑΑΑΑ!», φώναξε δυνατά και γαντζώθηκε από το έδαφος. Με μεγάλη δυσκολία σκαρφάλωσε όπως-όπως και τρέμοντας ακόμη ολόκληρος, στάθηκε μπροστά στον μεγάλο θρόνο.

Αφού συνήλθε, άρχισε να τον παρατηρεί με προσοχή. Κάπου εδώ γύρω θα υπήρχε κάτι που θα άνοιγε κάποια πόρτα, έστω ένα πέρασμα, κάτι να περάσει τέλος πάντων...

Δεν υπήρχε τίποτα. Κουρασμένος λοιπόν καθώς ήταν, αποφάσισε να κάτσει λίγο στον θρόνο και να ξεκουραστεί. Μπροστά του απλωνόταν μια μεγάλη τρύπα και η πόρτα που είχε πρωτομπεί, παρέμενε κλειστή.

Πού ήταν λοιπόν η έξοδος; Τι έπρεπε να κάνει για να βγει από αυτό το δωμάτιο; Τα πράγματα φαινόταν άσχημα, γι' αυτό ακούμπησε σκεφτικός στην πλάτη του θρόνου, η οποία -τι παράξενο- κουνήθηκε! Γιατί άραγε; Μήπως... μήπως εκεί κρυβόταν η λύση;

Δεν έχανε τίποτα να δοκιμάσει. Σηκώθηκε όρθιος και έσπρωξε με δύναμη την μεγάλη πλάτη του θρόνου, η οποία χαμήλωσε αργά προς τα πίσω και μετά επέστρεψε απότομα στη θέση της. Ο γνωστός πια ήχος των αλυσίδων ακούστηκε πάλι από παντού, κάνοντάς τον να κοιτάξει γύρω του με αγωνία.

Ξαφνικά, ένας δυνατός θόρυβος ακούστηκε από ψηλά. Μια χοντρή αλυσίδα ξεκόλλησε με δύναμη από το ταβάνι και τεντώθηκε μέχρι την άλλη του άκρη. Ένα δυνατό αεράκι φύσηξε από παντού και το αδύναμο φως που έμπαινε από τα παράθυρα τού επέτρεψε να δει πως κάτι... στρόγγυλο βγήκε από μια τρύπα. Κάτι σαν... μπάλα! Ναι, ήταν μια μεγάλη σιδερένια μπάλα κρεμασμένη από την χοντρή αλυσίδα και ερχόταν γρήγορα καταπάνω του!

Ίσα που πρόλαβε να πηδήξει, γιατί η μπάλα έπεσε με δύναμη πάνω στον θρόνο, τον έσπασε σε χίλια κομμάτια και άνοιξε μια μεγάλη τρύπα στον τοίχο! Πέτρες, μάρμαρο και τούβλα πετάχτηκαν παντού και όλο το δωμάτιο γέμισε με σκόνη.

Όταν όλα ηρέμησαν, ο Γιώργος σηκώθηκε όρθιος, γεμάτος χώματα και κοίταξε με δέος την μεγάλη μπάλα που κουνιόταν ακόμη πάνω από ένα σωρό με χαλάσματα.

«Τι παγίδα, τι φοβερή παγίδα!», ψέλλισε ταραγμένος και άρχισε να περπατάει πάνω στα συντρίμμια, πλησιάζοντας την τρύπα που άνοιξε η μπάλα.

«Απορώ πώς ο Ηλιανός πέρασε όλες αυτές τις παγίδες», αναρωτήθηκε. «Μα για στάσου! Ο Ηλιανός δεν πέρασε από εδώ. Αλλιώς πώς θα γύριζε πίσω;» και κοίταξε μέσα από το άνοιγμα της μπάλας. Επιτέλους, ο δρόμος είχε ανοίξει!

Μπροστά του απλώνονταν ένας μακρόστενος διάδρομος και στο βάθος φαίνονταν κάτι σαν σκαλιά. Τρέχοντας γρήγορα τον διέσχισε αμέσως, ώσπου έφτασε σε ένα κατασκότεινο στρόγγυλο δωματιάκι.

Με την βοήθεια των *«ματιών της κουκουβάγιας»* είδε πως δεξιά και αριστερά του υπήρχαν δύο είσοδοι που οδηγούσαν σε άλλα δωμάτια του παλατιού. Τώρα όμως δεν είχε άλλο χρόνο να τα ψάξει. Αποφάσισε λοιπόν να ανέβει πρώτα τα σκαλιά.

Από εδώ ξεκινούσε ο ψηλός πύργος που είδε όταν πέρασε την πύλη του κάστρου. Το σκοτάδι ήταν πηχτό, χάρις όμως τα *«μάτια της κουκουβάγιας»* τα πάντα φαινόταν πεντακάθαρα.

Η Χρυσή Νίκη

Ανέβαινε... ανέβαινε... και -τι παράξενο- δεν μύριζε πια μούχλα και υγρασία όπως πριν, αλλά την έντονη αρμύρα της θάλασσας.

«Ο πύργος θα πρέπει να είναι ακριβώς δίπλα της», σκέφτηκε. Τα σκαλιά πήγαιναν γύρω-γύρω και έμοιαζαν να μην τελειώνουν ποτέ. Όταν τελικά έφτασε στην κορυφή του, στάθηκε να πάρει μια ανάσα.

Το δωμάτιο που είχε βρεθεί, το μοναδικό δωμάτιο που είχε ο πύργος ήταν μια... πισίνα; Ναι, ήταν μια άδεια, φυσικά, στρόγγυλη πισίνα, χτισμένη ακριβώς στο κέντρο του. Το ακόμα πιο ενδιαφέρον όμως ήταν πως από πάνω της υπήρχε και πάλι ένα μεγάλο κεφάλι λιονταριού με το στόμα του ανοιχτό, το οποίο ήταν ολόχρυσο!

Εδώ υπήρχε περισσότερο φως, για αυτό έβγαλε γρήγορα τα *«μάτια της κουκουβάγιας»* και προχώρησε πιο μέσα. Στους τοίχους γύρω από την πισίνα υπήρχαν μικρά, μυτερά παράθυρα και ανάμεσά τους ήταν κρεμασμένες μεγάλες κόκκινες ασπίδες με τον κίτρινο Σταυρό, όπως αυτή που είδε στην αίθουσα του θρόνου. Και λίγο πιο πέρα, υπήρχαν παρατημένα μερικά μεγάλα σπαθιά, που μάλλον άφησαν πίσω τους οι τελευταίοι κάτοικοι του παλατιού. Δίπλα τους, ξεκινούσαν μερικά σκαλοπάτια που ανέβαιναν προς τα πάνω. Όλα αυτά στον Γιώργο φαίνονταν κάπως παράξενα, όμως πού ήταν ο θησαυρός; Δηλαδή, δεν θα έπρεπε να είναι κάπου εδώ;

Ακολούθησε λοιπόν τα σκαλοπάτια, τα οποία τον οδήγησαν στην κορυφή του πύργου, πάνω σε μια μεγάλη τετράγωνη πολεμίστρα. Βγάζοντας την μάσκα του, πλησίασε στην άκρη της και κοίταξε. Πραγματικά η θέα ήταν υπέροχη!

Να, από την μια μεριά θαύμασε τα μεγάλα βουνά και ανάμεσά τους τα φώτα της Νίκης που έλαμπαν από μακριά. Από την άλλη πάλι πλευρά στα πόδια του απλώνονταν η απέραντη θάλασσα με τα καράβια της που χανόταν στην αγκαλιά του ηλίου.

Ο αέρας που φύσαγε τον έκανε να νιώσει ελεύθερος, όπως οι γλάροι που πέταγαν μακριά στον ορίζοντα. Έπειτα κοίταξε κάτω. Τα πάντα έμοιαζαν τόσο μικρά! Τα τείχη, η αυλή, ο δρόμος από όπου ήρθε... ίσα που τα έβλεπε, με το λυκόφως να απλώνεται γύρω του γρήγορα.

Κατέβηκε και πάλι στο δωμάτιο με την πισίνα.

«Αν ο Ηλιανός έχει κρύψει κάπου τον θησαυρό του, ε, τότε πρέπει να είναι σίγουρα σε αυτό το δωμάτιο», σκέφτηκε και κοίταξε την πισίνα. Ξαφνικά θυμήθηκε τα λόγια του διευθυντή του μουσείου, πως ο βασιλιάς του κάστρου συνήθιζε να κάνει μπάνιο στο χρυσάφι του. Ναι, αλλά αυτός είχε έρθει να βρει τον θησαυρό του Ηλιανού, όχι του βασιλιά, γιατί αυτός είχε φύγει πριν από πολλά χρόνια και τον είχε πάρει όλο μαζί του.

Κοίταξε το λιοντάρι. Αν και το έβλεπε πρώτη φορά, κάτι του θύμιζε. Κάπου το είχε ξαναδεί.

«Το ραβδί!», είπε χαρούμενος και το πήρε στα χέρια του. «Το ραβδί με το κεφάλι λιονταριού, είναι ολόιδιο με αυτό που έχω μπροστά του. Άρα, το μόνο που έχω να κάνω, είναι να βρω ένα μέρος για να το... βάλω;», ξανάπε και άρχισε να τριγυρίζει γύρω από την πισίνα.

Έψαξε τις ασπίδες, κοίταξε κάτω από το λιοντάρι, γύρω από την πισίνα και μετά μέσα, ώσπου τελικά στο κέντρο της βρήκε κάτι που έμοιαζε με τρύπα. Αφού την καθάρισε καλά, έπιασε το ραβδί με τα δυο του χέρια, το σήκωσε ψηλά και το έχωσε μέσα με δύναμη.

«ΤΣΑΝΓΚ!», έκανε το ραβδί και ο Γιώργος το άφησε από τα χέρια του.

Στην αρχή άκουσε κάτι να ξεκλειδώνει, πρώτα κάτω από τα πόδια του και μετά μέσα από τον τοίχο. Έκανε αργά δυο βήματα πίσω και κοίταξε το λιοντάρι. Το μεγάλο, μαύρο στόμα του έστεκε ορθάνοιχτο, χωρίς να γίνεται τίποτα. Τίποτα; Όχι, γιατί ξαφνικά από μέσα πετάχτηκε ένα χρυσό νόμισμα, κύλησε στο πάτωμα, έκανε δύο σβούρες και σταμάτησε στα πόδια του Γιώργου.

«Τι; Αυτό ήταν όλο;» παραπονέθηκε το αγόρι και το σήκωσε απρόθυμα από κάτω.

Δεν πρόλαβε όμως καλά-καλά να το κοιτάξει, γιατί άρχισαν να βγαίνουν και άλλα χρυσά νομίσματα... και άλλα... και άλλα... και ακόμα πιο πολλά... ώσπου ένα χρυσό ποτάμι ξεχύθηκε από το στόμα του λιονταριού και άρχισε γρήγορα να γεμίζει την πισίνα!

Μεγάλα και μικρά, τα χρυσά νομίσματα έπεφταν γρήγορα μέσα, κάνοντας έναν εκκωφαντικό θόρυβο! Ο Γιώργος βγήκε γρήγορα από την πισίνα και έκλεισε τα αυτιά του.

«Ω Θεέ μου, είναι πολλά! Είναι ΠΑΡΑ ΠΟΛΛΑ!» άρχισε να φωνάζει, βλέποντάς τα να απλώνονται μπροστά του.

Σε λίγο, μαζί με τα χρυσά νομίσματα άρχισαν να πέφτουν και ρουμπίνια, ζαφείρια, διαμάντια, χρυσά βραχιόλια, δαχτυλίδια και πολλά-πολλά μικρά μαργαριτάρια. Έπεφταν... έπεφταν και νόμιζες ότι δεν θα τελείωναν ποτέ.

Μετά από ώρα, αφού έπεσε και το τελευταίο νόμισμα, ένας φάκελος, σαν μεγάλη πεταλούδα, γλίστρησε από το στόμα του λιονταριού και προσγειώθηκε απαλά πάνω σε μια διαμαντένια τιάρα.

Έτσι λοιπόν, όταν όλα ηρέμησαν, το αγόρι άνοιξε σιγά-σιγά τα μάτια του και κοίταξε. Ο αέρας γυάλιζε από την χρυσόσκονη, καθώς οι ακτίνες του ήλιου πέρναγαν ανάμεσά της ενώ στα πόδια του, σαν μια χρυσή θάλασσα, απλωνόταν ο θρυλικός θησαυρός του Ηλιανού!

«ΝΑΙ, ΝΑΙ, ΝΑΙ!», φώναξε τρεις φορές το αγόρι και βούτηξε στην πισίνα, πετώντας ψηλά τα νομίσματα.

«Τα κατάφερα! Ω Θεέ μου! Τα κατάφερα! Ο θησαυρός είναι δικός μου! Δεν θα φύγουμε ποτέ από την Νίκη! Και θα αγοράζω ότι θέλω! Και θα...»

Το μάτι του έπεσε στο γράμμα που τον περίμενε στο κέντρο του θησαυρού. Με δυσκολία, περπάτησε ανάμεσα στα χρυσά νομίσματα και το πήρε στα χέρια του.

«Σίγουρα θα είναι κάποιο γράμμα του Ηλιανού πάλι. Καλύτερα όμως να το διαβάσω στο σπίτι με τον Ζιν», σκέφτηκε και το έβαλε σε μια τσέπη της ζώνης του. Έπειτα, κοιτώντας την πισίνα, που ξεχείλιζε σχεδόν από το χρυσάφι, είπε:

«Πω, πω, ο θησαυρός είναι πολύ περισσότερος από όσο πίστευα. Θα μας πάρει μέρες να τον κουβαλήσουμε. Ας πηγαίνω καλύτερα όμως. Έξω έχει σκοτεινιάσει πολύ και δύσκολα θα βρω το δρόμο να γυρίσω πίσω...»

Βγαίνοντας λοιπόν από το δωμάτιο του θησαυρού, φόρεσε ξανά την μάσκα του, τα *«μάτια της κουκουβάγιας»* και κατέβηκε γρήγορα τα σκαλοπάτια. Όταν έφτασε κάτω, αποφάσισε να ακολουθήσει την δεξιά πόρτα, γιατί του ήταν αδύνατο να επιστρέψει πάλι από τις παγίδες.

Περπάτησε γρήγορα μέσα από έναν στενό διάδρομο, ανέβηκε κάτι γλιστερά σκαλοπάτια, πέρασε μέσα από ένα μικρό δωμάτιο με μια πεσμένη πόρτα, μετά πάλι από έναν στενό διάδρομο, ώσπου στο τέλος έφτασε -απίστευτο!- σε μια από τις σκάλες της αίθουσας του θρόνου! Δεν πίστευε στα μάτια του! Πέρασε τόσους κινδύνους και δυσκολίες, ενώ η λύση ήταν τόσο απλή! Θα μπορούσε τουλάχιστον ο

Ηλιανός να του το είχε αναφέρει. Παρόλα αυτά όμως, δεν είχε άλλο χρόνο για χάσιμο, για αυτό διέσχισε γρήγορα την μισοσκότεινη αίθουσα του θρόνου και βγήκε στην αυλή.

Πέρασε και πάλι μπροστά από τα αγάλματα των λιονταριών και κατευθύνθηκε προς την έξοδο. Όλα είχαν πάει μια χαρά. Βρήκε τον θησαυρό και οι παγίδες, αν και τρομερά επικίνδυνες, τις νίκησε όλες. Τώρα το μόνο που τον ένοιαζε ήταν να γύριζε σπίτι του.

Έτσι, γεμάτος χαρά, πλησίασε την μεγάλη πύλη, όταν η βαριά σιδερένια πόρτα της έπεσε με δύναμη από ψηλά και του έκλεισε τον δρόμο!

«ΣΜΠΟΥΜ!», έκαναν τα βαριά σίδερα, κάνοντας τον να χάσει την ισορροπία του και να πέσει κάτω.

Και τότε, ένα ανατριχιαστικό γέλιο ακούστηκε από παντού:

«ΧΑΧΑΧΑΧΑΧΑΧΑΧΑ!»

Η Χρυσή Νίκη

ΚΕΦΑΛΑΙΟ ΔΕΚΑΤΟ ΤΡΙΤΟ

ΛΥΚΕ, ΛΥΚΕ ΕΙΣΑΙ ΕΔΩ;

Μόλις καταλάγιασε η σκόνη, κοίταξε γύρω του τρομαγμένος.
«Δείτε μάγκες! Ο «Μαύρος Λύκος!» ακούστηκε ξαφνικά από τα δεξιά του.
«Με τόση σκόνη πάνω του», ακούστηκε τώρα από πίσω, «δεν είναι «Μαύρος», αρχηγέ, αλλά «Γκρι»! Χαχαχαχα!»
Το αγόρι σηκώθηκε όρθιο και καθάρισε την στολή του. Αυτή τη φορά, κατάλαβε αμέσως ότι μόνο η «Συμμορία των Φαντασμάτων», θα ήταν ικανή για κάτι τέτοιο. Και είχε δίκιο, γιατί μετά από λίγο, δύο μαύρες φιγούρες ξεπρόβαλλαν αργά μέσα από τα χαλάσματα, ενώ άλλες δύο πετάχτηκαν πίσω από τα αγάλματα της αυλής.
«Γεια σου «Μαύρε Λύκε»!» είπε πρώτος ο Μάκης από μακριά και άρχισε να περπατά προς το μέρος του. Στα χέρια του κράταγε ένα χοντρό σχοινί, ενώ τα άλλα τρία αγό-

ρια πλησίασαν γρήγορα τον Γιώργο και τον περικύκλωσαν από παντού.

«Δεν έχω δει ποτέ από κοντά μου λύκο, εσείς παιδιά;» ξανάπε ο Μάκης κοροϊδευτικά.

Τα τρία αγόρια κούνησαν αρνητικά το κεφάλι τους γελώντας.

«Για να σε δω καλύτερα, πού είναι η ουρά σου; Χαχαχαχα!»

Ο Γιώργος όμως δεν μιλούσε. Πώς στο καλό ήξεραν πάλι αυτοί οι αλήτες που βρισκόταν;

«Αν αναρωτιέσαι πώς σε βρήκαμε», συνέχισε ο Μάκης, «απλά ήμασταν τυχεροί. Πολύ τυχεροί...» και τον πλησίασε ακόμη περισσότερο.

«Η «Συμμορία των Φαντασμάτων» εναντίον του θρυλικού «Μαύρου Λύκου», είπε. «Για να δούμε ποιος θα νικήσει. Επάνω του! Πιάστε τον!» φώναξε και προτού το αγόρι προλάβει να κάνει κάτι, όρμησαν και τον άρπαξαν από τα χέρια.

«Στην κολώνα! Εκεί στην μέση! Και αφού σε δέσουμε καλά «Μαύρε Λύκε»» έλεγε ο Μάκης, καθώς ο Τζίμης και ο Αχιλλέας του έδεναν τα χέρια με το σχοινί, «θα σε βασανίσουμε μέχρι να μας πεις τι γύρευες εδώ τέτοια ώρα. Και μετά σού 'χω μια έκπληξη, μια μεγάλη έκπληξη!» και έβγαλε ένα χοντρό σουγιά από την τσέπη του.

Βλέποντας τον ο Γιώργος να πλησιάζει, τον κυρίευσε πανικός.

«Πρέπει να ξεφύγω», σκέφτηκε με αγωνία. «Αν μου βγάλουν την μάσκα, θα μάθουν όλοι ότι εγώ είμαι ο «Μαύρος Λύκος». Και ο θησαυρός; Ω, όχι δεν πρέπει με τίποτα να τους πω για αυτόν. Περάσαμε τόσα πολλά ο Ζιν και εγώ. Και τώρα θα τον πάρουν αυτοί; Κάτι πρέπει να κάνω, αλλά τι; ΤΙ;» και άρχισε να κουνιέται με δύναμη, προσπαθώντας να ελευθερωθεί.

Τα τρία αγόρια έβαλαν αμέσως τα γέλια, ενώ ο Μάκης στάθηκε μπροστά του, κοιτώντας τον στα μάτια με προσοχή.

«Άδικα κουράζεσαι «Μαύρε Λύκε» του είπε. «Δεν γλιτώνεις πια... Και τώρα, ας δούμε όλοι ΠΟΙΟΣ είσαι!» φώναξε και πιάνοντας την μάσκα του αγοριού, άρχισε να την τραβάει με δύναμη.

«ΑΦΗΣΤΕ ΤΟΝ ΤΩΡΑ!» ακούστηκε ξαφνικά μια δυνατή φωνή από πίσω τους.

Όλοι γύρισαν σαστισμένοι και εκεί, πάνω στα μεγάλα σκαλοπάτια του παλατιού, είδαν εκείνο τον μυστηριώδη τύπο με την κουκούλα, που τόσες φορές στο παρελθόν βοήθησε τον Γιώργο.

«ΤΙ!» ούρλιαξε ο Μάκης. «ΕΣΥ; ΕΔΩ;» και τραβώντας τα χέρια του από το αγόρι, κοίταξε αγριεμένος τον τύπο.

«Ποιος είναι αυτός αρχηγέ; Κανένα φάντασμα;» ρώτησε ταραγμένος ο Αχιλλέας.

«Τι φάντασμα ανόητε; Αυτός είναι που βοήθησε το καλοκαίρι τον φίλο του κινέζου στην Έπαυλη! Δεν θυμάστε που σας το έλεγα; Εμπρός, όλοι πάνω του! Πιάστε τον και φέρτε τον εδώ! Μη σας ξεφύγει!»

«Και εσύ αρχηγέ;» τον ρώτησε ο Τζίμης. «Θα μείνεις εδώ μόνος σου με τον «Μαύρο Λύκο»;

«Να μη σε νοιάζει εσένα!», απάντησε αυτός. «Έχω δύο πράγματα να του πω, δικά μας «μυστικά». Εμπρός, πηγαίνετε τώρα και μη τον αφήσετε να ξεφύγει!»

Και αμέσως, τα τρία αγόρια άρχισαν να τρέχουν προς τον μυστηριώδη τύπο. Αυτός όμως δεν κουνήθηκε. Περίμενε, ώσπου έφτασαν αρκετά κοντά του. Στην συνέχεια, έβγαλε από μια τσέπη του ένα μεγάλο λευκό τριαντάφυλλο, το μύρισε και, πετώντας το ψηλά, μπήκε γρήγορα στο παλάτι.

«Δείτε! Το σκάει!» φώναξε λαχανιασμένος ο Αχιλλέας.

«Ελάτε! Τον έχουμε πιάσει σχεδόν!» και ανέβηκαν γρήγορα τα σκαλοπάτια.

«Πού είναι; Τον βλέπετε;» είπε ο Τζίμης μόλις μπήκαν στο παλάτι.

«Όχι εγώ» είπε ο Γιάννης. Εσύ Αχιλλέα;

«Ούτε και εγώ. Έχει τόσο λίγο φως εδώ.. Μα πού στο... Νάτος! Εκεί πάνω, τον βλέπετε;» είπε το αγόρι και έδειξε την δεξιά σκάλα, στην κορυφή της οποίας στέκονταν ο μυστηριώδης τύπος και τους κοίταζε ήρεμος.

«Πίσω του! Τώρα δεν γλυτώνει!», φώναξε ο Τζίμης και όρμησαν όλοι μαζί στα σκαλοπάτια. Φτάνοντας πάνω όμως, είδαν ότι ο τύπος είχε φύγει και τους περίμενε στο τέλος ενός μακρόστενου διαδρόμου με παράθυρα, που όμως ήταν αδιέξοδο.

«Χα, χα, χα! Παγιδεύτηκες!» γέλασαν τα τρία αγόρια. «Πίσω σου έχεις μόνο τοίχο! Αυτή την φορά δεν ξεφεύγεις!»

«Σταματήστε!» τους φώναξε ξαφνικά ο τύπος, σηκώνοντας το χέρι του. «Δεν ξέρετε ανόητοι, ότι το παλάτι είναι γεμάτο παγίδες;»

«Ναι, καλά», είπε ο Γιάννης και προχώρησε πρώτος. Δεν πρόλαβε όμως να πλησιάσει πολύ, γιατί μια κρυφή καταπακτή άνοιξε ξαφνικά κάτω από τα πόδια του και χάθηκε μέσα σε αυτήν φωνάζοντας! Η καταπακτή ξανάκλεισε με δύναμη και τα άλλα δύο αγόρια, βλέποντας τον φίλο τους να χάνεται, έκαναν δύο βήματα πίσω τρομαγμένα.

«Ω, μην ανησυχείτε», ξανάπε ο τύπος κοροϊδευτικά, χωρίς να κουνηθεί από την θέση του. «Απλά ο φίλος σας θα κάνει ένα παγωμένο μπάνιο, όταν φτάσει σε λίγο στην θάλασσα. Και τώρα, δρόμο. Δεν έχω καθόλου όρεξη να ασχολούμαι με φοβητσιάρηδες», και τους έδιωξε, κουνώντας το χέρι του.

«Η «Συμμορία των Φαντασμάτων» δεν φοβάται κανέναν! Θα μου το πληρώσεις αυτό!» φώναξε αγριεμένος ο Αχιλλέας και πηδώντας την καταπακτή, όρμησε καταπάνω του.

«Όχι Αχιλλέα! Είναι παγίδα!», του φώναξε ο Τζίμης, προσπαθώντας να τον σταματήσει. Ήταν όμως αργά. Μια νέα καταπακτή άνοιξε γρήγορα και κατάπιε τον φίλο του.

«Φαίνεται πως μείναμε οι δύο μας», είπε τώρα χαμηλόφωνα ο τύπος.

«Εμένα δεν με κοροϊδεύεις..», απάντησε ο Τζίμης εκνευρισμένος. «Εγώ δεν το κουνάω από δω. Θα σε περιμένω μέχρι να κουραστείς και τότε θα..»

Προτού όμως προλάβει να πει αυτό που ήθελε, ο τύπος κατέβασε την κουκούλα του αργά και του έδειξε το πρόσωπό του.

«Εσύ..ΕΣΥ! ΟΧΙ! ΠΟΤΕ!» φώναξε οργισμένος ο Τζίμης και όρμησε και αυτός καταπάνω του. Η καταπακτή λειτούργησε ξανά και το αγόρι χάθηκε μέσα της φωνάζοντας. Λίγο προτού κλείσει, ο τύπος την πλησίασε και βγάζοντας πάλι ένα λευκό τριαντάφυλλο, το έριξε μέσα με χάρη. Ύστερα, φόρεσε πάλι την κουκούλα του και έφυγε.

Στο μεταξύ ο Γιώργος, ήταν ακόμη δεμένος στην κολώνα και ο Μάκης γύριζε γύρω του με ανυπομονησία, χωρίς να γνωρίζει τι είχε συμβεί.

«Μόλις οι τρεις βλάκες πιάσουν τον τύπο και τον φέρουν εδώ, θα διασκεδάσω αφάνταστα», έλεγε και ξανάλεγε, παίζοντας κάθε τόσο με τον σουγιά του.

«Ωραία μιλάς για τους φίλους σου. Και πώς είσαι τόσο σίγουρος ότι θα τον πιάσουν;» τον ρώτησε ο Γιώργος, προσπαθώντας να κερδίσει χρόνο.

«Έλα τώρα», του απάντησε ο Μάκης σταματώντας και κοιτώντας τον. «Είναι μεγάλα κορόιδα. Κάνουν ότι τους διατάξω. Νομίζεις πως ήξεραν ότι εσύ θα ήσουν απόψε εδώ; Μόνο εγώ το ήξερα. Δεν θέλεις να μάθεις πώς «Μαύρε Λύκε» ή.. μήπως θα ήταν καλύτερα να πω: ΓΙΩΡΓΟ ΚΡΑΤΕΡΕ;»

Στο άκουσμα του ονόματός του, το αγόρι τα έχασε και το έλουσε αμέσως κρύος ιδρώτας.

«Πώς... πώς ξέρεις ποιος είμαι;», ψέλλισε σαστισμένος.

«Πανεύκολα. Το μόνο που είχα να κάνω, ήταν να σε παρακολουθώ χωρίς να με καταλαβαίνεις, όπως μου είχε πει ο πατέρας μου. Ένα βράδυ λοιπόν, είδα τον «Μαύρο Λύκο» να βγαίνει από το σπίτι σου και τότε κατάλαβα. Εσύ ήσουν ο «Μαύρος Λύκος», αυτός που έπιασε τον τρομερό ληστή της Νίκης. Σε ακολούθησα στο ανατολικό δάσος και θα σε έπιανα, αν δεν ήταν εκείνος ο βλάκας ο αστυνομικός..».

«Ο κος Ανδρέας! Ώστε εσύ ήσουν αυτός που κυνήγησε τότε στην παλιά πόλη!»

«Ναι, εγώ. Μην χαίρεσαι όμως. Μόνο εγώ ξέρω ποιος είσαι..ακόμα. Θυμάσαι που σου είπα πριν για μια έκπληξη; Ε λοιπόν, πριν έρθουμε στο κάστρο, άφησα ένα μήνυμα στον χαζό αστυνομικό, ότι αν θέλει να σε πιάσει ακόμα, να είναι εδώ γύρω στις... μμμμ..» μουρμούρισε και κοίταξε το ρολόι του.

«Σε λίγο θα είναι εδώ με όλη την αστυνομία και θα μάθουν ποιος είσαι. Έχουμε χρόνο. Θα μου πεις λοιπόν τι γύρευες απόψε στο κάστρο;» τον ξαναρώτησε, και έβαλε το σουγιά του στην μύτη του Γιώργου.

Αυτός όμως είχε σταματήσει να τον κοιτάζει. Τα μάτια του ήταν στραμμένα στο παλάτι και χαμογελούσε.

«Γ..γιατί χ..χαμογελάς;» έκανε με ταραχή ο Μάκης. «Τι βλέπεις τόσο αστ..» και γυρνώντας και αυτός, είδε και πάλι τον μυστηριώδη τύπο που τους κοίταζε από μακριά.

«ΠΩΣ! ΞΕΦΥΓΕΣ; ΠΟΥ ΕΙΝΑΙ ΟΙ ΑΛΛΟΙ; ΤΖΙΜΗ! ΑΧΙΛΛΕΑ! ΓΙΑΝΝΗ!», άρχισε να του φωνάζει ο Μάκης και έκανε μερικά βήματα προς το παλάτι.

Ο Γιώργος κατάλαβε ξαφνικά ότι δεν θα είχε άλλη ευκαιρία σαν αυτή. Έπρεπε τώρα να κάνει κάτι.

Τα *«νύχια του πάνθηρα!»*, σκέφτηκε. Αν κατάφερνε να κάνει τα νύχια να βγουν, θα έκοβε πανεύκολα τα σχοινιά. Έτσι, με πολύ δυσκολία έσφιξε δυνατά τα χέρια του.

«ΧΤΣΙΝΓΚ!»

Τα μακριά, κοφτερά νύχια πετάχτηκαν αμέσως και έκοψαν ότι σχοινί υπήρχε στον δρόμο τους.

«Δεν ξέρω τι έκανες με τους άλλους» ξαναφώναξε ο Μάκης στον τύπο. «Εγώ κρατάω τον «Μαύρο Λύκο» και δεν πρόκειται να τον αφήσω».

«Μην είσαι τόσο σίγουρος», του απάντησε αυτός και του έδειξε την κολώνα με το δάχτυλο. Ο Μάκης γύρισε πίσω του και τότε με έκπληξη είδε ότι η κολώνα ήταν άδεια! Γύρω της μονάχα υπήρχαν κάτι κομμένα σχοινιά.

«ΑΑΑΑΑΑΑΑ!» φώναξε οργισμένος.«ΠΟΥ ΕΙΣΑΙ «ΜΑΥΡΕ ΛΥΚΕ»; ΠΟΥ ΕΙΣΑΙ; ΠΟΥ; ΠΟΥ;» έλεγε και ξανάλεγε, γυρνώντας γύρω από την κολώνα σαν τρελός.

«ΑΚΡΙΒΩΣ ΑΠΟ ΠΙΣΩ ΣΟΥ!» ακούστηκε μια φωνή ξαφνικά και ο Γιώργος πήδηξε μπροστά του, τού έδωσε μια δυνατή μπουνιά και άρχισε να τρέχει γρήγορα προς το παλάτι.

Ήλπιζε ότι ο Μάκης δεν θα τον ακολουθούσε. Σίγουρα θα φοβόταν όπως όλοι τις παγίδες του παλατιού και θα έφευγε. Και ύστερα ήταν και ο τύπος. Δεν θα τολμούσε να τα βάλει με τους δύο τους, χώρια που έπρεπε να έβρισκε και άλλη έξοδο να έφευγε μιας και η πύλη του κάστρου ήταν κλειστή.

Κόντευε να φτάσει στο παλάτι, όταν ξαφνικά γύρισε πίσω του για να δει τι γινόταν. Δυστυχώς για τον Γιώργο, ο Μάκης τον ακολουθούσε και μάλιστα τρέχοντας! Και ο τύπος είχε και πάλι εξαφανιστεί!

Μην έχοντας άλλη επιλογή λοιπόν, μπήκε γρήγορα στο παλάτι, ανέβηκε την σκάλα που είχε κατέβει πριν, πέρασε τους σκοτεινούς διαδρόμους, όμως ο Μάκης δεν σταματούσε να τον κυνηγάει. Έτσι, ανέβηκε γρήγορα τα σκαλοπάτια του πύργου, φτάνοντας μέχρι το δωμάτιο του θησαυρού.

«Ουφ! Ουφ! Τώρα νομίζω πως γλύτωσα..», είπε, ακουμπώντας σε έναν τοίχο και ξεφυσώντας λαχανιασμένος. «Αποκλείεται να με ακολούθησε..»

«Μη είσαι τόσο σίγουρος!» ακούστηκε ξαφνικά μια φωνή και έκπληκτος είδε τον Μάκη που ανέβαινε το τελευταίο σκαλοπάτι του πύργου!

«Εφόσον ένας φοβητσιάρης σαν εσένα έφτασε μέχρι εδώ, θα φοβόμουν εγώ, που δεν φοβάμαι τίποτ...», πήγε να πει, μα ξαφνικά σταμάτησε. Μέσα στο σκοτάδι, του φάνηκε κάτι να γυαλίζει. Έβγαλε γρήγορα από την τσέπη του έναν στρατιωτικό φακό και τον άναψε. Τα μάτια του έλαμψαν από χαρά.

«ΕΝΑΣ ΘΗΣΑΥΡΟΣ!», φώναξε. «ΕΝΑΣ ΤΕΡΑΣΤΙΟΣ ΘΗΣΑΥΡΟΣ! ΑΧΑΧΑΧΑΧΑ!», γέλασε δυνατά. «ΩΣΤΕ ΑΥΤΟ ΕΚΑΝΕΣ ΑΠΟΨΕ ΕΔΩ! ΕΙΜΑΙ ΠΛΟΥΣΙΟΣ! ΠΛΟΥΣΙΟΣ!» ξανάπε και πλησίασε το χρυσάφι.

«Ο θησαυρός ανήκει σε εμένα και στον Ζιν!» τον διέκοψε θυμωμένος ο Γιώργος. «Μας πήρε μήνες να τον βρούμε και ανήκει σε εμάς!».

«Δεν νομίζω, «Μαύρε Λύκε», ξανάπε ο Μάκης με ένα ηλίθιο χαμόγελο. «Ο Θησαυρός είναι δικός μου! Και μόλις σε ξεφορτωθώ, θα τον πάρω και θα φύγω για πάντα από την Νίκη!»

«Δεν θα σε αφήσω. ΠΟΤΕ! Και ύστερα μην ξεχνάς πως η οικογένειά σου, όλοι θα σε ψάξουν».

«Ναι, έχεις δίκιο..», έκανε για λίγο σκεφτικός αυτός. «Όμως ξέρεις κάτι; Δεν με νοιάζει καθόλου! Ο πατέρας μου σπάνια νοιάζεται για μένα και αυτό πάντα με βόλευε, οπότε..», είπε και γύρισε το κεφάλι του αλλού.

«ΑΑΑΑ! Αρκετά με αυτά», φώναξε. «Ώρα να σε ξεφορτωθώ.. μια και καλή!» και σηκώνοντας ένα σπαθί από αυτά που ήταν πεσμένα κάτω, πλησίασε αργά το αγόρι.

Ο Γιώργος, βλέποντας τον να προχωράει εναντίον του, σήκωσε και αυτός από κάτω ένα σπαθί και το κράτησε μπροστά του με προσοχή.

«Κάνε πίσω!» τού είπε με θάρρος.

«Τι; Θα πολεμήσεις; Δεν θα αρχίσεις να τρέχεις όπως κάθε φορά;» είπε γελώντας ο Μάκης και όρμησε καταπάνω του.

Τα δύο σπαθιά χτύπησαν το ένα με το άλλο με δύναμη. «ΚΛΑΝΚ! ΚΛΑΝΚ!»

Ο καημένος ο Γιώργος μάχονταν με θάρρος και με όσο κουράγιο είχε, όμως ο Μάκης ήταν πιο δυνατός από αυτόν και γρήγορα τον στρίμωξε σε μια γωνία. Έπρεπε να βρει ένα τρόπο να ξεφύγει.

Με μιας, γλίστρησε στο πλάι και έτρεξε στα σκαλοπάτια που οδηγούσαν πάνω. Ο Μάκης τον ακολούθησε και σε λίγο τα δύο αγόρια άρχισαν να μονομαχούν στην μεγάλη πολεμίστρα.

Η νύχτα είχε πέσει πια για τα καλά και το κρύο γινόταν τσουχτερό. Μερικές ψιχάλες έπεσαν από τον ουρανό, κάτι που σήμαινε ότι πλησίαζε βροχή. Και πιο πέρα, μέσα στο σκοτάδι, η Νίκη έλαμπε όσο ποτέ, γιορτάζοντας ακόμη την Ημέρα του Περιστεριού.

Οι ήχοι των σπαθιών αντηχούσαν σε όλο το κάστρο. Και αν εκείνη την στιγμή βρίσκονταν κανείς στην αυλή του, θα νόμιζε ότι εκεί πάνω μονομαχούσαν δύο ιππότες, όπως πριν από εκατοντάδες χρόνια.

Τελικά, με μια πολύ δυνατή κίνηση, ο Μάκης χτύπησε το σπαθί του Γιώργου και το πέταξε στην άκρη της πολεμίστρας.

«Και τώρα, μικρέ ανόητε, γονάτισε μπροστά μου», του είπε λαχανιασμένος και πες: «Μάκη, με νίκησες. Ο θησαυρός σου ανήκει».

Ο Γιώργος τον κοίταξε πολύ σοβαρός. Έπειτα έσκυψε το κεφάλι του και γονάτισε, πιάνοντας με το δεξί του χέρι την ζώνη του.

«Είσαι έτοιμος;» τον ρώτησε ο Μάκης.

«ΧΙΟΥΟΥΟΥΟΥ! ΜΠΟΥΜ! ΜΠΟΥΜ! ΜΠΟΥΜ!»

Δυνατοί θόρυβοι, όπως αυτοί των κανονιών, τρόμαξαν τα δύο αγόρια. Μακριά και πάνω από την Νίκη άρχισαν να σκάνε πολύχρωμα πυροτεχνήματα, που φώτισαν τον ουρανό.

Ο Μάκης γύρισε και τα κοίταξε έκπληκτος, όχι όμως και ο Γιώργος. Έβγαλε γρήγορα από την τσέπη του δύο *«μπάλες κόλλας»* και τις πέταξε στο σπαθί που κράταγε ο αντίπαλός του. Αυτό τυλίχτηκε γρήγορα με κόλλα και έγινε τόσο βαρύ, που το αγόρι το πέταξε κάτω.

«Τι..τι έκανες; Τι είναι αυτά;» του φώναξε αγριεμένος ο Μάκης, βλέποντας το σπαθί να γίνεται μια μεγάλη μπάλα. «Ω, φτάνει πια με τα παιχνίδια. Αρκετά! Αυτό είναι το τέλος σου!» και βγάζοντας ένα μικρό μαχαίρι από την μπότα του, όρμησε πάνω στον Γιώργο.

Αυτός όμως τον περίμενε και βγάζοντας από μια τσέπη του τον «*μαύρο βάτραχο*», ένα μαύρο πλαστικό βατραχάκι, το πέταξε με δύναμη στο πάτωμα. Αυτό έσκασε, και μια μαύρη γλιστερή ουσία απλώθηκε παντού, κάνοντάς τον Μάκη να γλιστρήσει και να πέσει κάτω, χάνοντας το μαχαίρι του.

«Μείνε εκεί! Μη κουνιέσαι!» του φώναξε ο Γιώργος και τον σημάδεψε με την βαλλίστρα του. «Έχω ακόμη πολλά όπλα μαζί μου!» ξανάπε και κάνοντας μερικά βήματα πίσω, είδε πως είχε φτάσει στην άκρη της πολεμίστρας. Οι μικρές ψιχάλες που έπεφταν τόση ώρα έγιναν κανονική βροχή και τα πυροτεχνήματα σταμάτησαν.

«Εντάξει, εντάξει..» απάντησε ο Μάκης, καθώς σηκώνονταν όρθιος. «Εντάξει, έχασα».

Τα ρούχα του είχαν γίνει κατάμαυρα και έδειχνε πως πονούσε.

«Είσαι πιο δυνατός από μένα «Μαύρε Λύκε». Το παραδέχομαι. Ο θησαυρός σού ανήκει και δεν θα σε ξαναενοχλήσω πια. Εντάξει;»

«Εντάξει», του απάντησε ο Γιώργος, κουνώντας το κεφάλι του.

«Και ασφαλώς τώρα θα θέλεις να φύγω», ξανάπε ο Μάκης.

«Ναι, και μην δοκιμάσεις κανένα κόλπο σου. Η βαλλίστρα μου δεν αστειεύεται» είπε το αγόρι και συνέχισε να τον σημαδεύει.

«Καλά, καλά, το κατάλαβα. Όμως..πριν φύγω..μπορώ να σού ζητήσω μια χάρη;»

«Χάρη; Τι χάρη;»

«Θέλω να σφίξω το χέρι αυτού που με νίκησε».

«Αυτό αποκλείεται. Είναι σίγουρα ένα από τα κόλπα σου. Φύγε τώρα. Και μην σε ξαναδώ μπροστά μου».

«Έλα τώρα Γιώργο», επέμεινε αυτός. «Ακόμη και εγώ δεν είμαι τόσο κακός. Το χέρι θα σου σφίξω. Κοίτα με, ίσα που μπορώ να περπατήσω» και έκανε ένα βήμα μπροστά κουτσαίνοντας.

Το αγόρι τον κοίταξε με προσοχή. Μπροστά του είχε τον αρχηγό της «Συμμορίας των Φαντασμάτων» νικημένο και βρώμικο από πάνω μέχρι κάτω. Ήθελε να του σφίξει το χέρι. Μόνο αυτό. Και αν ήταν πάλι κάποιο από τα κόλπα του; Σίγουρα κόλπο ήταν, αλλά και πάλι ήταν τόσο αξιολύπητος..Τόσο αδύναμος...

«Υπόσχεσαι να μην πεις σε κανέναν για τον θησαυρό;»

«Το υπόσχομαι».

«Και να διαλύσεις την χαζή σας «Συμμορία των Φαντασμάτων»;

«Το υπόσχομαι».

«Και το κυριότερο: να μην πεις σε κανέναν, μα σε κανέναν όμως ότι εγώ είμαι ο «Μαύρος Λύκος» ποτέ, το υπόσχεσαι;»

«Ναι, ναι, ΝΑΙ! Θα μου σφίξεις το χέρι τώρα;» είπε ο Μάκης απλώνοντας το.

Ο Γιώργος κατέβασε σιγά-σιγά την βαλλίστρα του και την άφησε στο έδαφος. Στην συνέχεια, έβγαλε από μια τσέπη του ένα μαύρο ραβδί, ίδιο με αυτό που είχε παλιότερα χρησιμοποιήσει στον κο Θωμά.

«Αυτό είναι ένα πολύ ισχυρό όπλο», του είπε το αγόρι. «Αν τολμήσεις και κάνεις κάτι, είσαι χαμένος» και άπλωσε το χέρι του.

Ο Μάκης χαμογέλασε πονηρά, και πλησιάζοντάς τον αργά, του το έσφιξε με το δικό του.

«Είσαι πολύ καλό παιδί, Γιώργο» είπε χαμηλόφωνα. «ΟΜΩΣ ΚΑΙ ΠΟΛΥ ΑΝΟΗΤΟ!», του φώναξε και μεμιάς, τον

έσπρωξε με δύναμη, ρίχνοντάς τον έξω από την πολεμίστρα!
Η βροχή συνέχιζε να πέφτει με μεγάλη δύναμη.
Και ο Μάκης γεμάτος χαρά, άρχισε να φωνάζει:
«Τελείωσε! Τελείωσε! Χαχαχαχα! Εγώ νίκησα! Νίκησα τον «Μαύρο Λύκο» και είμαι πλούσιος! Ναι, πλούσιος! Χαχαχαχα!» και σηκώνοντας από κάτω το μαχαίρι του, ετοιμάστηκε να φύγει. Δεν έπρεπε όμως να βιάζεται τόσο. Ένας ήχος, σαν αδύναμο ξύσιμο, ακούστηκε από το σημείο που πριν λίγο είχε σπρώξει τον Γιώργο. Άραγε ήταν ακόμη εκεί;
Έτρεξε γρήγορα και κοίταξε. Ναι, κρεμασμένος από τις χοντρές πέτρες της πολεμίστρας ήταν ακόμη ο Γιώργος και έβαζε όλη του την δύναμη να κρατηθεί. Τα *«νύχια του πάνθηρα»* είχαν γαντζωθεί από μια πέτρα την τελευταία στιγμή και του είχαν σώσει την ζωή.
«Ώστε είσαι ακόμη ζωντανός;» γρύλιξε ο Μάκης. «Είσαι το πιο ενοχλητικ...».
Δεν πρόλαβε όμως να πει αυτό που ήθελε, γιατί από τους πρόποδες των βουνών φάνηκαν κάτι κόκκινα και λευκά φώτα που πλησίαζαν γρήγορα, αλλά και μια σειρήνα που ακουγόταν όλο και πιο δυνατά.
«Ο κος Ανδρέας!» είπε, χτυπώντας το χέρι του στις πέτρες. Ύστερα κοίταξε το ρολόι του.
«Χμμ, για να δούμε. Μέχρι να προλάβει αυτός και οι αστυνομικοί του να ρίξουν την πύλη, έχω χρόνο να φύγω. Και γυρίζω αύριο για τον θησαυρό. Σιγά μην τολμήσουν αυτοί οι φοβητσιάρηδες να μπουν στο παλάτι. Άρα, μόνο ένα πράγμα μου έμεινε να κάνω...» και κοιτάζοντας με ένα πονηρό χαμόγελο τον Γιώργο, άρχισε να τραγουδά:
«Περπατώ, περπατώ μες το κάστρο, όταν ο Λύκος είναι ΕΔΩ!», και πηδώντας στις πέτρες της πολεμίστρας, πάτη-

σε με δύναμη το χέρι του αγοριού! Αυτό ούρλιαξε από τον πόνο και το τράβηξε αμέσως, μένοντας κρεμασμένο με το άλλο, που άρχισε να τον πονάει φοβερά.

Τα περιπολικά της αστυνομίας έφτασαν στο κάστρο και ο κος Ανδρέας μαζί με πολλούς αστυνομικούς άρχισαν γρήγορα να ανηφορίζουν το μονοπάτι.

Βλέποντας τον Γιώργο να υποφέρει, ο Μάκης γέλασε μοχθηρά. Όλα έδειχναν πως είχε τελικά νικήσει. Θα έριχνε τον φίλο μας από το κάστρο, θα άρπαζε τον θησαυρό και θα θυμόταν για πάντα πως αυτός ήταν που νίκησε τον θρυλικό «Μαύρο Λύκο», τον κάποτε ήρωα και προστάτη της Νίκης.

Όμως ήταν έτσι τα πράγματα; Γιατί ο Γιώργος δεν σκόπευε τόσο απλά να τα παρατήσει.. Και ο Μάκης θα ανακάλυπτε σύντομα πως, οι αληθινοί ήρωες γεννιούνται τότε, που τα πάντα για αυτούς δείχνουν να έχουν τελειώσει..

«*Λύκε, λύκε είσαι ΕΔΩ;*», τραγούδησε πάλι το αγόρι και σήκωσε το πόδι του να τον ξαναπατήσει.

Και τότε! «ΕΔΩ ΕΙΜΑΙ!» φώναξε ο Γιώργος ξαφνικά και με μια γρήγορη κίνηση, έβγαλε τον «*φακό-λέιζερ*» και τον έστρεψε στον Μάκη.

«ΑΡΧΗΓΕ, ΕΚΕΙ ΠΑΝΩ!», φώναξε ένας αστυνομικός στον κο Ανδρέα, που κλώτσαγε με δύναμη την πύλη από τα νεύρα του. Όλοι κοίταξαν τον πύργο. Ένα λαμπερό φως έλαμψε για μερικά δευτερόλεπτα σαν αστραπή και μετά έσβησε απότομα.

«ΤΑ ΜΑΤΙΑ ΜΟΥ!» φώναξε ο Μάκης πιάνοντας τα με τα χέρια του. «Τι..τι μου έκανες; Δεν βλέπω. ΔΕΝ ΒΛΕΠΩ! Δεν...» και ζαλισμένος, άρχισε να περπατάει πάνω στις πέτρες χωρίς να βλέπει πού πηγαίνει.

Δυστυχώς όμως για αυτόν, δεν άργησε να χάσει την ισορροπία του και γλίστρησε. Προσπάθησε να πιαστεί από κά-

Η Χρυσή Νίκη

που, μα αυτός δεν είχε τα «*νύχια του πάνθηρα*», όπως ο Γιώργος και έπεσε στο κενό, βγάζοντας μια μεγάλη κραυγή...
Έτσι χάθηκε ο Μάκης. Και αυτό ήταν το τέλος της «Συμμορίας των Φαντασμάτων». Πλέον, κανένα παιδί στην Νίκη δεν θα φοβόταν πια όπως πριν...
Στο μεταξύ, ο Γιώργος, ήταν σε πολύ άσχημη θέση. Το χέρι, με το οποίο κρατιόταν, είχε μουδιάσει και με το άλλο κράταγε τον «*φακό-λέιζερ*». Η δυνατή βροχή επιτέλους άρχισε να λιγοστεύει και το μόνο που ακουγόταν πια ήταν οι φωνές των αστυνομικών, που βρήκαν μια τρύπα και έμπαιναν στο κάστρο.
«Δεν θα πέσω» έλεγε και ξαναέλεγε στον εαυτό του. «Όχι, δεν θα πέσω. Θα τα καταφέρω...».
Τα μάτια του από τον πόνο έκλειναν βιαστικά και προσπαθούσε να τα κρατήσει ανοιχτά. Η μητέρα του, ο Ζιν, ο κος Λι, ο κος Πέτρος από το βιβλιοπωλείο, η κα Κούλα, ακόμα και η εκνευριστική αδερφή του... μακάρι να ήταν κάποιος από όλους αυτούς εδώ... μακάρι... και ξαφνικά! Ένα χέρι έπιασε το δικό του! Ήταν ο μυστηριώδης τύπος με την κουκούλα!
«Ε..ε.. εσύ..» είπε το αγόρι, καθώς ο τύπος τον τράβηξε πάνω, βοηθώντας τον να σηκωθεί. «Ν..νόμιζα ότι είχες φύγει..»
«Δεν θα μπορούσα να το έκανα ποτέ αυτό «Μαύρε Λύκε».
«Τόση ώρα... Α, δεν έχει σημασία...Σ' ευχαριστώ..»
«Μη το λες αυτό. Εγώ θα πρέπει να σ' ευχαριστήσω. Νομίζω όμως ότι τώρα είναι πια καιρός να μάθεις ποιος ή μάλλον... π-ο-ι-ά είμαι» και κατέβασε την κουκούλα του.
Ε, αυτό ο Γιώργος δεν το περίμενε με τίποτα. Ήταν η Δάφνη! Τόσο καιρό τον βοηθούσε η Δάφνη Μακρεμβολίτη,

εκείνο το κορίτσι που τον είχε γλυτώσει με το αμάξι της, ήταν ο μυστηριώδης τύπος με την κουκούλα!

«Μ..μα πώς; Γιατί; Ούτε που με ξέρεις!» της είπε, πιάνοντας το χέρι του, που ακόμα τον πονούσε φοβερά.

«Θα σου τα εξηγήσω όλα, αργότερα όμως», απάντησε η Δάφνη. «Τώρα ακολούθησέ με. Αυτός ο πύργος έχει ένα μυστικό διάδρομο που βγάζει πίσω από το κάστρο, δίπλα στην θάλασσα. Εκεί σε περιμένει ο Τιμόθεος, ο σοφέρ μου με μια βάρκα. Στο μεταξύ εγώ θα καθυστερήσω τον κο Ανδρέα και τους αστυνομικούς του. Έχουν αρχίσει και μπαίνουν στην αυλή».

«Και ο θησαυρός;» τη ρώτησε ο Γιώργος, σηκώνοντας από κάτω την βαλλίστρα του.

«Μη σε νοιάζει. Τα έχω όλα σκεφτεί. Μα μην αργείς. Έλα λοιπόν!» και με την βοήθεια ενός φακού, κατέβηκαν γρήγορα τα σκαλοπάτια του πύργου. Όταν έφτασαν στο τέλος, η Δάφνη διάβασε ένα μικρό χαρτί και του έδειξε ένα μυστικό διάδρομο που θα τον έβγαζε από το κάστρο.

«Εδώ χωρίζουμε», του είπε. «Πήγαινε. Ο Τιμόθεος σε περιμένει» και φορώντας την κουκούλα της, έτρεξε μέσα στο παλάτι.

Ο Γιώργος περπάτησε όσο πιο γρήγορα μπορούσε, ώσπου έφθασε στη θάλασσα. Εκεί πράγματι βρήκε τον Τιμόθεο, που τον βοήθησε να μπει στην βάρκα και έφυγαν γρήγορα. Δεν είχαν απομακρυνθεί πολύ, όταν από το κάστρο ακούστηκαν φωνές και πυροβολισμοί. Ο Γιώργος γύρισε τρομαγμένος, όχι όμως και ο κος Τιμόθεος, που τον καθησύχασε, λέγοντας:

«Μην στεναχωριέσαι νεαρέ. Η δεσποινίς Δάφνη είναι έξυπνη κοπέλα. Θα δεις, θα τα καταφέρει», είπε με την ήρεμη φωνή του και συνέχισε να τραβάει κουπί.

Σε λίγο, οι δυο τους είχαν απομακρυνθεί αρκετά από το κάστρο και ο Γιώργος ξάπλωσε στην βάρκα, κοιτάζοντας τον ουρανό. Η θάλασσα είχε ηρεμήσει και τα σύννεφα είχαν σχεδόν εξαφανιστεί. Το φεγγάρι φώτιζε τον δρόμο τους, καθώς πλησίαζαν αργά στο λιμάνι της Νίκης. Όταν επιτέλους φτάσανε, είχε αποκοιμηθεί.

ΚΕΦΑΛΑΙΟ ΔΕΚΑΤΟ ΤΕΤΑΡΤΟ

Ο «ΠΕΤΡΙΝΟΣ ΓΙΓΑΝΤΑΣ»

«Γιώργο, Γιώργο!», ακούστηκε μέσα από το σκοτάδι.
«Έλα λοιπόν, είναι ώρα να σηκωθείς!»
Το αγόρι άνοιξε σιγά-σιγά τα μάτια του και κοίταξε. Ο πρωινός ήλιος προσπαθούσε να μπει μέσα από τα κλειστά παντζούρια. Μια γυναίκα πλησίασε και τα άνοιξε. Το φως όρμησε μέσα στο δωμάτιο και έκανε τα μάτια του να πονέσουν. Όταν τα άνοιξε ξανά, είδε πως βρισκόταν στο κρεβάτι του με τις πιτζάμες του. Δύο άνθρωποι στέκονταν απέναντί του και τον κοιτούσαν. Ήταν η μητέρα του και ο Ζιν.

«Έλα λοιπόν Γιώργο, ξύπνα επιτέλους!» του είπε ξανά αυτή. «Κοντεύει μεσημέρι!» και τον βοήθησε να σηκωθεί.

Τι έγινε; Πώς βρέθηκε στο κρεβάτι του; Το τελευταίο πράγμα που θυμόταν, ήταν ότι βρισκόταν μέσα σε μια βάρκα και... Ο θησαυρός! Η μάχη με τον Μάκη! Η Δάφνη;

Θεέ μου, η Δάφνη! Και το πιο σημαντικό από όλα: τι ή-ξ-ε-ρ-ε από όλα αυτά η μητέρα του;

«Ξέρεις μαμά..», ψέλλισε το αγόρι, ακουμπώντας την πλάτη του στο κρεβάτι. «Εγώ... δηλαδή... χθες..»

«Δεν χρειάζεται να μου εξηγήσεις τίποτα», τον διέκοψε αυτή. «Τα ξέρω όλα!» και σήκωσε τα φρύδια της ψηλά, σαν να τον έπιασε στα πράσα.

«Α-αλήθεια;»

«Ναι. Ξέρω πολύ καλά πως χθες στο βράδυ, στην γιορτή της πόλης, σάς επιτέθηκε αυτός ο αλήτης ο Μάκης. Και σε χτύπησε και λιποθύμησες. Αν είναι δυνατόν! Πάλι καλά που σε έφεραν στο σπίτι ο Ζιν με κάποιον κο Τιμόθεο. Μετά σε φρόντισα εγώ. Έχεις έναν πολύ καλό φίλο Γιώργο», είπε κοιτάζοντας τον Ζιν, ο οποίος έσκυψε το κεφάλι του χαμογελώντας.

«Αρκετά όμως μίλησα. Σήμερα δεν έχετε σχολείο και πρέπει να πεινάτε. Πάω να σας φέρω κάτι να φάτε και να σας αφήσω να τα πείτε. Σου αρέσουν τα σοκολατένια κρουασάν, Ζιν; Με λίγο γάλα, νομίζω πως είναι ότι πρέπει» και χαμογελώντας τους, έφυγε γρήγορα.

Ο Ζιν παρέμεινε σιωπηλός στην θέση του και μόλις η πόρτα του δωματίου έκλεισε, όρμησε στον Γιώργο και άρχισε σαν τρελός να τον ρωτάει χίλια πράγματα. Ο Γιώργος όμως τον σταμάτησε, λέγοντας του πως πρώτα έπρεπε να του πει πώς στο καλό βρέθηκε εδώ.

«Μα δεν σου είπε η μητέρα σου; Σε έφερα εγώ και ο κος Τιμόθεος. Βασικά, αυτός σε κουβάλησε μέχρι το σπίτι και εγώ είπα μια χαζή δικαιολογία».

«Και πώς ήξερες ότι ερχόμουν σπίτι;»

«Αργά χθες το βράδυ, ενώ σε περίμενα με αγωνία να γυρίσεις, κοιτούσα διαρκώς το δρόμο από το παράθυρο. Και ξαφνικά, στην άκρη της γειτονιάς, είδα τον κο Τιμόθεο να σε βγάζει από ένα αμάξι. Έτρεξα γρήγορα κάτω, σου βγάλαμε την μάσκα και μετά είπα την ιστορία που ξέρεις και εσύ».

«Και για την στολή; Πώς τα μπάλωσες;»

«Λίγο δύσκολα. Είπα πως είναι άλλη μια εφεύρεση του πατέρα μου και ότι εσύ την δοκίμαζες. Η μητέρα σου ευτυχώς τα πίστεψε όλα και αυτή σε έβαλε στο κρεβάτι. Και τώρα η σειρά σου. Πες μου γιατί θα τρελαθώ. Βρήκες το θησαυρό; Ήταν εύκολες οι παγίδες; Ω, έλα Γιώργο μίλα!»

Και ο Γιώργος, παίρνοντας μια βαθιά ανάσα, άρχισε να του λέει όλη την ιστορία: πως έφτασε στο κάστρο, μπήκε στο παλάτι, πέρασε τις παγίδες και βρήκε τον θησαυρό.

«Και; Είναι ακόμη εκεί;» τον διέκοψε ο Ζιν.

«Δεν ξέρω. Άκου όμως και την συνέχεια», και του είπε για το πώς τον έπιασε η «Συμμορία των Φαντασμάτων» και ότι ο Μάκης ήξερε εδώ και καιρό ποιος πραγματικά είναι.

«Δεν το πιστεύω! Πώς στο καλό ήξερε ότι εσύ είσαι ο «Μαύρος Λύκος»;»

«Θυμάσαι που σου έλεγα πολλές φορές ότι νιώθω πως κάποιος μας παρακολουθεί; Ε, αυτός ήταν ο Μάκης. Με είχε δει να βγαίνω από το σπίτι ντυμένος «Μαύρος Λύκος» τη βραδιά που πήγα στο Ανατολικό δάσος και με ακολούθησε. Και μάλιστα ήταν αυτός εκεί πάνω που κυνήγησε ο κος Ανδρέας».

«Και τι ήθελε αυτή την φορά; Τον θησαυρό;»

«Δεν ήξερε για αυτόν παρά έμαθε μετά που με ακολούθησε. Ύστερα μονομάχησα μαζί του πάνω στον πύργο και... και αυτός έπεσε από εκεί...»

«Τι; Έπεσε; Δηλαδή χάθηκε; Για πάντα;»

«Δεν ξέρω Ζιν. Το μόνο που θυμάμαι είναι ότι πονούσα φοβερά. Αυτό που ξέρω πάντως είναι πως ήθελε να με παραδώσει στην αστυνομία και να μάθει όλη η πόλη ποιος

είμαι. Μόλις όμως έμαθε για τον θησαυρό, προσπάθησε να με σκοτώσει».
«Ώστε αυτό έλεγε το σημείωμα που άφησε στο γραμματοκιβώτιο του κου Ανδρέα χθες το βράδυ! Την πονηρή νυφίτσα! Και πώς νίκησες τους άλλους τρεις;»
«Είχα βοήθεια», είπε χαμογελώντας του ο Γιώργος. «Με βοήθησε ο μυστηριώδης τύπος. Και μάλιστα έμαθα ποιος είναι».
«Έμαθες;! Ποιος είναι λοιπόν;»
«Η Δάφνη Μακρεμβολίτη», του είπε και άρχισε αμέσως να γελάει, βλέποντας τον φίλο του που είχε μείνει με το στόμα ανοιχτό.
Εκείνη την στιγμή άνοιξε η πόρτα.
«Ελάτε παιδιά. Έφερα πρωινό. Α και Γιώργο σήκω επιτέλους από το κρεβάτι. Ήρθε μια φίλη σου να δει τι κάνεις. Πέρασε κορίτσι μου. Θέλεις ένα κρουασάν;»
Τα δύο αγόρια κοίταξαν έκπληκτα την πόρτα. Ήταν η Δάφνη! Φορούσε ένα κάτασπρο παλτό και μπήκε στο δωμάτιο χαμογελαστή.
«Όχι, ευχαριστώ κα Μαρία», απάντησε. «Έχω φάει. Τι κάνεις Γιώργο; Πώς είσαι σήμερα;» είπε με μια γλυκιά φωνή και κάθισε προσεκτικά στην άκρη του κρεβατιού.
Ο Γιώργος και ο Ζιν δεν είπαν τίποτα, μόνο την κοιτούσαν σαν χαμένοι.
Μόλις η κα Μαρία άφησε τα κρουασάν και έφυγε, πρώτος μίλησε ο Ζιν:
«Λοιπόν; Νομίζω ότι έχεις κάτι να μας πεις εσύ, σωστά;» ρώτησε την Δάφνη και άρχισε να παίζει με μια χρωματιστή μπίλια που έβγαλε από την τσέπη του.
Η κοπέλα δεν του απάντησε τίποτα. Ξεκούμπωσε αργά το παλτό της και αφού βολεύτηκε καλύτερα, ξεκίνησε να μιλάει:

«Ονομάζομαι Δάφνη Μακρεμβολίτη. Αλλά αυτό το ξέρετε ήδη. Επίσης τώρα πια ξέρετε ότι εγώ ήμουν τόσο καιρό αυτός ο μυστηριώδης τύπος που εμφανίζονταν ξαφνικά. Αλλά αυτό που δεν ξέρετε είναι ότι εγώ είμαι η εγγονή του Χρήστου Μακρεμβολίτη».

«Ποιος είναι αυτός;», την διέκοψε απότομα ο Ζιν.

Η κοπέλα του έριξε μια αυστηρή ματιά και συνέχισε κοιτώντας τον Γιώργο:

«Ο παππούς μου, ο Χρήστος Μακρεμβολίτης δηλαδή, και ο Ηλιανός πριν από πολλά χρόνια, ήταν οι καλύτεροι φίλοι στην Νίκη. Μάλιστα ήταν ο μόνος που ήξερε ότι ο Ηλιανός ήταν ο «Μαύρος Λύκος» και πολλές φορές τον βοηθούσε μυστικά».

«Όπως εγώ με τον Ζιν», είπε τώρα ο Γιώργος.

«Ακριβώς..» είπε αυτή, σηκώνοντας τα μάτια της ψηλά. «Όπως εσύ με τον Ζιν».

«Έχω τόσα πολλά να σε ρωτήσω Δάφνη. Γιατί με βοηθούσες; Και πώς ήξερες κάθε φορά πού βρισκόμουν;».

«Λίγο πριν ο παππούς μου φύγει από την ζωή, μου έδωσε ένα γράμμα, λέγοντάς μου να το διαβάσω μόνη μου. Όταν το άνοιξα, έμαθα τα πάντα για τον «Μαύρο Λύκο» και τον Ηλιανό. Μετά μου ζήτησε μια χάρη, γράφοντας, πως αν τον αγαπούσα, θα την έκανα».

«Τι χάρη;»

«Μου έγραφε μια σειρά από γεγονότα που επρόκειτο να γίνουν και πως εγώ έπρεπε μ-υ-σ-τ-ι-κ-ά να βοηθήσω αυτόν που έμελλε να γίνει ο νέος «Μαύρος Λύκος». Και όλα έγραφαν για την Νίκη, την πόλη σας. Εμείς τότε μέναμε ακόμη στην διπλανή πόλη και εκείνο το βράδυ που εσύ ξεκινούσες για τον λόφο των Ηλιανών, εγώ είχα ήδη πάει εκεί νωρίτερα. Δεν ήξερα αν και πότε θα πήγαινε κανείς, αλλά έτσι μου έλεγε ο παππούς μου στο γράμμα».

«Μα... μα...», είπε πάλι ο Γιώργος, «εσύ με έσωσες εκείνο το βράδυ».

«Ο παππούς μου έγραφε στο γράμμα ότι εκείνη την εβδομάδα ο *Μαύρος Λύκος* θα επέστρεφε και πάλι στη Νίκη».

Όταν λοιπόν σε είδα να έρχεσαι από μακριά και να μπαίνεις στην Έπαυλη, σε παρακολούθησα προσεκτικά, μέχρι που βρήκες την στολή και τα όπλα. Τότε κατάλαβα ότι εσύ έμελλες να γίνεις ο επόμενος *Μαύρος Λύκος* της πόλης.

«Και..και δηλαδή ήξερες για τα γράμματα, τα κλειδιά, για.. όλα;»

«Ήξερα κάποιες ημερομηνίες. Πού και πότε θα πήγαινες κάπου. Το γράμμα τα έγραφε όλα. Αλήθεια, γιατί άργησες τόσο πολύ να πας στο παλιό Λούνα Παρκ;»

«Εμ... αυτό είναι μεγάλη ιστορία» είπε ο Γιώργος κοιτώντας τον Ζιν. «Και... και... δηλαδή... όταν έχασα την βαλλίστρα μου στο Λούνα Παρκ..εσύ.. ήσουν εκεί;»

«Ήμουν από κάτω σου ακριβώς. Ευτυχώς την τελευταία στιγμή κρύφτηκα και δεν με έπιασε κανένας τσιγγάνος. Θα ήταν φοβερό».

«Και όταν περνούσα τις παγίδες στο παλάτι;»

«Είχα μπει από την πίσω πλευρά του κάστρου. Είχα οδηγίες. Πάντως μπράβο σου. Ειδικά στην τελευταία, που είδα να σπάει ο τοίχος με την μπάλα, τρόμαξα πολύ. Αλλά τα κατάφερες μια χαρά. Αυτό που δεν κατάλαβα όμως είναι, πώς ο παππούς μου ήταν τ-ό-σ-ο σίγουρος ότι, αυτός που θα έβρισκε τυχαία το γράμμα στο βιβλίο, θα πήγαινε στην Έπαυλη εκείνη την εβδομάδα του καλοκαιριού, που μου έγραφε να πάω και εγώ. Δηλαδή, θα μπορούσες να έβρισκες το γράμμα κάποια άλλη στιγμή, τον χειμώνα, ας πούμε.

Αλλά αυτό είναι δικιά σας δουλειά να το ανακαλύψετε. Και τώρα, δεν θέλετε να μάθετε τι απέγινε ο θησαυρός;»

Τα δύο αγόρια είχαν τόσο πολύ εντυπωσιαστεί από όλα αυτά που τους έλεγε η Δάφνη, ώστε είχαν ξεχάσει να την ρωτήσουν για το πιο σημαντικό-τι έγινε ο θησαυρός;

«Θα σας πω λοιπόν. Μόλις έφυγες με την βάρκα, έκανα τον κο Ανδρέα και τους αστυνομικούς του να με ακολουθήσουν μακριά από το κάστρο. Μάλιστα νευρίασε τόσο πολύ που δεν μπορούσε να με πιάσει, ώστε από τον θυμό του άρχισε να πυροβολεί στον αέρα. Τέλος πάντων, ενώ αυτοί με κυνηγούσαν στα βουνά, δύο υπάλληλοι του πατέρα μου μαζί με τον κο Τιμόθεο επέστρεψαν στο κάστρο και μάζεψαν όλο το θησαυρό».

«Και δηλαδή τώρα Δάφνη τον έχεις εσύ;»

Το κορίτσι σηκώθηκε από το κρεβάτι. Κούμπωσε το παλτό της και πλησιάζοντας την πόρτα του δωματίου, τους είπε:

«Ο θησαυρός είναι εκεί που έπρεπε να είναι. Δεν νομίζετε όμως ότι ξεχάσατε κάτι;»

Ο Γιώργος και ο Ζιν την κοίταξαν απορημένοι.

«Πού είναι η.. «Χρυσή Νίκη»; είπε χαμογελώντας τους και βγήκε από το δωμάτιο.

Η «Χρυσή Νίκη»! Πού ήταν η «Χρυσή Νίκη»; Με όλα αυτά που συνέβησαν χθες το βράδυ, την ξέχασαν τελείως.

«Μα δεν ήταν μαζί με τον θησαυρό;» ρώτησε ο Ζιν.

«Όχι», κούνησε το κεφάλι του ο Γιώργος. «Ήμουν τόσο χαρούμενος που τον βρήκα, που δεν το σκέφτηκα καθόλου. Και τι εννοούσε η Δάφνη λέγοντας: *"Ο θησαυρός είναι εκεί που έπρεπε να είναι;"*»

«Που να ξέρω;» απάντησε ο Ζιν, σηκώνοντας τους ώμους του. «Νομίζω ότι αυτή η κοπέλα ξέρει πολύ περισσότερα από όσα μας λέει. Πάντως ο Ηλιανός δεν έλεγε ψέματα. Όλα του τα γράμματα έλεγαν την αλήθεια και... ε, με προσέχεις;», φώναξε τον φίλο του που είχε σηκωθεί από το κρεβάτι και έψαχνε σαν παλαβός την στολή του.

«Ζιν, το γράμμα του Ηλιανού!», του είπε. Όταν βρήκα τον θησαυρό, στο τέλος υπήρχε και ένα γράμμα. Να το! Εδώ είναι!» και βγάζοντάς το από μια τσέπη της ζώνης του, το άνοιξε γρήγορα και άρχισε να διαβάζει:

Βρήκες τον θησαυρό, θα είσαι όλο χαρά
Μη βιάζεσαι, σταμάτα, δεν είναι δικά σου όλα αυτά
Στην πόλη αηκουν, ιστορία παλιά
Θέλεις να την μάθεις; Διάβασε καλά.
Μια μέρα σαν τώρα, πριν χρόνια πολλά
Οι Γερμανοί τα πήραν από καλά σπιτικά
Από όλη την Νίκη πήραν χρυσό,
Δαχτυλίδια, διαμάντια, ρουμπίνια σωρό
Ένα βράδυ πριν φύγουν, γελούσαν πολύ
Και εμένα δεν είδαν, μεθυσμένοι, τρελοί
Τους πήρα τα πάντα και όλα μαζί
Τα πήγα ψηλά, στου Πύργου την κορφή
Τώρα τα βρήκες και όπως είναι σωστό
Στην αστυνομία θα τα δώσεις, κάνε μόνο το καλό
Μην λυπάσαι, μην θυμώνεις και μην σκέφτεσαι πολύ
Την «Χρυσή Νίκη» θα σου δώσω, την αξίζεις μόνο εσύ
Την φυλάει στην καρδιά του ένας γίγαντας ψηλός
Από πέτρα είναι φτιαγμένος και είναι φύλακας σωστός
Θα την βρεις γιατί έχεις θάρρος και είσαι έξυπνος πολύ
Μα θα βρεις και την καρδιά μου να σε περιμένει εκεί
ΓΙΩΡΓΟΣ ΗΛΙΑΝΟΣ

Τα δύο αγόρια κοίταξαν το ένα το άλλο. Στην συνέχεια, ο Γιώργος δίπλωσε το γράμμα και το έδωσε στον Ζιν.

Η Χρυσή Νίκη

«Τελικά» είπε με απογοήτευση το αγόρι, ο θησαυρός του Ηλιανού δεν θα γινόταν ποτέ δικός μας. Γιατί πολύ απλά δεν υπήρξε ποτέ. Είναι όλα όσα είχαν πάρει οι Γερμανοί τότε με τον πόλεμο από τους κατοίκους και για αυτό πρέπει να επιστραφούν σε αυτούς. Είμαι σίγουρος ότι αυτό εννοούσε η Δάφνη πριν και μάλιστα πιστεύω ότι αυτή την στιγμή θα τον δίνει στην αστυνομία.

«Έτσι είναι», αποκρίθηκε ο Ζιν και ξανακοίταξε το γράμμα. «Ο Ηλιανός θα πρέπει να μας περνάει για μεγάλα κορόιδα».

«Δε νομίζω», μουρμούρισε ο Γιώργος και ξανακάθισε στο κρεβάτι του σκεφτικός. «Ο Ηλιανός ήταν καλός άνθρωπος. Ήταν ήρωας. Και οι ήρωες ανταμείβουν πάντα αυτούς που τους βοηθούν».

«Ίσως έχεις δίκιο. Μπορεί ο θησαυρός να μην υπήρξε ποτέ, αλλά μην ξεχνάς ότι έχουμε ακόμη να βρούμε την «Χρυσή Νίκη». Αρκεί να λύσουμε αυτόν τον τελευταίο γρίφο..».

«Ναι, σωστά. Μόνο που τον έλυσα ήδη».

«ΤΙ;» έκανε έκπληκτος ο Ζιν. «Μα πότε προλ... ωραία, λοιπόν κε Γιώργο. ΠΟΥ είναι η «Χρυσή Νίκη;»

Ο Γιώργος σηκώθηκε όρθιος χαμογελώντας και του είπε:

«Δεν θα σου πω, αλλά θα σου δείξω. Ετοιμάσου για την μεγαλύτερη έκπληξη της ζωής σου!» και πλησιάζοντας το παράθυρό, τράβηξε την κουρτίνα. Μια ηλιόλουστη Νίκη με την γαλάζια της θάλασσα εμφανίστηκε μπροστά του.

«Δεν...δεν καταλαβαίνω..», έκανε πλησιάζοντας το αγόρι. «Γιατί μου δείχνεις την πόλη; Πού είναι ο «Πέτρινος Γίγαντας;»

«Κοίτα πιο προσεκτικά. Μας χαιρετάει», ξανάπε χαμογελώντας του ο Γιώργος.

Ο Ζιν κοίταξε τις κόκκινες σκεπές των σπιτιών, τα στενά δρομάκια που έβγαζαν στο λιμάνι, τις βάρκες που κουνιόταν, τον Φάρο που γύρω του γύριζαν γλάροι και τους ψαράδες που τον χαιρετούσαν με χαρά, σημάδι ότι όλα πήγαν καλά...

Η θάλασσα... και ο Φάρος... αυτός ο Φάρος, χρόνια τώρα, στεκόταν εκεί και έμοιαζε λες και τους προστάτευε... ο ψηλός, πέτρινος Φάρος... ΗΤΑΝ Ο ΓΙΓΑΝΤΑΣ!

Ο Ζιν στράφηκε προς τον Γιώργο με ανοιχτό στόμα, που του χαμογελούσε και κουνούσε το κεφάλι του.

«Ναι, εκεί είναι η «Χρυσή Νίκη», του είπε. «Εκεί που κανείς μας δεν θα σκεφτόταν ποτέ του να ψάξει».

«Ω Γιώργο Κρατερέ, είσαι πανέξυπνος!», του φώναξε ο Ζιν. «Έλυσες τον γρίφο πολύ πιο γρήγορα από όσους έλυσα εγώ τόσες φορές!»

«Ναι, και αυτή την φορά θα έρθεις μαζί μου!», του είπε με χαρά αυτός.

«Ναι, αλλά πρέπει να περιμένουμε μέχρι το βράδυ. Αν πάμε τώρα θα μας δουν και..»

Πριν προλάβει όμως να πει αυτό που ήθελε, μπήκε ενθουσιασμένη στο δωμάτιο η Ελεονόρα.

«Τι, ακόμη εδώ είστε; Σίγουρα δεν μάθατε τι έγινε!»

Τα δύο αγόρια την κοίταξαν απορημένα.

«Φυσικά», ξανάπε αυτή με περιφρόνηση. «Αφού κοιμάστε μέχρι το μεσημέρι. Λοιπόν ακούστε: Σήμερα το πρωί, όταν ο κος Ανδρέας, ο αρχηγός της αστυνομίας πήγε στην δουλειά του, βρήκε μπροστά στο αστυνομικό τμήμα ένα τεράστιο ξύλινο κιβώτιο. Όταν το άνοιξε, είδε πως μέσα είχε έναν απίστευτο θησαυρό από χρυσά νομίσματα και πολύτιμους λίθους. Και όχι μόνον αυτό. Μαζί με το θησαυρό υπήρχε και ένα γράμμα, το οποίο έλεγε ότι ο «Μαύρος Λύκος» επιστρέφει στην πόλη της Νίκης όλα αυτά που είχαν πάρει οι Γερμανοί τότε στον πόλεμο. Το φαντάζεστε; Στην πόλη το έχουν ήδη μάθει όλοι και τρέχουν σαν τρελοί στο αστυνομικό τμήμα. Η μαμά και η κα Κούλα έχουν φύγει ήδη και τώρα θα πάω και εγώ με τις φίλες μου. Και εσείς ακόμα τεμπελιάζετε. Μη μου ζητήσετε να σας πω τι είδα όταν γυρίσω, γιατί δεν πρόκειται να σας πω κουβέντα!».

Και έφυγε γρήγορα, κλείνοντας πίσω της την πόρτα με δύναμη.

«Τώρα είναι η καλύτερη στιγμή να πάμε στον Φάρο!» φώναξε ο Γιώργος. «Τώρα, που όλοι μαζεύονται για τον θησαυρό! Ντύνομαι και φεύγουμε! Γρήγορα!» και φορώντας όπως-όπως ένα παντελόνι και την άσπρη μπλούζα του, άρπαξε ένα κρουασάν και ξεκίνησαν για τον Φάρο.

Στον δρόμο είδαν πολλούς ανθρώπους να βγαίνουν από τα σπίτια τους και να τρέχουν προς το αστυνομικό τμήμα, είτε γιατί τους ανήκε κάτι από τον θησαυρό, είτε γιατί θέλαν να δουν από κοντά τι γίνεται.

Όταν λοιπόν τα δύο αγόρια έφτασαν στο λιμάνι, έτρεξαν γρήγορα σε μια μικρή αποβάθρα, πήδηξαν σε μια βάρκα που βρήκαν αφύλακτη και ξεκίνησαν για το νησάκι που έστεκε ο Φάρος.

Στην αρχή τους φαινόταν μακριά, μα όσο πλησίαζαν, η απόσταση όλο και μίκραινε, ώσπου τελικά έφτασαν. Αφού έδεσαν γερά την βάρκα σε κάτι βράχια, περπάτησαν με δυσκολία πάνω στο σκληρό έδαφος και στάθηκαν μπροστά στον Φάρο.

Ήταν η πρώτη φορά που τον έβλεπαν από τόσο κοντά. Μια σειρά από στενά παραθυράκια, σαν τετράγωνα κουμπιά, ξεκινούσε από την βάση του και έφτανε μέχρι την κορυφή. Εκεί υπήρχε ένα γυάλινο δωμάτιο που κάθε βράδυ έβγαινε το φως. Μερικοί γλάροι γύριζαν γύρω του και κοίταζαν τα αγόρια με απορία. Τέλος, στο πλάι, υπήρχε μια στενή σιδερένια πόρτα που οδηγούσε στο εσωτερικό του.

«Λοιπόν, τι περιμένουμε;», είπε ο Γιώργος και προσπάθησε να την ανοίξει.

«Όχι!», φώναξε. «Είναι κλειδωμένη! Φύγαμε τόσο γρήγορα, που δεν πήρα ούτε ένα από τα όπλα του «Μαύρου Λύκου» μαζί μου. Ποιος γυρίζει πίσω τώρα;»

«Κανείς!», είπε γελώντας ο Ζιν και βγάζοντας από τη τσέπη του ένα μικρό διάφανο σπρέι, ψέκασε πάνω στην κλειδαριά της πόρτας, η οποία έλιωσε αμέσως.

«Ζιν, είσαι υπέροχος!», του φώναξε ο Γιώργος και την άνοιξε με ευκολία. «Εμπρός πάμε! Η «Χρυσή Νίκη» μας περιμένει!».

Και χωρίς να χάσουν άλλο χρόνο, τα δύο αγόρια μπήκαν γρήγορα στον Φάρο και έκλεισαν την πόρτα.

ΚΕΦΑΛΑΙΟ ΔΕΚΑΤΟ ΠΕΜΠΤΟ

Η «ΧΡΥΣΗ ΝΙΚΗ»

Λίγα, αλλά πανέμορφα ήταν τα παλιά σπίτια που είχαν απομείνει στην Νίκη. Χτισμένα από ανθρώπους που αγαπούσαν τα όμορφα πράγματα, εάν μπορούσαν να μιλήσουν, θα έλεγαν για αυτούς ολόκληρες ιστορίες. Το πιο παλιό όμως κτίριο από όλα ήταν σίγουρα ο μεγάλος της Φάρος.

Φτιαγμένο ολόκληρο από γερή άσπρη πέτρα, δεν σταμάτησε ούτε μια νύχτα να φωτίζει την θάλασσα. Παλιά, τον άναβε κάθε βράδυ ένας φαροφύλακας, τώρα πια όμως λειτουργούσε αυτόματα. Χρόνια λοιπόν είχε κάποιος να πλησιάσει τον γέρο-Φάρο, πόσο μάλλον να ψάξει τα μυστικά του. Σήμερα όμως δύο θαρραλέα αγόρια περνούσαν την πόρτα του, ζητώντας απαντήσεις.

«Βλέπεις τίποτα;» ψιθύρισε ο Ζιν στον Γιώργο, μόλις μπήκαν μέσα.

Τα πάντα ήταν καλυμμένα από μια παράξενη μούχλα και με το λίγο φως που υπήρχε, ίσα-ίσα πού έβλεπαν πού πατούσαν. Ο Γιώργος του έδειξε μια χοντρή κολώνα και κάτι πέτρινα σκαλοπάτια, που την αγκάλιαζαν σαν φίδι. Καθώς άρχισαν να τα ανεβαίνουν, στα αυτιά τους σφύριζε ο θαλασσινός αέρας που γλιστρούσε από τις χαραμάδες του τοίχου.

Σε λίγο, τα σκαλοπάτια τελείωσαν μπροστά σε μια στενή ξύλινη πόρτα. Ο Γιώργος την έσπρωξε με δύναμη και αυτή άνοιξε εύκολα. Περνώντας την, τα δύο αγόρια βρέθηκαν στο μεγάλο γυάλινο δωμάτιο, αυτό που είχαν δει από κάτω.

Κοίταξαν γύρω τους με θαυμασμό. Το δωμάτιο αγκάλιαζαν ψηλά, μακρόστενα τζάμια και στο κέντρο του δέσποζε μια στρόγγυλη βάση από τούβλα, πάνω στην οποία στέκονταν ένας παράξενος μηχανισμός με πολλά καλώδια και δύο τεράστιες λάμπες. Την οροφή του δωματίου συγκρατούσαν τέσσερις όμορφες λεπτές κολώνες.

Το πιο όμορφο όμως απ' όλα ήταν η θέα. Η γαλάζια θάλασσα τους κύκλωνε από παντού και μπροστά τους απλωνόταν η Νίκη από την μια άκρη του κόλπου μέχρι την άλλη.

«Αυτή είναι η καρδιά του Φάρου, που λέει το γράμμα του Ηλιανού» είπε ο Ζιν. «Άρα η «Χρυσή Νίκη» θα 'ναι κάπου εδώ κοντά» και έβγαλε το γράμμα, διαβάζοντάς το με προσοχή.

«Ζιν, έλα να δεις!» του φώναξε ο Γιώργος, δείχνοντάς του κάτι από την άλλη πλευρά του μηχανισμού. Ο Ζιν σταμάτησε να διαβάζει και έτρεξε στον φίλο του.

Κάτω από τον μηχανισμό, από την άλλη πλευρά της βάσης, υπήρχε κάτι που έμοιαζε με παλιά ζωγραφιά. Το Ανα-

Η Χρυσή Νίκη

τολικό Δάσος, τα σπίτια, το λιμάνι, ο Φάρος, το παλιό εργοστάσιο-Λούνα Παρκ, ακόμα και το κάστρο του βασιλιά, ήταν όλα εκεί.

«Εδώ πρέπει να είναι!», είπε ο Γιώργος και κοίταξε την ζωγραφιά. «Εδώ πρέπει να έκρυψε ο Ηλιανός την «Χρυσή Νίκη!»

«Ναι, έχεις δίκιο Γιώργο.. Κοίτα! Να και η Έπαυλη του!», αναφώνησε ο Ζιν, δείχνοντας του έναν ζωγραφιστό λόφο με ένα σπίτι στην κορυφή του. «Αλλά και πάλι δεν καταλαβαίνω. Τι στο καλό πρέπει να κάνουμε τώρα;»

«Νομίζω πως ξέρω α-κ-ρ-ι-β-ώ-ς τι!», ξανάπε ο Γιώργος και με ένα έξυπνο βλέμμα στο πρόσωπό του, έβγαλε τον σουγιά του και άρχισε να ξύνει τα τούβλα στο σημείο που ήταν ζωγραφισμένη η Έπαυλη. Μετά από λίγο, αυτά άρχισαν να κουνιούνται και μπορούσαν εύκολα να βγουν. Ο Ζιν βοήθησε και αυτός και σε λίγο τα δύο αγόρια δούλευαν με όλη τους την δύναμη. Έβγαλαν όλα τα τούβλα, ανοίγοντας μια μεγάλη τρύπα και κοίταξαν μέσα. Στο βάθος είδαν ένα παράξενο αντικείμενο, σκεπασμένο με ένα παλιό σεντόνι. Προσεκτικά, το έβγαλαν έξω με δυσκολία και το ξεσκέπασαν.

«Η «Χρυσή Νίκη»! φώναξε ο Γιώργος. «Τα καταφέραμε!»

Το χρυσό άγαλμα παρουσιάστηκε μπροστά τους με όλη του την ομορφιά: Πάνω σε μια χοντρή μαρμάρινη πλάκα, στεκόταν μια όμορφη, νέα κοπέλα με ανοιγμένα τα φτερά της που έμοιαζε λες να ήταν έτοιμη να πετάξει. Φορούσε έναν μακρύ χιτώνα που κυμάτιζε από τον αέρα και στα χέρια της κράταγε ένα περιστέρι μαζί με ένα στεφάνι ελιάς. Το άγαλμα ήταν ολόχρυσο και ο ήλιος που έπεφτε πάνω του, το έκανε να αστράφτει.

Η χαρά τους δεν περιγράφονταν. Άρχισαν να χοροπηδούν σαν τρελοί και να φωνάζουν: «Τα καταφέραμε! Τα καταφέραμε!» και να αγκαλιάζονται χαρούμενοι.

«Και να σκεφτεί κανείς», είπε γελώντας ο Ζιν, «ότι τόσα χρόνια οι κάτοικοι της Νίκης την είχαν για χαμένη, ενώ αυτή ήταν ακριβώς απέναντί τους! Χα, χα, χα!»

«Είναι πραγματικά απίστευτο», συμπλήρωσε ο Γιώργος, καθώς σήκωνε από κάτω το σεντόνι. «Ε, τι είναι αυτό;».

Το τελευταίο γράμμα του Ηλιανού, που δεν πρόσεξαν πριν, γλίστρησε μέσα από το σεντόνι και προσγειώθηκε στα πόδια του Γιώργου. Μόνο που αυτό το γράμμα δεν έμοιαζε παλιό, αλλά έδειχνε καινούργιο, λες και κάποιος το είχε βάλει μέσα πριν από λίγο. Ο Γιώργος το άνοιξε απορημένος και άρχισε να διαβάζει:

Αγαπητέ μου Γιώργο,

Αυτό είναι το τελευταίο γράμμα που διαβάζεις. Ξέρω ότι πέρασες μια ολόκληρη χρονιά γεμάτη περιπέτειες και εκπλήξεις. Τελικά όμως τα κατάφερες. Έγινες ο «Μαύρος Λύκος», που κάποτε υπήρξα εγώ, νίκησες όλα τα εμπόδια και βρήκες ένα μεγάλο θησαυρό. Και φυσικά, την «Χρυσή Νίκη». Όπως ξέρεις ήδη, τίποτα από όλα αυτά δεν είναι δικό σου. Μην στεναχωριέσαι όμως. Είμαι σίγουρος ότι η «Χρυσή Νίκη» θα σε ανταμείψει πλουσιοπάροχα, αν την πας στο σπίτι της. Να θυμάσαι ένα πράγμα, ότι ο πραγματικός θησαυρός είναι αυτός που κουβαλάμε στην καρδιά μας και πως, όπου και αν είμαστε, θα είναι πάντα μαζί μας. Μια μέρα θα μάθεις πιο πολλά για αυτό. Πώς ξέρω το όνομά σου; Μα είναι εύκολο. Είμαι ο παππούς σου.

Με αγάπη,
Γιώργος Ηλιαρός

Το γράμμα έπεσε από τα χέρια του αγοριού. Ο Ζιν το σήκωσε από το έδαφος και τον χτύπησε απαλά στην πλάτη.

Τι έλεγε το γράμμα; Ο Γιώργος Ηλιανός, αυτός ο παράξενος εκατομμυριούχος, ήταν ο παππούς του; Πώς ήταν δυνατόν; «Ο παππούς σου Γιώργο!», αναφώνησε ο Ζιν. «Απίστευτο! Μα καλά, δεν θυμάσαι τίποτα από αυτόν;»

Ο Γιώργος κοίταξε την θάλασσα σκεφτικός και του είπε:

«Η μητέρα μου, Ζιν, δεν τον γνώρισε ποτέ. Βλέπεις, μεγάλωσε από μικρή σε ένα ορφανοτροφείο στην Βιέννη. Δεν έμαθε ποτέ ποιοι ήταν πραγματικά οι γονείς της».

«Πόσο χρονών είναι η μητέρα σου;», τον ρώτησε αυτός.

«Σαράντα δύο. Τι σχέση όμως έχει αυτό;»

Ο Ζιν έβγαλε ένα κομπιουτεράκι και άρχισε να κάνει υπολογισμούς. Μετά από λίγο του είπε:

«Ναι, όλα τώρα είναι ξεκάθαρα. Ο Ηλιανός-δηλαδή ο παππούς σου-εξαφανίστηκε το 1944, λίγο μετά τον πόλεμο, σωστά; Όλοι νόμιζαν ότι χάθηκε, όμως αυτός πήγε στο εξωτερικό, μάλλον στην Βιέννη. Εκεί ίσως παντρεύτηκε, γεννήθηκε η μητέρα σου και ποιος ξέρει γιατί, την έβαλε σε ένα ορφανοτροφείο και έφυγε. Ποτέ όμως δεν την ξέχασε. Και όταν, ύστερα από χρόνια, αυτή επέστρεψε στην Ελλάδα και γεννήθηκες εσύ, αποφάσισε να εμφανιστεί».

«Π..πώς δηλαδή;»

«Θυμάσαι πως όλα ξεκίνησαν από εκείνο το πράσινο βιβλίο που είχε το πρώτο γράμμα για τον θησαυρό; Ε, λοιπόν, αυτός που το πούλησε στον κο Πέτρο τον βιβλιοπώλη, θα ήταν ο παππούς σου!»

«Και..και ήξερε ότι θα το έβρισκα, γιατί εγώ έλεγχα τα βιβλία που αγόραζε..»

«Ναι».

«Δη... δηλαδή», είπε σχεδόν τρέμοντας από την συγκίνηση ο Γιώργος, «ήθελε να γίνω ο «Μαύρος Λύκος», που κάποτε ήταν αυτός! Αυτός ήταν και ο πραγματικός θησαυρός που έγραφε στο πρώτο γράμμα!»
«Και να βοηθήσεις την Νίκη φυσικά! Ω, Γιώργο είσαι τόσο τυχερός... Είσαι ο εγγονός του θρυλικού Ηλιανού! Αλλά και εγώ είμαι τυχερός! Είμαι φίλος σου!»
Ο Γιώργος όμως δεν απάντησε. Πήρε το γράμμα στα χέρια του και πλησίασε τα μεγάλα τζάμια, κοιτάζοντας τον «Λόφο των Αετών», και την Έπαυλη του παππού του. Δεν ήθελε να δει ο φίλος του ότι δάκρυσε.

Λίγο αργότερα, μια μικρή βάρκα, διέσχιζε με χάρη τα γαλάζια νερά της Νίκης. Κουβαλούσε δύο αγόρια και ένα άγαλμα, χωρίς κανένας τους να μιλάει. Όταν πάτησαν στο λιμάνι, ο Ζιν ρώτησε τον Γιώργο:

«Και τώρα, πού θα πάμε την «Χρυσή Νίκη»;

«Στο σπίτι της», απάντησε σοβαρά αυτός και άρχισαν να περπατάνε αργά, κουβαλώντας με κόπο το βαρύ άγαλμα.

Ευτυχώς για αυτούς, οι δρόμοι είχαν από ώρα αδειάσει, μιας και όλη η πόλη βρισκόταν μαζεμένη στο αστυνομικό τμήμα.

Ήταν έτοιμοι να περάσουν τον δρόμο, όταν ένα πελώριο μαύρο αμάξι σταμάτησε ξαφνικά μπροστά τους. Ήταν αυτό που είχε κάνει την εμφάνισή του στην Νίκη πριν από λίγο καιρό, αυτό που όλοι έλεγαν ότι κουβαλούσε κάποιο μεγάλο σταρ.

Το αμάξι έμεινε για λίγο ακίνητο. Το πίσω τζάμι κατέβηκε και ξεπρόβαλλε ένας ασπρομάλλης άντρας με μούσι. Ο άντρας κοίταξε για λίγο τα αγόρια χαμογελαστός, ενώ τον κοίταξαν και αυτά με απορία. Ύστερα το τζάμι ανέβηκε πάλι και το αμάξι έφυγε γρήγορα.

«Πω πω..», έκανε απορημένος ο Ζιν, «ποιος λες να ήταν αυτός, Γιώργο;»

«Δεν είμαι σίγουρος» απάντησε αυτός. «Νομίζω όμως ότι ήταν ο παππούς μου..»

Ποτέ άλλοτε η κεντρική πλατεία της Νίκης δεν είχε δει τόσο κόσμο. Μέσα σε μερικές ώρες, είχαν όλοι μάθει, ότι, η χαμένη περιουσία των παππούδων τους, είχε επιτέλους βρεθεί. Παντού έβλεπε κανείς ανθρώπους να σπρώχνονται, να μιλάνε και να φωνάζουνε, κρατώντας στα χέρια τους χαρτιά που αποδείκνυαν ότι δικαιούνταν κάτι από το μεγάλο θησαυρό.

Κάποιοι ανέβαιναν στα αμάξια και άλλοι σκαρφάλωναν στα δέντρα και φώναζαν από 'κει. Ανάμεσά τους βρισκόταν και η μητέρα του Γιώργου μαζί με την κα Κούλα, την κα Ελένη και την αδερφή του την Ελεονόρα, που μάσαγε δύο ειδών τσίχλες ταυτόχρονα. Είχαν έρθει ακόμα και οι τσιγγάνοι, που άκουσαν και αυτοί τι έγινε και ήθελαν να δουν από κοντά.

Μπροστά στο αστυνομικό τμήμα της πόλης, είχε στηθεί μια εξέδρα με ένα μικρόφωνο και ο δήμαρχος της πόλης μαζί με τον κο Ανδρέα ετοιμάζονταν να μιλήσουν. Ο κος Ανδρέας έδειχνε πιο κακόκεφος από ποτέ.

«Αγαπητοί μου συμπολίτες! Λίγο την προσοχή σας παρακαλώ!» είπε μετά από λίγο ο δήμαρχος και καθάρισε τη φωνή του.

«Η σημερινή μέρα, είναι μια μέρα χαράς. Μετά από πολλά χρόνια, η περιουσία μας, η περιουσία των παππούδων μας επέστρεψε πίσω!».

Όλοι ξέσπασαν σε δυνατά χειροκροτήματα.

«Ξέρω βέβαια», συνέχισε, «ότι οι περισσότεροι εδώ δικαιούστε κάτι, για αυτό, μόλις τελειώσω, ένας-ένας με την σειρά, θα πηγαίνετε στην κα Αριστάκη και θα δίνετε τα χαρτιά σας. Φυσικά, αυτόν που θα πρέπει να ευχαριστήσουμε πρώτα είναι τον «Μαύρο Λύκο», που μας βοήθησε για άλλη μια φορά!» και κοίταξε χαμογελαστός τον κο Ανδρέα. Αυτός έστρεψε αμέσως το βλέμμα του αλλού και άρχισε να παίζει νευρικά με μια οδοντογλυφίδα.

Ο κόσμος χειροκρότησε και πάλι δυνατά και ο δήμαρχος συμπλήρωσε:

«Μαύρε Λύκε», όποιος και να είσαι, όπου και να 'σαι, σε ευχαριστ.. Ει, εσείς εκεί πίσω, γιατί δεν με προσέχετε; Τι κάνετε;», είπε ξαφνικά, διακόπτοντας τον λόγο του.

Οι πολίτες τον κοίταξαν έκπληκτοι και γύρισαν αμέσως στο σημείο που κοίταζε ο Δήμαρχος. Ο κος Ανδρέας σταμάτησε να παίζει με την οδοντογλυφίδα του και σηκώθηκε όρθιος. Εκεί, στο τέλος της πλατείας, μια παρέα από αγόρια σταμάτησαν να ακούνε τον δήμαρχο, γιατί κάτι πολύ πιο σημαντικό τράβηξε την προσοχή τους.

«Γύρισε!» φώναξε ένα αγόρι ξαφνικά.

«Γύρισε; Ποιος γύρισε;» είπε η κα Κούλα που προσπαθούσε να δει τι γινόταν.

«Γύρισε! Γύρισε! Γύρισε εκείνη!» άρχισαν να φωνάζουν ο ένας μετά τον άλλο οι πολίτες και τότε, ανάμεσα από τον κόσμο εμφανίστηκε ο Ζιν, αυτό το αγόρι από την Κίνα, που είχε έρθει μερικά χρόνια πριν με τον πατέρα του. Μαζί του ήταν ο Γιώργος Κρατερός, ο γιός της κας Μαρίας Κρατερού, που δούλευε στον «Σοκολατένιο Κύκνο» κουβαλώντας κάτι που είχε χαθεί πριν χρόνια και σήμερα επέστρεφε επιτέλους στην πόλη: Η «Χρυσή Νίκη»!

«Αδύνατον!» είπαν μαζί ο δήμαρχος και ο κος Ανδρέας, ενώ όλοι ξέσπασαν σε τρελούς πανηγυρισμούς. Τα δύο

αγόρια προχώραγαν ανάμεσα στον κόσμο, που έκανε στην άκρη και χειροκροτούσε σαν τρελός.
Η κα Κούλα, ο Σάκης και ο κος Πέτρος ο βιβλιοπώλης τους κοιτούσαν με το στόμα ανοιχτό. Η μητέρα του Γιώργου δεν μπορούσε να πιστέψει αυτό που έβλεπε και της Ελεονόρας της έπεσαν οι τσίχλες από το στόμα.
Φθάνοντας μπροστά στην εξέδρα, τα δύο αγόρια ακούμπησαν προσεκτικά το χρυσό άγαλμα μπροστά στον δήμαρχο. Ο κος Αγησίλαος Σκούρτης, ο διευθυντής του μουσείου, βγήκε μέσα από τον κόσμο, ανέβηκε στην εξέδρα και το αγκάλιασε με χαρά, κοντεύοντας να λιποθυμήσει από την συγκίνηση.
«Έλα εδώ νεαρέ» είπε στον Γιώργο ο δήμαρχος, μόλις συνήλθε από την έκπληξη. «Μίλησέ μας. Πες μας, πώς ονομάζεσαι και πού βρήκατε την «Χρυσή Νίκη»;»
Ο Γιώργος πλησίασε το μικρόφωνο και με καθαρή φωνή είπε:
«Με λένε Γιώργο Κρατερό και αυτός εδώ είναι ο φίλος μου ο Ζιν. Και την «Χρυσή Νίκη» μας την έδωσαν κύριε δήμαρχε»
«Ποιος αγόρι μου;»
«Μα ο «Μαύρος Λύκος», φυσικά, του απάντησε αυτός χαμογελώντας και όλοι ξέσπασαν ξανά σε πανηγυρισμούς.
«Όμως», συνέχισε, «μου είπε ότι είχε βοήθεια» και έκλεισε χαμογελώντας το μάτι στην Δάφνη και τον κο Τιμόθεο, που κοίταζαν από μακριά και χαμογέλασαν και αυτοί.
«Τότε, παιδί μου, να ξέρεις ότι εσύ και ο Ζιν είστε πολύ τυχεροί που έχετε φίλο τον «Μαύρο Λύκο», γιατί είναι γραμμένο ότι όποιος επέστρεφε ποτέ την «Χρυσή Νίκη» στην πόλη, θα έπαιρνε ως αμοιβή 100.000€! Και επειδή εί-

στε δύο, τότε θα πάρετε ο καθένας από 100.000€!», είπε και του χαμογέλασε πλατιά.
«Ζήτω ο «Μαύρος Λύκος»! φώναξε κάποιος από τον κόσμο, ενώ κάποιος άλλος είπε:
«Ζήτω ο Γιώργος και ο Ζιν!»
Το αγόρι γύρισε και κοίταξε τον Ζιν με το στόμα ανοιχτό, που γέλαγε και χοροπηδούσε από χαρά.
«Δεν το πιστεύω! Δεν το πιστεύω!», έλεγε και ξανάλεγε.
Ο Γιώργος πήδηξε στον κόσμο και έτρεξε στην μητέρα του, που και αυτή ακόμα δεν μπορούσε να πιστέψει τι είχε συμβεί.
«Μητέρα, φτάνουν αυτά τα χρήματα για να μείνουμε για πάντα στην Νίκη;» της είπε όλο χαρά.
«Και βέβαια, αγόρι μου. Και βέβαια!» του απάντησε αυτή και άρχισε να τον φιλά και να τον αγκαλιάζει.
Ο ήλιος βυθίζονταν αργά στον ορίζοντα, σκορπίζοντας ένα χρυσοκόκκινο χρώμα σε όλη την πόλη, που ετοιμάζονταν και πάλι για μια μεγάλη γιορτή. Κάτω στο λιμάνι, ένα αγόρι, ήρωας πια, περπάταγε μόνο του κοιτάζοντας την απέραντη θάλασσα, που έκρυβε χιλιάδες μυστικά.
«Τα καταφέραμε Γιώργο» είπε πλησιάζοντας τον ο Ζιν.
«Τι σκέφτεσαι; Πες μου και εμένα..»
Ο Γιώργος γύρισε προς τα βουνά και κοίταξε τον «Λόφο των Αετών», που έμοιαζε να ξεπροβάλλει περήφανος πάνω από τα σπίτια της Νίκης.
«Σκεφτόμουν τον παππού μου», τού απάντησε, κοιτάζοντας την μεγάλη Έπαυλη στην κορυφή του, πού την αγκάλιαζε σιγά-σιγά το σκοτάδι..
«Πού λες να βρίσκεται τώρα;» ξανάπε ο Ζιν, και στάθηκε δίπλα του, κοιτώντας την και αυτός.

«Πού να ξέρω;», έκανε το αγόρι, σηκώνοντας τους ώμους του ψηλά και χαμογέλασε. «Ίσως κάποια μέρα τον ξαναδώ. Αυτό όμως που ξέρω είναι, ότι το καλοκαίρι που έρχεται, θα είναι το καλύτερο της ζωής μου!»

Τέλος

www.ingramcontent.com/pod-product-compliance
Lightning Source LLC
Chambersburg PA
CBHW071954100426
42738CB00043B/2898